山村国際高等学校

〈収録内容〉

2024年度 …………………………… 第1回（数・英・国）
第2回（数・英・国）

2023年度 …………………………… 第1回（数・英・国）
第2回（数・英・国）

2022年度 …………………………… 第1回（数・英・国）
第2回（数・英・国）

※第2回国語の大問二は、問題に使用された作品の著作権者が二次使用の許可を出していないため、問題の一部を掲載しておりません。

DL 2021年度 …………………………… 第1回（数・英）
第2回（数・英）

便利なDLコンテンツは右のQRコードから

解答用紙　過去年度　非対応 リスニング ⇒

※データのダウンロードは2025年3月末日まで。
※データへのアクセスには、右記のパスワードの入力が必要となります。 ⇒ 737629

〈合格最低点〉

※学校からの合格最低点の発表はありません。

本書の特長

実戦力がつく入試過去問題集

- ▶ 問題 ………… 実際の入試問題を見やすく再編集。
- ▶ 解答用紙 …… 実戦対応仕様で収録。
- ▶ 解答解説 …… 詳しくわかりやすい解説には、難易度の目安がわかる「基本・重要・やや難」の分類マーク つき（下記参照）。各科末尾には合格へと導く「ワンポイントアドバイス」を配置。採点に便利な配点つき。

入試に役立つ分類マーク

基本 確実な得点源！
受験生の90％以上が正解できるような基礎的、かつ平易な問題。
何度もくり返して学習し、ケアレスミスも防げるようにしておこう。

重要 受験生なら何としても正解したい！
入試では典型的な問題で、長年にわたり、多くの学校でよく出題される問題。
各単元の内容理解を深めるのにも役立てよう。

やや難 これが解ければ合格に近づく！
受験生にとっては、かなり手ごたえのある問題。
合格者の正解率が低い場合もあるので、あきらめずにじっくりと取り組んでみよう。

合格への対策、実力錬成のための内容が充実

- ▶ 各科目の出題傾向の分析、合否を分けた問題の確認で、入試対策を強化！
- ▶ その他、学校紹介、過去問の効果的な使い方など、学習意欲を高める要素が満載！

解答用紙ダウンロード 解答用紙はプリントアウトしてご利用いただけます。弊社ＨＰの商品詳細ページよりダウンロードしてください。トビラのＱＲコードからアクセス可。

UD FONT 見やすく読みまちがえにくいユニバーサルデザインフォントを採用しています。

山村国際高等学校

Speak to the world,
Communicate with the world!

普通科
生徒数　809名
〒350-0214
埼玉県坂戸市千代田1-2-23
☎049-281-0221
東武東上線坂戸駅　徒歩10分
若葉駅　徒歩12分
西武池袋線飯能駅　スクールバス50分
JR高崎線吹上駅　スクールバス70分
JR高崎線上尾駅　スクールバス70分

URL	https://www.yamamurakokusai.ed.jp/

プロフィール　山村国際から世界へ羽ばたく

1922（大正11）年の裁縫手芸伝習所「山村塾」を起源とし、1951（昭和26）年：山村女子高等学校、1959（昭和34）年：山村第二女子高等学校、1991（平成3）年：山村国際女子高等学校と校名変更の変遷をたどりながらも女子教育の伝統校として多数の卒業生を輩出してきた。そして1999（平成11）年男女共学への移行に伴い校名を山村国際高等学校と改称し、更なる飛躍を目指しChallenge（積極性）、Cosmos（広い視野）、Communication（語学力）の3Cの教育目標を達成するため自国の理解を出発点に世界のことについての理解を深め、グローバルな視野、豊かな感性を備えた国際人の育成を目指し日々の教育が展開されている。

環境　冷暖房完備　透明ドームの廊下

校門をくぐるとすぐに各国の旗がはためき、いわゆる国際色を漂わせている光景が目に入る。そんなモダンさが受けてか、何度かテレビの舞台に使われたりもしている。全館冷暖房完備の快適な環境下で授業が行われ、一人1台のコンピューター室、お菓子作りで賑わう調理実習室など特別教室も完備している。また校舎と校舎を結ぶ廊下は、宇宙ドームを思わせるモダンな作りで透明な日差しが優しく降り注ぐ。2010年、校外にナイター施設完備の戸宮グラウンドも完成。

A館とサンクンガーデン

カリキュラム　多様なコースで可能性を発見

1～3年次		
特進選抜コース	特別進学コース	総合進学コース

特進選抜コース・特別進学コース・総合進学コースに分かれる。**特進選抜コース**は、国公立大学・難関私立大学現役合格を目指すコース。**特別進学コース**は、中堅私立大学現役合格を目指すコース。共に、放課後の特別講座（特進選抜は必修）以外の時間は、部活の活動も可能。**総合進学コース**は、大学・短大・専門学校等の進路に幅広く対応する。

学校生活　国際教育に対する取り組み　英語教育と行事も特色の一つ

英語の授業は、日本人と外国人の教員が行う。聞く・話す・読む・書くをバランスよく育てて、受験にも対応できるようにしている。希望者には、週5日放課後、外国人専任教員たちによる英会話教室が開催される。また、TOEIC、英検などを目標にしたサポート体制も整備されている。

1年次の2月イングリッシュスキルアップセミナーを5日間実施。2年次のニュージーランドへの修学旅行は、ファームステイが中心で、そこまでで得た英語力を試すチャンスの場となる。行事としては、夏休みの海外短期語学研修（希望者対象）がある。12月には英語スピーチコンテストが本校の伝統行事として毎

年開催されている。12月には、福島県にあるブリティッシュヒルズでの英語漬けの生活体験のチャンスもある（希望者対象）。その他にも、国際的感覚を育てる場は多い。

進路　現役合格目標のサポート体制完備

一人ひとりの進路希望を実現させるため、放課後や長期休暇に各種セミナーや講座を開講している。年々、国公立大や難関私立大学への進学率が高まる中、2024年3月卒業生は国公立大7名、早慶上理6名、GMARCH29名、日東駒専50名、大東亜帝国57名等、私立大296校に現役合格している。また、併設の山村学園短期大学へは優先推薦制度があり、多数の生徒が入学している。

2024年度入試要項

試験日　1/22（第一回）　1/23（第二回）
1/31（第三回）

試験科目　国・数・英

※帰国生入試,英語重視推薦入試ともに第1回・第3回のみ
※学業・スポーツ奨学生と帰国生は面接あり

2024年度入試

2024年度	募集定員	受験者数	合格者数	競争率
第1回	280	771	753	1.0
第2回		137	128	1.1
第3回		13	10	1.0

※学科に伴う奨学生は第一回(1/22)のみ。スポーツ奨学生は第二回(1/23)のみ、帰国生での受験は第一回・第三回のみ。英語重視推薦（第1・3回）希望者は英作文と英語面接あり。入試の詳細は、学校に直接お問い合わせ下さい。

過去問の効果的な使い方

① **はじめに**　入学試験対策に的を絞った学習をする場合に効果的に活用したいのが「過去問」です。なぜならば，志望校別の出題傾向や出題構成，出題数などを知ることによって学習計画が立てやすくなるからです。入学試験に合格するという目的を達成するためには，各教科ともに「何を」「いつまでに」やるかを決めて計画的に学習することが必要です。目標を定めて効率よく学習を進めるために過去問を大いに活用してください。また，塾に通われていたり，家庭教師のもとで学習されていたりする場合は，それぞれのカリキュラムによって，どの段階で，どのように過去問を活用するのかが異なるので，その先生方の指示にしたがって「過去問」を活用してください。

② **目的**　過去問学習の目的は，言うまでもなく，志望校に合格することです。どのような分野の問題が出題されているか，どのレベルか，出題の数は多めか，といった概要をまず把握し，それを基に学習計画を立ててください。また，近年の出題傾向を把握することによって，入学試験に対する自分なりの感触をつかむこともできます。

過去問に取り組むことで，実際の試験をイメージすることもできます。制限時間内にどの程度までできるか，今の段階でどのくらいの得点を得られるかということも確かめられます。それによって必要な学習量も見えてきますし，過去問に取り組む体験は試験当日の緊張を和らげることにも役立つでしょう。

③ **開始時期**　過去問への取り組みは，全分野の学習に目安のつく時期，つまり，9月以降に始めるのが一般的です。しかし，全体的な傾向をつかみたい場合や，学習進度が早くて，夏前におおよその学習を終えている場合には，7月，8月頃から始めてもかまいません。もちろん，受験間際に模擬テストのつもりでやってみるのもよいでしょう。ただ，どの時期に行うにせよ，取り組むときには，集中的に徹底して取り組むようにしましょう。

④ **活用法**　各年度の入試問題を全問マスターしようと思う必要はありません。できる限り多くの問題にあたって自信をつけることは必要ですが，重要なのは，志望校に合格するためには，どの問題が解けなければいけないのかを知ることです。問題を制限時間内にやってみる。解答で答え合わせをしてみる。間違えたりできなかったりしたところについては，解説をじっくり読んでみる。そうすることによって，本校の入試問題に取り組むことが今の自分にとって適当かどうかが，はっきりします。出題傾向を研究し，合否のポイントとなる重要な部分を見極めて，入学試験に必要な力を効率よく身につけてください。

数学

各都道府県の公立高校の入学試験問題は，中学数学のすべての分野から幅広く出題されます。内容的にも，基本的・典型的なものから思考力・応用力を必要とするものまでバランスよく構成されています。私立・国立高校では，中学数学のすべての分野から出題されることには変わりはありませんが，出題形式，難易度などに差があり，また，年度によっての出題分野の偏りもあります。公立高校を含め，ほとんどの学校で，前半は広い範囲からの基本的な小問群，後半はあるテーマに沿っての数問の小問を集めた大問という形での出題となっています。

まずは，単年度の問題を制限時間内にやってみてください。その後で，解答の答え合わせ，解説での研究に時間をかけて取り組んでください。前半の小問群，後半の大問の一部を合わせて50%以上の正解が得られそうなら多年度のものにも順次挑戦してみるとよいでしょう。

英語

英語の志望校対策としては，まず志望校の出題形式をしっかり把握しておくことが重要です。英語の問題は，大きく分けて，リスニング，発音・アクセント，文法，読解，英作文の5種類に分けられます。リスニング問題の有無(出題されるならば，どのような形式で出題されるか)，発音・アクセント問題の形式，文法問題の形式(語句補充，語句整序，正誤問題など)，英作文の有無(出題されるならば，和文英訳か，条件作文か，自由作文か）など，細かく具体的につかみましょう。読解問題では，物語文，エッセイ，論理的な文章，会話文などのジャンルのほかに，文章の長さも知っておきましょう。また，読解問題でも，文法を問う問題が多いか，内容を問う問題が多く出題されるか，といった傾向をおさえておくことも重要です。志望校で出題される問題の形式に慣れておけば，本番ですんなり問題に対応することができますし，読解問題で出題される文章の内容や量をつかんでおけば，読解問題対策の勉強として，どのような読解問題を多くこなせばよいかの指針になります。

最後に，英語の入試問題では，なんと言っても読解問題でどれだけ得点できるかが最大のポイントとなります。初めて見る長い文章をすらすらと読み解くのはたいへんなことですが，そのような力を身につけるには，リスニングも含めて，総合的に英語に慣れていくことが必要です。「急がば回れ」ということわざの通り，志望校対策を進める一方で，英語という言語の基本的な学習を地道に続けることも忘れないでください。

国語

国語は，出題文の種類，解答形式をまず確認しましょう。論理的な文章と文学的な文章のどちらが中心となっているか，あるいは，どちらも同じ比重で出題されているか，韻文(和歌・短歌・俳句・詩・漢詩)は出題されているか，独立問題として古文の出題はあるか，といった，文章の種類を確認し，学習の方向性を決めましょう。また，解答形式は，記号選択のみか，記述解答はどの程度あるか，記述は書き抜き程度か，要約や説明はあるか，といった点を確認し，記述力重視の傾向にある場合は，文章力に磨きをかけることを意識するとよいでしょう。さらに，知識問題はどの程度出題されているか，語句(ことわざ・慣用句など)，文法，文学史など，特に出題頻度の高い分野はないか，といったことを確認しましょう。出題頻度の高い分野については，集中的に学習することが必要です。読解問題の出題傾向については，脱語補充問題が多い，書き抜きで解答する言い換えの問題が多い，自分の言葉で説明する問題が多い，選択肢がよく練られている，といった傾向を把握したうえで，これらを意識して取り組むと解答力を高めることができます。「漢字」「語句・文法」「文学史」「現代文の読解問題」「古文」「韻文」と，出題ジャンルを分類して取り組むとよいでしょう。毎年出題されているジャンルがあるとわかった場合は，必ず正解できる力をつけられるよう意識して取り組み，得点力を高めましょう。

数学

出題傾向の分析と合格への対策

●出題傾向と内容

本年度の出題は，第1回，第2回ともに6題で，小問数では25問と例年通りであった。第1回，第2回ともに同様の内容や形式が出題され，[1]は数・式・平方根の計算，[2]は方程式，平方根，関数，統計，角度などの小問群，[3]は平面図形の計量問題の小問群，[4]は空間図形の計量問題，方程式の応用問題などの小問群，[5]は確率・規則性などの小問群，[6]は図形と関数・グラフの融合問題となっている。

基礎～標準レベルの問題が中学数学全般からバランスよく出題されている。大半が独立した小問形式で，問題数が多く，出題範囲も幅広い。また解答形式はマークシート式である。

学習のポイント

教科書の章末問題レベルの問題を確実に解けるようにしておこう。また，速く正確に計算する力をつけておこう。

●2025年度の予想と対策

出題範囲が幅広く，計算力を必要とする問題が多いので，数と式，平方根，展開・因数分解，方程式などの基本的な計算を速く正確に行えるように練習しよう。

図形についても，定理・性質などを十分に理解し，解答に活用できるようにしなければならない。特に三平方の定理や相似を利用する問題は，平面図形・空間図形問わず多数出題されているので，しっかり練習しよう。

関数とグラフに関しては，直線と放物線が関わる問題を数多く解いて，様々な出題形式に対応できるように準備しておこう。

▼年度別出題内容分類表 ••••••

※第1回をA，第2回をBとする。

出題内容			2020年	2021年	2022年	2023年	2024年
数と式		数の性質	AB	B			AB
		数・式の計算	AB	AB	AB	AB	AB
		因数分解					
		平方根	AB	AB	AB	AB	AB
方程式・不等式		一次方程式	AB	AB	AB	AB	AB
		二次方程式	AB	AB	AB	AB	AB
		不等式					
		方程式・不等式の応用	AB	AB	AB	AB	AB
関数		一次関数	AB	AB	AB	AB	AB
		二乗に比例する関数	AB	AB	AB	AB	AB
		比例関数	A	A			
		関数とグラフ	AB	AB	AB	AB	AB
		グラフの作成					
図形	平面図形	角度	AB	AB	AB	AB	AB
		合同・相似	AB	B	AB	B	A
		三平方の定理	B	A		B	B
		円の性質	AB	B		A	AB
	空間図形	合同・相似					
		三平方の定理	AB		AB	A	AB
		切断					
	計量	長さ	AB	B	AB		B
		面積	AB	A	AB	AB	B
		体積	B	AB	AB	A	AB
	証明						
	作図						
	動点					B	
統計		場合の数	AB			A	
		確率		AB	A	AB	AB
		統計・標本調査	B		AB	AB	AB
融合問題		図形と関数・グラフ	AB	AB	AB	AB	AB
		図形と確率					
		関数・グラフと確率					
		その他					
その他			AB	AB	AB	AB	AB

山村国際高等学校

英語

出題傾向の分析と合格への対策

●出題傾向と内容

本年度は第1回，第2回ともに放送問題，長文読解，対話文完成，適語補充，書き換え，語句整序という大問計6題，問題数にして45問の出題であった。形式は本年度も昨年同様記述式はなく，すべてマークシート方式である。

レベル，内容とも例年通りだった。長文読解問題は第1回，第2回ともに内容吟味中心の出題であるが，本格的な文法問題や語い力を試す問題も出されている。いずれも難解な語句や表現はなく，読みやすい文章だが，内容を正確に理解していないと正解は難しい。文法問題は中学の教科書レベルの標準的な問題が中心である。

✔学習のポイント

基本的な問題をくり返し解こう。
過去の問題などを使い，対話文に慣れ，会話の慣用表現をより多く覚えよう。

●2025年度の予想と対策

来年度も出題形式，量，内容とも例年とさほど変わりないと予想されるが，以前のような記述形式の問題に戻る可能性もある。また，発音・アクセント問題が再び出題されることも考えられる。文法問題の対策としては，教科書の内容を充分確認したうえで標準的な問題集1冊をくり返し解くとよい。

読解問題の対策としては，問題集などを使って長文を何度も読み，内容を短時間で正確に理解できるように練習を積むとよいだろう。

放送問題の対策も重要である。日頃からCDなどで英語を聞くように心がけておこう。

▼年度別出題内容分類表 ……

※第1回をA，第2回をBとする。

	出題内容	2020年	2021年	2022年	2023年	2024年
話し方・聞き方	単語の発音					
	アクセント					
	くぎり・強勢・抑揚					
	聞き取り・書き取り		AB	AB	AB	AB
語い	単語・熟語・慣用句	AB	AB	AB	AB	AB
	同意語・反意語					
	同音異義語					
読解	英文和訳（記述・選択）	B				A
	内容吟味	A	AB	AB	AB	AB
	要旨把握					B
	語句解釈	B	B	B		
	語句補充・選択	AB	AB	AB	AB	AB
	段落・文整序					
	指示語	A	B			B
	会話文	A	AB	AB	AB	AB
文法・作文	和文英訳					
	語句補充・選択	AB	A	A	AB	AB
	語句整序	AB	A	AB	AB	AB
	正誤問題					
	言い換え・書き換え	AB	A	A	AB	AB
	英問英答					
	自由・条件英作文					
文法事項	間接疑問文	B		B		
	進行形		A	B		
	助動詞	AB	B	AB	AB	AB
	付加疑問文				B	
	感嘆文				A	
	不定詞	AB	AB	AB	AB	AB
	分詞・動名詞	AB	AB	AB	AB	A
	比較	AB	A	AB	AB	AB
	受動態	A	B	AB	A	B
	現在完了	AB	AB	AB	AB	AB
	前置詞	AB	AB	AB	A	
	接続詞	A	A	AB	B	AB
	関係代名詞	AB		B	A	AB

山村国際高等学校

国語

出題傾向の分析と合格への対策

●出題傾向と内容

本年度も，第1回第2回ともに，論理的文章の読解問題が1題，文学的文章の読解問題が1題，古文の読解問題が1題，四字熟語の独立問題が1題の計4題の大問構成であった。小問数の増減は見られるが，全体的な文量に変化はない。

現代文の読解問題では，論説文と小説が採用され，接続語や脱文補充を通した文脈把握や内容理解，心情理解の設問が中心となっている。

古文では仮名遣いや文法，脱文・脱語補充，主題が出題された。文法は高校で学習する内容も含まれている。

知識問題では，昨年度に引き続き四字熟語の正しい漢字が問われた。

解答形式は，漢字の書き取りも含めてすべてマークシート方式となっている。

学習のポイント

文法や四字熟語，ことわざ・慣用句などの知識をしっかりと身につけることが大切だ。早めに着手しよう。重要古語もしっかりおさえること。

●2025年度の予想と対策

大問や小問数に変化はあるが，現代文と古文の読解問題という傾向が続くと思われる。また，韻文や漢文が何らかの形で加わる可能性がある。

論理的文章については，指示語や接続語，言い換え表現に注意して文脈を把握し，筆者の主張を読み取れるようにしたい。また，文学的文章については，情景や登場人物の心情を把握できるようにしたい。韻文についても，いろいろな種類に接し，知識を深めておく。

古文は幅広い内容が出題されるので，古語の意味，仮名遣い，文法，表現技法など，資料集などを用いて確実な知識を身につけておきたい。

▼年度別出題内容分類表 ……

※第1回をA，第2回をBとする。

出題内容			2020年	2021年	2022年	2023年	2024年
内容の分類	読解	主題・表題			AB		B
		大意・要旨	AB	A	B	AB	AB
		情景・心情	AB	AB	AB	A	AB
		内容吟味	AB	AB	AB	AB	AB
		文脈把握	AB	AB	B	AB	AB
		段落・文章構成					A
		指示語の問題	AB		A	AB	AB
		接続語の問題	AB	AB	AB	AB	AB
		脱文・脱語補充	AB	A	AB	AB	AB
	漢字・語句	漢字の読み書き	AB	AB	AB	AB	AB
		筆順・画数・部首					
		語句の意味	AB	AB	AB	AB	AB
		同義語・対義語	AB	AB			
		熟語	AB		AB	AB	AB
		ことわざ・慣用句	B		AB	A	
	表現	短文作成					
		作文(自由・課題)					
		その他					
	文法	文と文節				AB	
		品詞・用法	AB	AB	AB	AB	AB
		仮名遣い			AB	B	
		敬語・その他					
	古文の口語訳		AB	AB		AB	AB
	表現技法		B	AB		B	AB
	文学史		AB	AB		AB	AB
問題文の種類	散文	論説文・説明文	AB	AB	AB	AB	AB
		記録文・報告文					
		小説・物語・伝記	AB	AB	AB	AB	AB
		随筆・紀行・日記					
	韻文	詩					
		和歌(短歌)					
		俳句・川柳			A		
	古文		AB	AB	AB	AB	AB
	漢文・漢詩						

山村国際高等学校

2024年度 合否の鍵はこの問題だ!!

（第1回）

数学 [1]（エ），[2]（コ）（ス），[3]（タ），[5]（ナ）

[1]（エ） 筆算による計算でも可能だが，素因数分解，指数法則を利用する方法も覚えておくと良い。

[2]（コ） （相対度数）＝（度数）÷（全生徒数）で求めることができる。
（ス） n角形の内角の和は，$180\times(n-2)$と表せる。

[3]（タ） 面積を2通りで表して立式することは頻出なので，素早く計算出来るようにしよう。

[5]（ナ） 求める自然数を連続する2つの整数ではさんで，不等式を立式して考えよう。

英語 [6]

[6]の語句整序問題は，しっかりと文法が理解できていないと解けない問題ばかりである。

[43]は分詞の問題である。分詞には〈動詞の原形＋ ing〉の形をとる現在分詞と，動詞の過去分詞形をとる過去分詞の2種類がある。名詞を修飾する分詞の英文中での基本的な使い方は以下の2通り。

〈A〉 分詞を単独で使う場合 → 名詞の前につける。

〈B〉 分詞に関連する語句（目的語・修飾語など）がついている場合 → 名詞の後につける。

＊関連する語句とは，分詞となっている動詞と意味上の関連があり，まとまりとしてとらえるべき語句のこと。日本語訳で考えるとわかりやすい。

まず，日本語訳の主語は「彼らは」＝ they，述語は「訪問しました」＝ visited である。ここでの visit は他動詞だから，目的語の a church「教会」を続けておく。

they visited a church … ①

次に，まだ英訳していない部分，「800年以上前に建てられた」を作る。

built more than 800 years ago … ②

最後に①と②をつなげて1つの文にするのだが，ここで分詞を含むまとまりである②はどの名詞を修飾するのかを考える。日本語訳を見ると「800年以上前に建てられた教会」となっているので「教会」＝ church を修飾することがわかる。

②で作ったように，分詞 built は単独ではなく関連する語句 more than 800 years ago を伴っている。そこで②を名詞 built の後に置き，①の後に続く形にする。

they visited a church | built more than 800 years ago

主語と述語のまとまり ① 分詞のまとまり ②

英語の問題だからといっても英語だけを見るのではなく，日本語訳にも目を向ける姿勢がカギだ。

国語 〔二〕 問十

★ 合否を分けるポイント

本問は，大問二のまとめの問題であり，同時に適切だと思われるものを二つ選択しなくてはならない。本文の該当箇所に注目すると同時に，全体を読んで作者がほどこした表現の工夫を読み取る必要があるもので，この問題を正解できるかどうかが合否を分ける。

★ こう答えると「合格」できない！

「一人称」や「三人称」などの語の意味を正確に理解していないと，ヒントとなる表現もないので解答しにくくなってしまうだろう。選択肢の各文は長文ではないので，丁寧に読み込み根拠を持って一つずつ適切か適切でないかを判断していこう。

★ これで「合格」！

「一人称」の文章とは，話し手(書き手)自身が，「私は」「僕は」などの形で描いた文章で，「三人称」の文章とは，話し手(書き手)や読み手以外の人が，「彼は(彼女は)」「あいつは」などの形で描いた文章だ。本文は，「ぼく」という一人称で書かれているので1が適切で，3は適切ではない。また，主人公は自分のことを「ぼく」と言っているが，若林の心中を述べた「(僕は知っているよ。)」の部分では，「僕」と使い分けている。この内容に5も適切なので，1−5とあるアを選ぼう。他の選択肢が適切でないことも確認しよう。「ぼく」の作文について書かれているが，2の「過去に行った行為」の詳細な記述はない。また，「オルガンの音」の描写はあるが，4の「主人公の心情を風景の描写と重ね合わせ」ている部分はないことを確認すれば，自信を持って正答のアを選べ，「合格」だ！本文を読んでいる時には気づかなかった表現の工夫も，問題を解く過程で改めて確認することで読みを深めよう。

2024年度

★★★★★★★★★★★★★★★★★★★★★★★

入　試　問　題

2024年度

山村国際高等学校入試問題（第１回）

【数　学】（50分）　＜満点：100点＞

1　次の各問いに答え，$\boxed{1}$から$\boxed{19}$に適する数または符号を解答用紙の該当欄にマークしなさい。

(ア)　$1+\{-16\div(3-9)\times3\}=\boxed{1}$

(イ)　$3.2\div(-0.3)\times\left(-\dfrac{3}{4}\right)^2=\boxed{2}\boxed{3}$

(ウ)　$\dfrac{21}{25}\times\dfrac{5}{14}-\dfrac{2}{5}\times\dfrac{3}{16}\div\dfrac{5}{8}=\dfrac{\boxed{4}}{\boxed{5}\boxed{6}}$

(エ)　$21^3\div30^2\times25^2\div35^3=\dfrac{\boxed{7}}{\boxed{8}\boxed{9}}$

(オ)　$\dfrac{\sqrt{18}}{3}-\dfrac{8}{\sqrt{2}}+\dfrac{2\sqrt{6}}{\sqrt{12}}=\boxed{10}\boxed{11}\sqrt{\boxed{12}}$

(カ)　$a^3b^2\div\left(-\dfrac{a}{b^2}\right)^3\times a^2b=\boxed{13}\,a^{\boxed{14}}\,b^{\boxed{15}}$

(キ)　$\dfrac{x-2y}{3}\times6-\dfrac{3}{2}(8x-6y)=\boxed{16}\boxed{17}\boxed{18}\,x+\boxed{19}\,y$

2　次の各問いに答え，$\boxed{20}$から$\boxed{36}$に適する数または符号を解答用紙の該当欄にマークしなさい。

(ク)　連立方程式$\begin{cases}5x+\dfrac{3}{2}y=41\\0.2x+0.4y=3\end{cases}$の解は$x=\boxed{20}$，$y=\boxed{21}$である。

(ケ)　２次方程式 $x^2-5x-6=0$ の２つの解の和をa，積をbとするとき，$2a-b$の値は$\boxed{22}\boxed{23}$である。

(コ)　下の表は，ある高校生20人の数学のテストの記録を度数分布表に整理したものである。
このときⒷは$\boxed{24}$（人），Ⓓの値は$\boxed{25}$.$\boxed{26}$である。

記録（点）	度数（人）	相対度数
0～19	2	0.1
20～39	3	0.15
40～59	Ⓐ	0.30
60～79	5	Ⓒ
80～100	Ⓑ	Ⓓ

(サ)　２つの数a，bがあり，aの絶対値は６で，bの絶対値は４である。
$a+b<0$ かつ $ab>0$のとき $a-b$ の値は$\boxed{27}\boxed{28}$である。

(シ)　関数 $y=x^2$（$-2\leqq x\leqq1$）の値域が，関数 $y=ax^2$（$-2\leqq x\leqq4$）の値域と一致するとき，定数aの値は $\dfrac{\boxed{29}}{\boxed{30}}$ である。

(ス)　正十二角形の１つの内角は$\boxed{31}\boxed{32}\boxed{33}$°であり，１つの外角は$\boxed{34}\boxed{35}$°である。

(セ)　２直線 $y=\frac{3}{4}x-3$，$y=-\frac{3}{2}x+a$ が x 軸上の同じ点で交わるとき，a の値は$\boxed{36}$である。

3　次の各問いに答え，$\boxed{37}$から$\boxed{42}$に適する数または符号を解答用紙の該当欄にマークしなさい。

(ソ)　右の図において，３点A，B，Cは円Oの周上の点で，AB＝ACである。
また，点Dは線分BOの延長と線分ACとの交点である。
このとき，∠BDCの大きさを求めなさい。

∠BDC＝$\boxed{37}\boxed{38}$°

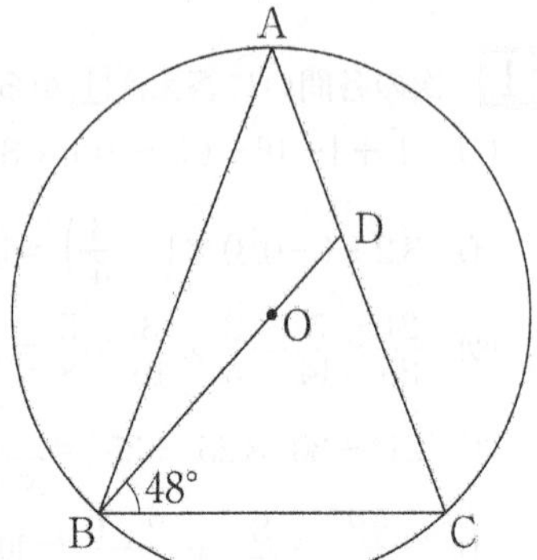

(タ)　右の図のような∠Aが90°の△ABCで辺BC，CA，ABの長さをそれぞれ a，b，c とする。斜辺BCに対する高さADを a，b，c で表すとき，正しいものを①～⑧の中から選びなさい。

正解＝$\boxed{39}$

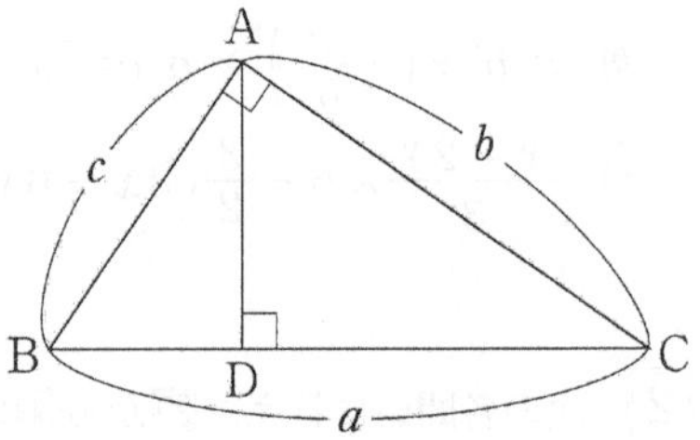

①　AD＝$\frac{a}{c}$　　　⑤　AD＝$\frac{b^2}{ac}$

②　AD＝$\frac{a}{b}$　　　⑥　AD＝$\frac{c^2}{ab}$

③　AD＝$cb-a$　　　⑦　AD＝$a^2-b^2+c^2$

④　AD＝$\frac{bc}{a}$　　　⑧　AD＝$\frac{abc}{3}$

(チ)　右の図形は円すいの展開図である。ABの長さが８㎝，円Oの半径が３㎝であるとき，この円すいの体積を求めなさい。ただし，円周率は π とする。

体積：$\boxed{40}\sqrt{\boxed{41}\boxed{42}}\pi$（㎝^{3}）

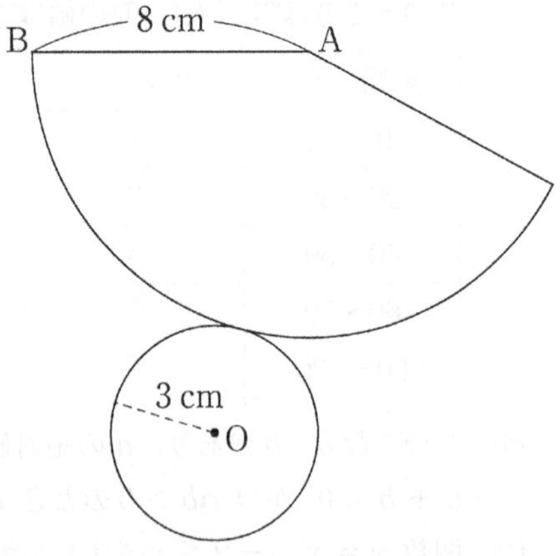

4 次の各問いに答え，$\boxed{43}$から$\boxed{50}$に適する数または符号を解答用紙の該当欄にマークしなさい。

㈣ 濃度８％の食塩水と濃度３％の食塩水を混ぜて濃度６％の食塩水を500g 作りたい。このとき８％の食塩水は$\boxed{43}\boxed{44}\boxed{45}$（g）必要である。

㈦ 正六角柱ABCDEF－GHIJKLがある。辺ABとねじれの位置にある辺の数は$\boxed{46}$（本）である。

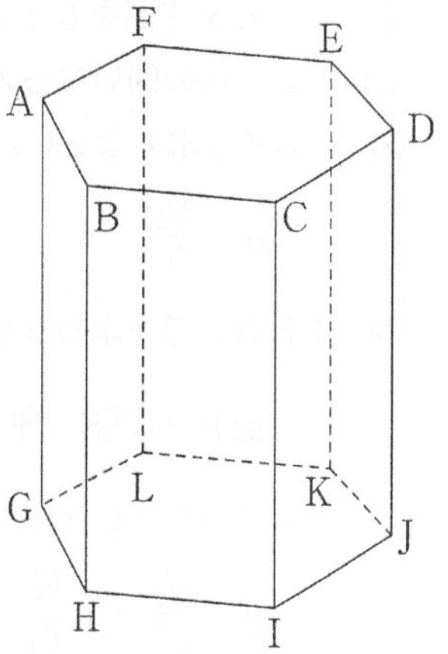

㈧ 自宅から学校まで2800mの道のりをはじめは分速80mで歩き，途中から分速200mで走ったところ，自宅を出てから23分後に学校に着いた。このときの走った道のりを求めなさい。

走った道のり：$\boxed{47}\boxed{48}\boxed{49}\boxed{50}$（m）

5 次の各問いに答え，$\boxed{51}$から$\boxed{54}$に適する数または符号を解答用紙の該当欄にマークしなさい。

㈨ 右の図のように，表には１からの自然数が１つずつ書いてあり，裏には表の数の正の平方根の整数部分が書いてある。このとき，裏の数が７であるカードは全部で$\boxed{51}\boxed{52}$（枚）である。

表	1	2	3	4	5	……
裏	1	1	1	2	2	……

㈩ 右の図のように，縦の長さが４ cm，横の長さが３㎝の長方形ABCDがあり，各辺上には頂点Ａから１㎝ずつ等間隔にとった点がある。いま，頂点Ａにコインを１個置き，１から６までの目が出る１個のさいころを２回投げ，出た目の数だけ，そのコインを左回りに点の上を１つずつ順に移動させる。１回目に出た目の数だけ，頂点Ａからコインを移動させた点を点Ｐとし，２回目に出た目の数だけ，点Ｐからコインを移動させた点を点Ｑとする。このとき，３点Ａ，Ｐ，Ｑを頂点とする△APQができない確率は $\frac{\boxed{53}}{\boxed{54}}$ である。

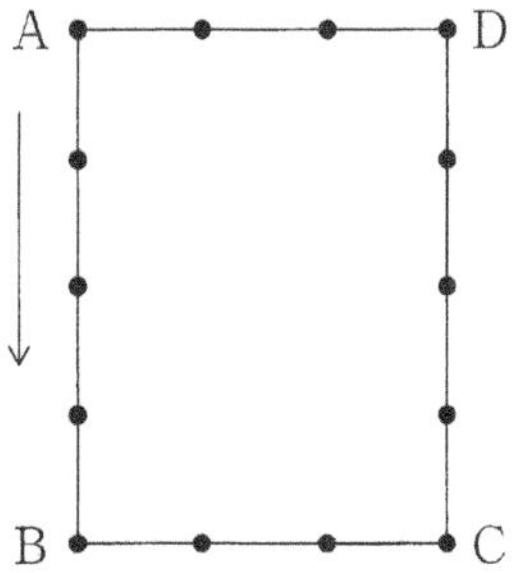

ただし，さいころはどの目が出ることも同様に確からしいものとする。

6 次の各問いに答え，[55]から[63]に適する数または符号を解答用紙の該当欄にマークしなさい。

右の図のように，$y = ax^2$，$y = x + 6$ が２点A，Bで交わっており，点Cは直線と x 軸の交点である。点Aの x 座標を６とする。

このとき，次の問いに答えなさい。

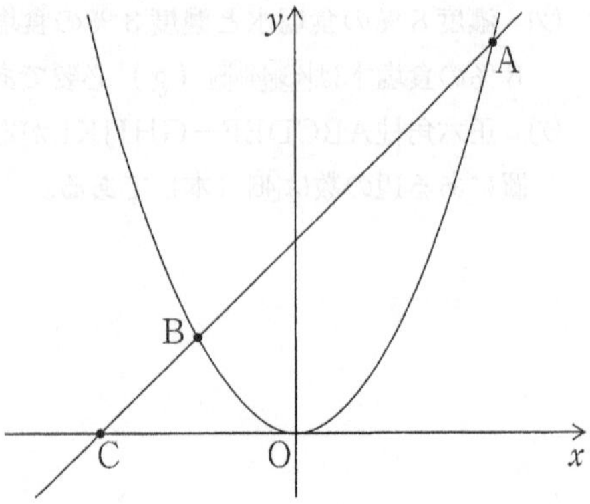

(ヌ) a の値を求めなさい。

$a =$ [55]/[56]

(ネ) 点Bの座標を求めなさい。

点B（[57][58]，[59]）

(ノ) 点Aを通り△OABを３等分する直線のうち，点Bに近い直線の式を求めなさい。

$y =$ [60]/[61] $x +$ [62]/[63]

【英　語】（50分）　＜満点：100点＞

1 【放送問題】

Part A

それぞれのイラストの内容について，最も適切なものをア～エから１つ選び，No.1 は 1 ，No.2 は 2 にマークしなさい。英文は１回読まれます。

1

2

Part B

図に関する質問が２つあります。No.3 は会話と質問を聞き，答えとして最も適切な位置を図のア～エから１つ選び， 3 にマークしなさい。No.4 は質問と答えの選択肢ア～エを聞き，答えとして最も適切なものを１つ選び， 4 にマークしなさい。英文は１回読まれます。

3

4

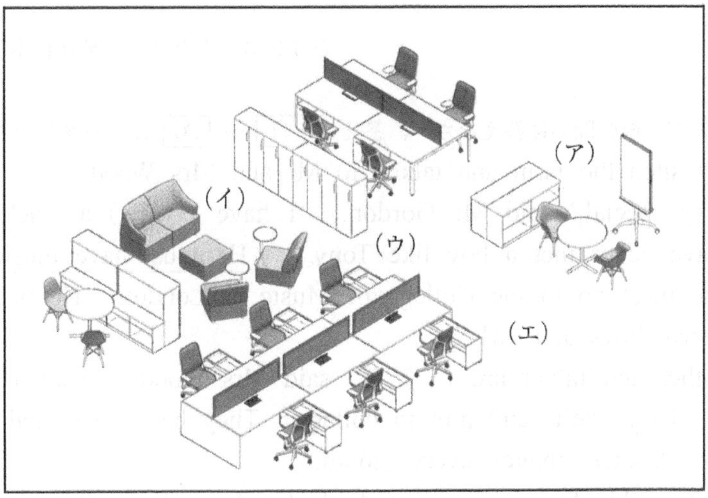

Part C

会話とその会話に関する質問が２つあります。順番に質問，会話，答えの選択肢ア～エを聞き，答えとして最も適切なものを１つ選び，No.5 は 5 ，No.6 は 6 にマークしなさい。英文は１回読まれます。

Part D

短い英文と質問が読まれます。順番に質問，短い英文，答えの選択肢ア～エを聞き，答えとして最も適切なものを１つ選び， 7 にマークしなさい。英文は１回読まれます。

Part E

英文が読まれます。質問と答えの選択肢は書いてあります。英文を聞き，答えとして最も適切なものをア～エから1つ選び，[8] にマークしなさい。英文は1回読まれます。

[8] What animal is this?

ア．A lion.　イ．A shark.　ウ．A frog.　エ．A crocodile.

No.9，No.10は，やや長めの英文が読まれます。質問に対する答えとして最も適切なものをア～エから1つ選び，No.9は [9]，No.10は [10] にマークしなさい。英文は1回読まれます。

[9] Where did Tom buy his sister's present?

ア．At a clothes shop.　イ．At a gift shop.

ウ．At a pet shop.　エ．At a food shop.

[10] What did Tom's sister do with her present?

	put it on her bed	listen to it	show it to friends
ア．	YES	YES	YES
イ．	YES	YES	NO
ウ．	YES	NO	NO
エ．	NO	NO	NO

※リスニングテストの放送台本は非公表です。

[2] 次の英文を読んで，後の問いに答えなさい。答えは [11] ～ [20] にマークしなさい。

Mr Gordon visited the farm and talked to Mr and Mrs Wood.

'Tony is very special,' said Mr Gordon. 'I have (①) a teacher for forty years, but I have never met a boy like Tony. ② He must have music lessons at once. Then he must go to the College of Music in London. He needs to work with other musical boys and girls.'

'But his mother and father are (③),' said Mrs Wood. 'They can't pay for music lessons. They can't send him to college. They have five small children at home. Tony sends them money every month.'

'I can give Tony his first lessons,' said Mr Gordon. 'I don't want any money – I'll be very happy to teach this wonderful boy. I feel – oh, how can I explain to you?... This is a very exciting time for me. Last night I came to school to look (④) a book, and I found ⑤ a musician!... But Tony learns very quickly. Soon he will need a really good teacher. Then ⑥(think / have / about / we'll / money / to). Perhaps Tony can go to the College of Music in the daytime and work in a restaurant in the evenings...'

'No, he can't!' said Mr Wood. Suddenly his face was red and angry.

'Tony is a good boy. He is like a son to us. His father is poor, but we are ⑦ not.'

'That's right!' said his wife. She was usually a quiet woman, but her eyes were bright and excited. 'We will send Tony to the College of Music,' she said.

Tony knew nothing about their conversation. He was cleaning Mr Wood's new car when Mr Gordon visited the farm. But that visit changed his life. Mr Wood had a quiet talk with ⑧ him later.

'Mr Gordon wants to give you piano lessons,' he told Tony.

Tony's eyes *shone like stars. Then he shook his head. 'I haven't any money, sir,' he said.

'Mr Gordon doesn't want any money. I've had a talk with ⑨ him. You are going to go to the school at four o'clock every afternoon. You will have your lesson, and you will *practise on the piano for two hours. Then you'll come back to the farm and have your supper.'

'But my work...' began Tony.

'I can find another farm boy,' said Mr Wood, 'but good musicians are special people. Give me three tickets for your first concert, and I'll be happy.'

＊ shone：輝いた　＊ practise = practice

問１　（①）に入る最も適切なものをア～エから１つ選び，[11] にマークしなさい。

ア．am　イ．be　ウ．being　エ．been

問２　下線部②の日本語訳として最も適切なものをア～エから１つ選び，[12] にマークしなさい。

ア．彼はすぐに音楽のレッスンを受けるに違いない。

イ．彼は一度に音楽のレッスンを受けるに違いない。

ウ．彼はすぐに音楽のレッスンを受けなければならない。

エ．彼は一度に音楽のレッスンを受けなければならない。

問３　（③）に入る最も適切なものをア～エから１つ選び，[13] にマークしなさい。

ア．poor　イ．rich　ウ．clever　エ．foolish

問４　（④）に入る最も適切なものをア～エから１つ選び，[14] にマークしなさい。

ア．to　イ．for　ウ．after　エ．into

問５　下線部⑤が指すものとして最も適切なものをア～エから１つ選び，[15] にマークしなさい。

ア．Mr Gordon　イ．Mr Wood　ウ．Tony　エ．special people

問６　下線部⑥を「私達はお金のことについて考えなければならないだろう。」という意味になるように並びかえた英文をア～エから１つ選び，[16] にマークしなさい。

ア．we'll have to think about money.

イ．we'll have about money to think.

ウ．we'll think about money to have.

エ．we'll money have to think about.

問７　下線部⑦の後に省略されている英語を補う場合に最も適切なものをア～エから１つ選び，[17] にマークしなさい。

ア．angry　イ．a son　ウ．good boys　エ．poor

問８　下線部⑧，⑨ him の指すものとして最も適切なものをア～エから１つずつ選び，⑧は 18 に，⑨は 19 にそれぞれマークしなさい。

ア．Mr Gordon　イ．Mr Wood　ウ．Tony's father　エ．Tony

問９　本文の内容に合っていないものをア～エから１つ選び， 20 にマークしなさい。

ア．Mr Gordon は Tony のような音楽の才能のある少年に会ったことがなかった。

イ．Mr Gordon は Tony のピアノのレッスン代は必要ないと言っている。

ウ．Wood 夫妻は Tony がピアノのレッスンを学校で受けた後，農場の仕事を Tony にやってもらいたいと思っている。

エ．Wood 夫妻は Tony の音楽大学の学費を出してもよいと言っている。

3　次の対話文の空欄に入る最も適切なものをア～エから１つ選び， 21 ～ 30 にマークしなさい。

A：Hi, Miyuki. [21]

B：I went to the zoo with my friends.

A：How nice! Did you enjoy it?

B：Yes. [22] They look like bears and usually live in the mountains of China. And I met students from America and talked with them.

A：Oh, did you? [23] It's fun to communicate with people from other countries.

B：[24]

A：Did you understand their language?

B：[25] We used gestures, too. I want to study English harder.

21

ア．What are you doing?

イ．How are you?

ウ．When did you go to the zoo?

エ．What did you do last Monday?

22

ア．I love tigers.　イ．I love pandas.

ウ．I don't like lizards.　エ．I love koalas, too.

23

ア．I want to talk with foreign students.

イ．I want to call on foreign students.

ウ．I want to encourage foreign students.

エ．I want to agree with foreign students.

24

ア．I looked around with a Japanese friend.

イ．I looked around with my mother.

ウ．We didn't eat lunch.

エ．We looked around with them and ate lunch together.

25

ア．Not at all.　　イ．A little.　　ウ．A few.　　エ．Nothing.

A：Hello, Yuki. 26 What did you do yesterday?
B：I was studying late last night. 27 I must study hard.
A：28
B：Japanese history. I'm not good at studying history.
A：Me 29 . I don't know how to study it but my brother likes history. 30
B：Oh, that's nice. I'd like to ask him how best to study.
A：Okay, I'll ask him.

26

ア．You look sad.　　イ．You look happy.
ウ．You look sleepy.　　エ．You look kind.

27

ア．I have an exam on Monday.
イ．I have an anniversary on Monday.
ウ．I won't study English.
エ．I have a holiday.

28

ア．What are you doing?　　イ．Which do you like?
ウ．How do you study?　　エ．What subject is it?

29

ア．neither　　イ．either　　ウ．another　　エ．other

30

ア．He is a doctor.
イ．He is not a professor.
ウ．He is a dentist.
エ．He is a Japanese history teacher.

4 次のそれぞれの英文の空所に入る最も適切なものをア～エから１つ選び，31 ～ 35 にマークしなさい。

1 He made us 31 his room.
（ア．put　　イ．come　　ウ．bring　　エ．enter）

2 I asked him 32 breakfast for his little sister.
（ア．make　　イ．to make　　ウ．making　　エ．to making）

3 Please give me 33 eat.
（ア．hot to some　　イ．any hot to　　ウ．something hot to　　エ．hot something to）

4　Linus helped me [34] dinner.
（ア．was cooking　イ．cook　ウ．cooks　エ．cooked）

5　I saw either cats [35] rabbits in the field.
（ア．but　イ．and　ウ．nor　エ．or）

5　次の各文がほぼ同じ意味になるように空所を補うとき，最も適切なものをア～エから１つ選び，[36] ～ [40] にマークしなさい。

I can’t play the trumpet.　I want to play it now.
I wish I [36] the trumpet.
（ア．can play　イ．were played　ウ．am able to play　エ．could play）

Don’t play baseball in that park.
You [37] play baseball in that park.
（ア．must not　イ．aren’t able to　ウ．don’t have to　エ．won’t）

I want to see pictures that you took in that forest.
I want to see pictures [38] by you in that forest.
（ア．take　イ．took　ウ．taken　エ．was taking）

Mt. Fuji is the highest mountain in Japan.
Mt. Fuji is higher than [39] mountain in Japan.
（ア．some other　イ．any other　ウ．one of　エ．any）

It is raining now.　It started raining this morning.
It [40] since this morning.
（ア．was rained　イ．is raining　ウ．had rained　エ．has been raining）

6　次の（　）内の語句を並べかえて正しい英文にするとき，（　）内で３番目と５番目にくる語句の正しい組み合わせをア～オから１つ選び，[41] ～ [45] にマークしなさい。（文頭にくる語句も小文字で表記してある。）

[41]　リョウが修学旅行でスマホをなくしたというのは本当ですか。
（① true　② Ryo　③ his smartphone　④ is　⑤ lost　⑥ that　⑦ it）on the school trip?
ア．④－①　イ．⑦－⑤　ウ．②－①　エ．⑤－③　オ．①－②

[42]　私は昨日，本を読むために図書館を訪れました。
（① books　② library　③ I　④ to　⑤ the　⑥ read　⑦ visited）yesterday.
ア．①－②　イ．⑤－④　ウ．⑤－⑥　エ．②－⑦　オ．②－⑥

[43]　彼らは800年以上前に建てられた教会を訪問しました。
（① built　② visited　③ more　④ a church　⑤ they　⑥ 800 years ago　⑦ than）.
ア．⑤－⑦　イ．③－②　ウ．⑤－④　エ．④－③　オ．④－②

44　私は３時間テレビを見続けています。

（ ① for　② been　③ three　④ have　⑤ TV　⑥ watching　⑦ I ） hours.

ア．①−⑤　イ．⑥−④　ウ．②−③　エ．③−⑦　オ．②−⑤

45　あなたはきっと上手に泳げるようになると私は思います。

（ ① be able to　② that　③ I'm　④ you　⑤ swim　⑥ will　⑦ sure ） well.

ア．⑦−⑥　イ．⑤−①　ウ．②−⑥　エ．②−⑦　オ．①−③

ウ　和泉式部はすらすら和歌を詠むことができ、清少納言は自身の才能にうぬぼれている。

エ　和泉式部の和歌は出来が悪く、清少納言は足りない点が多くある。

問七　作者である紫式部はこの作品以外に長編物語を書いている。その物語の主人公として適切なものを次の選択肢ア～エから選び、記号をマークせよ。

〔解答番号は 35 。〕

ア　光源氏　　イ　源頼朝　　ウ　源義経　　エ　源氏の大君

ぶって

[5] を書きちらしております程度も、よく見ますとまだひどく足りない点がたくさんあります。このように人より特別に優れようと思い、またそうふるまいたがる人は、きっと後には見劣りがし、ゆくゆく悪くばかりなってゆくものですから、いつも風流ぶっていてそれが身についてしまった人は、全く寂しくつまらないときでも、しみじみと感動しているようにふるまい、興あることも見逃さないようにしているうちに、[8]。そういう浮薄なたちになってしまった人の行く末が、どうしてよいことがありましょう。

問一　傍線部１「文」・傍線部５「真名」の単語の意味を次の選択肢ア〜エの中から選び、それぞれ記号をマークせよ。

〔解答番号は１ [26]・５ [27]。〕

ａ「文」

ア　書物　　イ　手紙　　ウ　文様　　エ　漢文

ｅ「真名」

ア　証書　　イ　文章　　ウ　実名　　エ　漢字

問二　傍線部２「はかない」・４「ゐ」・７「すずろなる」の語句の品詞名を現代語訳を参照して次の選択肢ア〜エから選び、それぞれ記号をマークせよ（同じ選択肢は何度使ってもよい）。

〔解答番号は２ [28]・４ [29]・７ [30]。〕

ア　動詞　　イ　形容詞　　ウ　形容動詞　　エ　副詞

問三　傍線部３「めり」の形として適切なものを次の選択肢ア〜エから選び、記号をマークせよ。

〔解答番号は [31]。〕

ア　めら　　イ　めり　　ウ　める　　エ　めれ

問四　傍線部６「かく」の指示内容として適切なものを次の選択肢ア〜エから選び、記号をマークせよ。

〔解答番号は [32]。〕

ア　和歌の特別な才能があること

イ　感性豊かで自然と詩を口ずさめること

ウ　才能があるようにみせかけるも能力が低いこと

エ　才能はあるけれども面白みがないこと

問五　傍線部８「自ずからさるまじくあだなるさまにもなるにはべるべし」の現代語訳として適切なものを次の選択肢ア〜エから選び、記号をマークせよ。

〔解答番号は [33]。〕

ア　自然とよくない浮薄な態度にもなるのでしょう

イ　自分はよくない浮薄な態度をとるのでしょう

ウ　自分よりも悪くはない浮薄な態度になっていくでしょう

エ　自然を壊すような浮薄な態度をとるようになるでしょう

問六　この文章では和泉式部と清少納言のことを論評しているが、その内容として適切なものを次の選択肢ア〜エから選び、記号をマークせよ。

〔解答番号は [34]。〕

ア　和泉式部の和歌はフレーズに魅力があり、清少納言の和歌も同様である。

イ　和泉式部は古い歌の知識がなく、清少納言は何事にも謙虚さがある。

〔三〕次の1～5の四字熟語について、空欄に入る言葉として適切なものをそれぞれ選び、記号をマークせよ。
〔解答番号は1［21］、2［22］、3［23］、4［24］、5［25］。〕

1 臨［1］応変
ア 期　イ 起　ウ 機　エ 気

2 主［2］転倒
ア 客　イ 角　ウ 画　エ 格

3 破顔一［3］
ア 生　イ 笑　ウ 章　エ 正

4 意気［4］合
ア 統　イ 搭　ウ 当　エ 投

5 ［5］発止
ア 丁丁　イ 町町　ウ 朝朝　エ 重重

〔四〕次の文章を読んで、後の設問に答えよ。

和泉式部といふ人こそ、おもしろう書き交はしける。されど和泉は怪しからぬ方こそあれ。うちとけて[1]文走り書きたるに、その方の才ある人、[2]はかない言葉の匂ひも見えはべるめり。歌はいとをかしきこと。もの覚え、歌の道理《ことわり》真《まこと》の歌詠みざまにこそはべらざ[3]めり、口に任せたる事どもに、必ずをかしき一ふしの、目にとまる詠み添へはべり。それだに、人の詠みたらむ歌、難じことわり[4]ゐたらむは、いでやさまで心は得じ、口にいと歌の詠まるるなめりとぞ、見えたる筋にはべるかし。恥づかしげの歌詠みやとはおぼえはべらず。

…（一部省略）…

清少納言こそ、したり顔にいみじうはべりける人。さばかりさかしだち、[5]真名書き散らしてはべるほども、よく見れば、まだいと足らぬ事多かり。[6]かく、人に異ならむと思ひ好める人は、必ず見劣りし、行末うたてのみはべれば、艶になりぬる人は、いとすごう[7]すずろなる折も、もののあはれにすすみ、をかしき事も見過ぐさぬほどに、[8]自ずからさるまじくあだなるさまにもなるにはべるべし。そのあだになりぬる人の果て、いかでかはよくはべらむ。

（紫式部『紫式部日記』より）

【現代語訳】

和泉式部という人は、実に趣深く手紙をやりとりしたものです。しかし和泉には感心しない面があります。気軽に［1］を走り書きした場合、その方面の才能のある人で、ちょっとした言葉にも色艶が見えるようです。和歌は大層興深いものですよ。でも古歌についての知識や歌の価値判断などは、本当の歌よみという風ではないようですが、口にまかせて詠んだ歌などに必ず興ある一点目にとまるものが詠みそえてあります。それほどの歌を詠む人でも、他人の詠んだ歌を非難したり批評したりしていますのは、さあ、それほど和歌に精通してはいないようです。口についてしぜんにすらすらと歌が詠み出されるらしい、と思われるたちの人なのですね。こちらがきまりが悪くなるほどすばらしい歌人とは思われません。

…（一部省略）…

清少納言は実に得意顔をして偉そうにしていた人です。あれほど利口

気持ちを、素直に作文に書き記したから。

ウ　ぼくが病気の木村君に標本箱をくれてやることを惜しくなった心情を、率直に書き記したから。

エ　ぼくが病気の木村君に標本箱をくれてやった良心的な行為を、素直に作文に書き記したから。

問八　傍線部２「どこかの教室でかすれたオルガンの音がきこえる」という表現の説明として最も適切なものを次から選び、記号をマークせよ。

〔解答番号は 18 。〕

ア　オルガンの「音」は東京から来た転校生を歓迎できない僕の気持ちを表し、その音が消えていくことでぼくの中にあった自信が次第に大きくなっていくことを表している。

イ　オルガンの「音がきこえる」という表現は、ぼくが優等生であることを皆に知らしめることを表し、その音がやがて止むことによって、皆への周知が成されることを表している。

ウ　オルガンの音が「かすれた」という表現は、ぼくの思いが次第に危うくなることを表し、やがてその音が「止む」という表現では、ぼくの不安が解消されたことを表している。

エ　オルガンの音が「かすれた」という表現は、僕の気持ちが不安定になっていることを表し、やがてその音が消えることと同時に僕の自信も消えていくことを表している。

問九　傍線部３「それからぼくの自信は少しずつ崩れはじめた」とあるが、それはなぜか。最も適切なものを次から選び、記号をマークせよ。

〔解答番号は 19 。〕

ア　周囲の状況も把握できないほど、自分の書いた作文のウソが気になりだしたことで、罪の意識が次第に大きくなっていったから。

イ　転校生が自分の視線に気づき顔を向けたことで、転校生に自分のウソを見破られたという恐怖が罪の意識よりも大きくなったから。

ウ　自分が作文の中でついたウソを反省するというのではなく、転校生に自分のウソを見破られたという恥ずかしさで面目を失ったから。

エ　転校生に自分のウソを見破られたという恥ずかしさが、自分の作文の中でついたウソを反省しようという気持ちを呼び覚ましたから。

問十　本文の内容として適切だと思われるものの組合せを次から選び、記号をマークせよ。

〔解答番号は 20 。〕

１　会話に方言を使用することで、主人公と新入生、地元の少年たちとの違いを描いている。

２　主人公の過去に行った行為を詳細に語ることで、主人公の心情の変化を描いている。

３　三人称で描かれており、その主人公の心情が手に取るようにわかりやすく描かれている。

４　主人公の心情を風景の描写と重ね合わせ、地方の少年たちとの交流を描いている。

５　主人公の「ぼく」と新入生の「僕」を描き分けることで、主人公の心情を説明している。

ア　１―５　イ　２―４　ウ　２―５　エ　３―４

問一　空欄【A】に入れるべき語句を次から選び、記号をマークせよ。
〔解答番号は 11 。〕
ア　洗練された洋服を着ていた
イ　裕福そうな服装をしていた
ウ　髪の毛を長く伸ばしていた
エ　艶のある長い髪をしていた

問二　空欄【B】に入れるべき語を次から選び、記号をマークせよ。
〔解答番号は 12 。〕
ア　功名心　イ　虚栄心　ウ　羞恥心　エ　自尊心

問三　空欄【C】に入れるべき語を次から選び、記号をマークせよ。
〔解答番号は 13 。〕
ア　虚栄心　イ　向上心　ウ　功名心　エ　懐疑心

問四　空欄【D】に入れるべき語を次から選び、記号をマークせよ。
〔解答番号は 14 。〕
ア　悲愴感　イ　満足感　ウ　優越感　エ　安心感

問五　空欄【X】に入れるべき文章を次から選び、記号をマークせよ。
〔解答番号は 15 。〕
ア　斜め横の椅子に腰をおろした新入生の眼鏡が気になったのである。
イ　周りに腰をおろしている皆の視線の動きが気になったのである。
ウ　坐っている新入生の「知っているよ」という言葉が怖かったのである。
エ　斜め横の椅子に腰をおろした新入生のシャれた洋服が気になったのである。

問六　次に示す1～6の文は、空欄【Y】に入れるべき文章である。文脈を考え、適切な順序に並び替えたものとして適切なものを次から選び、記号をマークせよ。
〔解答番号は 16 。〕
1　そして彼の悦んだ顔を見てホッとする……。
2　これは本当だった。
3　ネギ畠の中を歩きながら、突然、それをやることが惜しくなる。
4　病気の木村君のため、苦心して採集した蝶の標本箱を持っていこうとする。
5　幾度も家に戻ろうとするが、やっぱり木村君の家まで来てしまう。
6　けれどもそれに続くあとの部分で、例によってぼくはありもしない場面を作りあげていた。
ア　4－2－6－3－5－1
イ　2－6－4－3－5－1
ウ　2－5－1－3－6－4
エ　4－6－3－2－5－1

問七　傍線部1「戸田クンの作文のどこがええか、わかるか」とあるが、この教師は「戸田クン」の作文のどのような点を「良い」と考えているのか。最も適切なものを次から選び、記号をマークせよ。
〔解答番号は 17 。〕
ア　ぼくが病気の木村君に標本箱をくれてやったことを惜しいとは思わない心情を、素直に書き記したから。
イ　ぼくが病気の木村君がきっと喜ぶだろうということを知っている

のは彼の百姓家のきたなさと【　Ｄ　】とだけであった。

「アキラ。答えてみろや。」

「戸田クンがマサルに標本箱……大切な標本箱、やりはったのが偉いと思います。」

「それは、まあ、そやけれど、この作文のえゝ所は」教師は白墨をとると黒板に――良心的――という三文字を書きつけた。「ネギ畠を歩きながら標本箱やるのが惜しうなった気持ちをありのままに書いているやろ。みなの作文には時々、ウソがある。しかし戸田クンは本当の気持ちを正直に書いている。良心的だナ。」

ぼくは黒板に教師が大書した良心的という三文字を眺めた。2どこかの教室でかすれたオルガンの音がきこえる。女の子たちが唱歌を歌っている。別にウソをついたとも仲間や教師をダマしたとも思わなかった。今日まで学校でも家庭でもそうだったのだし、そうすることによってぼくは優等生であり善い子だったのである。

ななめ横をそっと振りむくと、あの髪の毛を伸ばした新入生が鼻に眼鏡を少しずり落して黒板をじっと見詰めていた。ぼくの視線に気づいたのか、彼は首にまいた白い繃帯をねじるようにしてこちらに顔をむけた。二人はそのまましばらくの間、たがいの顔を探るように窺《うかが》いあっていた。と、彼の頬がかすかに赤らみ、うすい笑いが唇にうかんだ。（みんなは瞞《だま》されてもネ、僕は知っているよ。）その微笑はまるでそう言っているようだった。

（ネギ畠を歩いたことも、標本箱が惜しくなったことも皆、ウソだろ。うまくやってきたね。だが大人を瞞せても東京の子供は瞞されないよ。）

ぼくは視線をそらし、耳まで赤い血がのぼるのを感じた。オルガンの音がやみ、女の子たちの声も聞こえなくなった。黒板の字が震え動いているような気がした。

3それからぼくの自信は少しずつ崩れはじめた。教室でも校庭でもこの若林という子がそばにいる限り、何か後ろめたい屈辱感に似たものを感じるのである。勿論《もちろん》、そのために成績が落ちるということはなかったが、教師から皆の前でホメられた時、図画や書方が壁にはられた時、組の自治会で仲間から委員にまつり上げられた時、ぼくは彼の眼をひそかに盗み見てしまう。

この子の眼と書いたが、今、考えてみるとそれは決してぼくをとがめる裁判官の眼でもなく罪を責める良心の眼でもなかった。同じ秘密、同じ悪の種をもった二人の少年がたがいに相手の中に自分の姿をさぐりあっただけにすぎぬ。ぼくがあの時、感じたのは心の※1呵責《かしゃく》ではなく、自分の秘密を握られたという屈辱感だったのだ。

この子はだれとも遊ばなかった。休み時間に皆がドッチ・ボールをしていても校庭の隅にあるブランコに靠《もた》れてじっとこちらを眺めているだけだった。体操の時も首に白い繃帯をまいて見学をしている彼の姿が遠くから見えた。組の者から話しかけられても「イヤだ」とか「うん」とか弱々しく答えるのである。ぼくと同じように髪の毛を伸ばし、都会風の洋服を着ていても力も強くなく勉強もあまり出来ないことがわかると皆はこの女の子のように青白い彼を莫迦《ばか》にしはじめる。ぼくもやがて彼を怖れなくなり、あの日の恥ずかしさも怒りも忘れていった。

（遠藤周作『海と毒薬』より）

※1　呵責…きびしくとがめ責めること

を明確にすることで複雑な問題に対処していくこと。

エ　環境保全か経済活動かといった内容を検討することで、各立場における価値観が明確になり、その価値観に従って行動していくこと。

〔二〕　次の文章を読んで、後の設問に答えよ。

五年生になった新学期の最初の日、教師が一人の新入生を教室に連れてきた。首に白い繃帯《ほうたい》をまき眼鏡をかけた小さな子だった。教壇の横で彼は女の子のように眼を伏せて床の一点をみつめていた。

「みんな」黄ばんだスポーツ・パンツをはいたその若い教師は腰に手を当てて大声で叫んだ。

「東京から転校してきた友だちや。仲良うせな、あかんぜ。」

それから彼は黒板に白墨で若林稔という名を書いた。

「アキラよ、この子の名、読めるか。」

教室はすこし、ざわめいた。中にはぼくの方をそっと振り加える者もいる。その若林という子がぼくと同じように【　A　】からである。ぼくといえば、多少、敵意とも嫉妬ともつかぬ感情で、その首に白い繃帯をまいた子供を眺めていた。鼻にずり落ちた眼鏡を指であげながら、彼はこちらをチラッと盗み見ては眼を伏せた。

「みんな、夏休みの作文、書いてきたやろ。」教師は言った。「若林クンはあの席に坐って聞きなさい。まず、戸田クン、読んでみろや。」

新入生のことを教師が若林クンと呼んだことが、ぼくの【　B　】を傷つけた。この組で君をつけて呼ばれるのは今日までぼくが一人だけの特権だったからである。

命ぜられるままに、たち上がって作文を読みはじめた。何時《いっ》もなら、この時間は僕にとって楽しいものなのだ。自分の書いたものを模範作文として皆に朗読することは大いに【　C　】を充たしてくれたのだが、この日は読みながら、心は落ちつかなかった。【　X　】彼は東京の小学校から来ている。髪の毛を伸ばし、白い襟のでたシャれた洋服を着ている。（負けんぞ）とぼくは心の中で呟いた。

作文の時、ぼくはいつも一、二カ所のサワリを作っておく。サワリとは師範出の若い教師が悦びそうな場面である。別に意識して書いたのではないが、鈴木三重吉の「赤い鳥」文集を生徒に読みきかせるこの青年教師から賞《ほ》められるために、純真さ、少年らしい感情を感じさせる場面を織りこんでおいたのだ。「夏休みのある日、木村君が病気だと聞いたので、さっそく見まいに行こうと考えた。」とその日もぼくは皆の前で朗読した。

【　Y　】

「よおし。」ぼくが読み終わった時、教師はいかにも満足したように組中の子供を見まわした。1「戸田クンの作文のどこがええか、わかるか。わかった者は手をあげよ。」

二、三人の子供が白信なげに手をあげた。ぼくには彼等の答えも、教師の言いたいこともほゞ見当がついていた。木村マサルという子に標本箱を持っていってやったのは本当である。だが、それは彼の病気に同情したためではない。キリギリスの鳴きたてる畠を歩いたことも事実である。だが、これをくれてやることが惜しいとは思いもしなかった。なぜならぼくは三つほど、そんな標本箱を父から買い与えられていたからだ。木村が悦んだことは言うまでもない。だが、あの時、ぼくが感じた

ウ　文明の規模が巨大化し、生活が著しく便利になることによって、現行の滞った経済社会システムが完成するということ。

エ　近代の我々が直面している環境問題を根本から除去するために、現行の経済社会の構造そのものを改変すべきであるということ。

問七　次に示す段落は本文中の【1】～【4】のいずれかに入る段落である。この段落を【1】～【4】の適切な箇所に戻し、入ると思われる箇所を次から選び、記号をマークせよ。

〔解答番号は 7 。〕

●　それだけではない。我々は家庭においては生計の担い手であり、会社においては経営の幹部であるといった具合に、社会のなかで一定の役割を担った存在でもある。仮に、「なんとかして環境の悪化に歯止めをかけなければ」と思っているあなたが、エアコンを製造する家電メーカーの経営幹部だったとしたら、あなたが自分の思いを貫くことは難しいだろう。エアコンをはじめ自社の家電製品を大量に売らなければ、会社の経営は成り立たない。会社にとっての〈よいこと〉と、環境保全という〈よいこと〉は両立しないのだ。あなたは経営幹部であるかぎり、前者を優先し、その結果、後者を否定するという道を選ばざるを得ないのである。

ア【1】　イ【2】　ウ【3】　エ【4】

問八　空欄【D】に共通して入れるべき最も適切な語を次から選び、記号をマークせよ。

〔解答番号は 8 。〕

ア　効率　イ　主体　ウ　危険　エ　利便

問九　傍線部4「あなたの考えはこれとは違ったものになるかもしれない」とあるが、どのような考えになるというのか。最も適切なものを次から選び、記号をマークせよ。

〔解答番号は 9 。〕

ア　環境を悪化させるリスクの発生を根本から除去するために、生活の快適さや利便性を犠牲にしても環境問題に取り組むといった考え。

イ　経済社会の構造改革が自らの職場を奪うような結果を生み出しかねないときには、環境問題への配慮ということは除外するべきだという考え。

ウ　環境を悪化させるリスクの発生を根本から除去するために、大量生産・大量消費・大量廃棄という現行の構造そのものを改変すべきだという考え。

エ　経済社会の構造改革が自らの職場を奪うような結果を生み出しかねない場合にこそ、環境に対する配慮が重要視されるべきだという考え。

問十　傍線部5「地球環境をめぐる問題空間」とあるが、それはどういうことか。最も適切なものを次から選び、記号をマークせよ。

〔解答番号は 10 。〕

ア　環境保全か経済活動かといった単純な二項対立には収まらない、さまざまな価値が複雑に絡み合った問題として捉えようとしていること。

イ　環境保全と経済活動を中心に、さまざまな状況下での問題を捉えることで、よりよい価値判断ができるよう考察していくこと。

ウ　環境保全や経済活動において大切なことは、各立場での価値意識び合い、複合的に絡み合う形で成り立つ世界、それが地球環境をめぐる問題空間なのである。

（笹澤豊『環境問題を哲学する』より）

※1　コミット…関係すること

問一　空欄【A】・【C】それぞれに入れるべき語句を考えた場合、文法的に適切なものは何か。その組み合わせとして最も適切なものを次から選び、記号をマークせよ。

〔解答番号は［1］。〕

ア　A　順接―C　逆接　　イ　A　逆接―C　転換

ウ　A　並列―C　順接　　エ　A　添加―C　逆接

問二　傍線部1「我々にとって〈よいこと〉とは何か」とあるが、始めにこのような表現を用いたのはなぜか。最も適切なものを次から選び、記号をマークせよ。

〔解答番号は［2］。〕

ア　環境問題では、各立場での論点を集約しなければならず、その結論を元に各企業や政府は統一した見解を示さなければならないということを言いたかったから。

イ　環境問題の重要性を述べるために、各個人の価値観を捉え、相対化することによって問題解決に向けた意見交換をすべきだということを言いたかったから。

ウ　環境問題の重要性を考えるために、大量生産・大量消費・大量廃棄という現行の経済社会のシステムの構造そのものを改変すべきだということを言いたかったから。

エ　環境問題を考えるうえで、我々の社会は複雑な関係性で成り立っているので、それぞれの立場での価値は、さまざまなものであるということを言いたかったから。

問三　傍線部2「問題はむしろここから先にある」とあるが、どのような「問題」があると筆者は述べているか。最も適切なものを次から選び、記号をマークせよ。

〔解答番号は［3］。〕

ア　〈正しい〉解決策　　イ　〈よいこと〉の追求

ウ　〈よいこと〉の衝突　　エ　種々の〈よいこと〉

問四　傍線部①「リツ」を漢字に改めた場合、正しいものを次から選び、記号をマークせよ。

〔解答番号は［4］。〕

ア　律　　イ　率　　ウ　立　　エ　慄

問五　空欄【B】に入れるべき最も適切な語を次から選び、記号をマークせよ。

〔解答番号は［5］。〕

ア　示唆　　イ　具体　　ウ　抽象　　エ　合理

問六　傍線部3「近代文明は肯定・否定の両面を持っており」とあるが、これを説明したものとして最も適切なものを次から選び、記号をマークせよ。

〔解答番号は［6］。〕

ア　生活の快適さ、利便性を追求することによって文明の規模が巨大化するという否定的な面が強調されることになってしまったということ。

イ　文明の規模が巨大化してしまい、生活の利便性を追求していくことで深刻な環境汚染が起こってしまったということ。

の悪化に拍車をかけているのだということ、そのことを我々は知っている。しかし我々はまた、ほかならぬこの近代文明が生活の快適さや【　Ｄ　】性といった〈よいこと〉をもたらしてくれていることも知っている。3近代文明は肯定・否定の両面を持っており、その肯定面にコ※1ミットすることで我々は〈よいこと〉の享受者であり得ているのだが、またその点で同時に我々は否定面にもコミットし、自然環境の保全という〈よいこと〉の実現を阻《はば》む共犯者になってしまっているのである。

【　Ｉ　】

　生活の快適さ、【　Ｄ　】性という〈よいこと〉と、自然環境の保全という〈よいこと〉。文明の規模が大きくなりすぎた結果、この二つが衝突を起こし、両立しないという事態にいま我々人類は直面している。個人レベルでは、この事態を前にして、後者を優先しようと考える人——自然環境の保全のためなら、生活の快適さや【　Ｄ　】性を犠牲にしてもかまわないと考える人——も少なくない。だが、この衝突の構図に気づかない人、気づかないふりをして前者を享受している人、この構図を承知のうえで前者を優先しようとする人、そういう人はもっと多い。夏、暑ければエアコンをつけ、冬、寒ければストーブやファンヒーターを焚き、週末にはマイカーで長距離ドライブ、といったライフスタイルは、いったん身に着けてしまうと容易に手放せるものではない。

【　2　】

　あなたが経済産業省のお役人だったとしても、あるいは内閣を構成する政治家の一人だったとしても、この選択はおそらく変わらないだろう。環境の悪化をくい止めるために、大量生産・大量消費・大量廃棄という現行の経済社会のシステムを改めるとなれば、経済が衰退して不況がさらに進み、我々の社会は大量の失業者の発生という深刻な問題をかかえることになる。それは〈よいこと〉ではない、とたぶんあなたは考えるはずだ。

【　3　】

　もっとも、もしあなたがゴミの焼却施設や産廃処分場や原子力発電所の周辺住民だったとしたらどうか。4あなたの考えはこれとは違ったものになるかもしれない。ゴミの焼却にともなって、発ガン性物質のダイオキシン類が発生するといわれている。また、産廃処分場では有害化学物質が雨水に溶け出し、土壌や地下水を汚染する可能性が大きいという。原発は石油の代替エネルギー供給源としての意義を持つものの、事故があれば放射性物質をまきちらす危険性をつねに有している。そういうリスクのなかで暮らすのは〈よいこと〉ではない、とあなたは考えるはずだ。だから、そういうリスクの発生を根本から除去するために、大量生産・大量消費・大量廃棄という現行の経済社会の構造そのものを改変すべきだ、とあなたは考えるかもしれない。

【　4　】

　しかし、である。そのあなたが同時に家電メーカーの製造工場に勤める従業員だったとしたら、どうなのか。あるいは、原発関連施設で職を得ている従業員だったとしたら、どうなのか。経済社会の構造変革があなたの職場を奪うような結果を生み出しかねないとき、それでもあなたは、それが自分にとって〈よいこと〉であると考えるだろうか。

　〈よいこと〉を「価値」という言葉におき換えれば、人それぞれの立場に応じて価値はさまざまだということである。そのさまざまな価値が互いに衝突したり、逆に補いあったり、といった種々の関係によって結

【国語】（五〇分）〈満点：一〇〇点〉

〔一〕次の文章を読んで、後の設問に答えよ。

1我々にとって〈よいこと〉とは何か。――これは、昔も今も変わらない哲学の中心的な問いの一つである。我々人間は全面的に合理的な存在であるわけではないが、少なくとも合理的にふるまおうとする限りでは、我々は何をするのが〈よいこと〉なのかを考え、自分が〈よい〉と思ったことを行おうとする存在である。強盗や窃盗《せっとう》はむろん〈よいこと〉ではないが、そういう行為をしようとする人は、そのとき、それをすることが自分にとって〈よいこと〉であると考えているのであり、そう考える点で、彼・彼女は判断の誤りを犯しているのである。そういう誤りを犯す人はそう多くないから、犯罪者はつねに少数派にとどまり続ける。

【　A　】、我々の大半は〈よいこと〉に関して判断の誤りを犯さないのだから――何が〈よいこと〉なのかをよく知ったうえで行動しているのだから――、冒頭の哲学の問いは意味をなさないのではないか、と思う人もいるかもしれない。しかし、2問題はむしろここから先にある。というのも、私にとっての〈よいこと〉と、あなたにとっての〈よいこと〉、彼にとっての〈よいこと〉と彼女にとっての〈よいこと〉は、しばしば異なっていて、それぞれの〈よいこと〉の追求が衝突を起こすことも間々あることだからである。この種の衝突は、個人と個人との間だけでなく、個人と社会や国家との間にも、また、国家と国家との間にも、さらには国家と国際社会との間にも生じる。その場合、衝突を回避し、あるいは調停するうまい手立てがあるのかどうか、また、どういう形の調停が〈正しい〉解決策なのか。――こういった難問に我々は向き合わなければならない。

それだけではない。〈よいこと〉の追求から起こる衝突は、私個人・あなた個人の内部でも生じるし、同じ社会・同じ国家の内部でも生じる。私にとってもあなたにとっても、〈よいこと〉は一様一①リツではない。質を異にする〈よいこと〉が複数あって、それらが両立不可能であることも珍しくない。その場合、どういう選択をするのが〈最善〉なのか、という問題に我々は直面することになる。

話がのっけから【　B　】的になったが、いま私の念頭にあるのは、ほかでもない、地球環境問題である。日に日に悪化の一途をたどる自然環境に対して、我々はどういう態度でのぞめばよいのか。この問題をめぐる実践と言説の数々は、この問題の領域がまさに種々の〈よいこと〉の衝突から成り立っていることを示している。種々の〈よいこと〉がさまざまな形で衝突し、その衝突が先鋭化する場所、それが自然環境をめぐる問題空間であると言ってもよい。

考えてもみよう。住環境を含めた自然環境を、美しくクリーンで安全な姿に保全すること、――それは〈よいこと〉であるとおそらく我々の大半が考えている。【　C　】、海や川の水質汚染がすすむなど、自然環境はよくなるどころか日増しに悪化しているという現実がある。各地のゴミ処理場が軒《のき》なみ満杯になり、産業廃棄物の捨て場を求めて、多数のダンプカーが（真っ黒い排気ガスをまきちらしながら）日本全国をさまよっているという現実がある。なぜ、そういうことになるのか。

自然環境の悪化というこの〈よくないこと〉が近代文明の産物であること、近代文明が生産と消費と廃棄の規模を肥大化させることで、環境

2024年度

山村国際高等学校入試問題（第２回）

【数　学】（50分）　<満点：100点>

$\boxed{1}$ 次の各問いに答え，$\boxed{1}$から$\boxed{23}$に適する数または符号を解答用紙の該当欄にマークしなさい。

(ア)　$5-3\times(-2^2)+6^2\div 4=\boxed{1}\boxed{2}$

(イ)　$34\div 8-2.5\times 1.5=\boxed{3}.\boxed{4}$

(ウ)　$\dfrac{9}{13}\times\left(\dfrac{7}{2}-0.25\right)-(-2)^2=\dfrac{\boxed{5}\boxed{6}}{\boxed{7}}$

(エ)　$1^2\times 2^2\times 3^2\times 4^2\times 5^2=\boxed{8}\boxed{9}\boxed{10}\boxed{11}\boxed{12}$

(オ)　$(\sqrt{5}+2)^2-3(\sqrt{5}+2)-4=\boxed{13}\boxed{14}+\sqrt{\boxed{15}}$

(カ)　$(ab^2c)^3\times\left(-\dfrac{c}{3b}\right)^2\div 2a^3c=\dfrac{\boxed{16}}{\boxed{17}\boxed{18}}b^{\boxed{19}}c^{\boxed{20}}$

(キ)　$\dfrac{3(x+2y)}{2}-\dfrac{x+10y}{3}=\dfrac{\boxed{21}x-\boxed{22}y}{\boxed{23}}$

$\boxed{2}$ 次の各問いに答え，$\boxed{24}$から$\boxed{40}$に適する数または符号を解答用紙の該当欄にマークしなさい。

(ク)　連立方程式 $\begin{cases}\dfrac{2}{5}x+\dfrac{y}{4}=8\\ \dfrac{x}{3}-\dfrac{3}{2}y=-7\end{cases}$ の解は $x=\boxed{24}\boxed{25}$，$y=\boxed{26}$である。

(ケ)　xについての２次方程式 $x^2-ax-27=0$ の１つの解が-3であるとき，aの値は$\boxed{27}$である。

(コ)　次の表は，５点満点の小テストの点数を度数分布表にしたものである。

点数(点)	0	1	2	3	4	5	計
度数(人)	1	2	2	5	3	7	20

このときの平均値は$\boxed{28}.\boxed{29}$，中央値は$\boxed{30}.\boxed{31}$である。

(サ)　関数 $y=ax^2$ で，xの値が２から４まで増加するときの変化の割合が12となるとき，aの値は$\boxed{32}$である。

(シ)　ある本を読むのに１日目に全体の$\dfrac{1}{3}$を読み，次の日に残りの$\dfrac{2}{5}$を読んだら，48ページ残った。この本のページ数は$\boxed{33}\boxed{34}\boxed{35}$ページである。

(ス)　次の①から④について，それぞれyはxの関数である。

①　底辺が$x$cm，高さが６cmの三角形の面積$y$cm^2

②　半径$x$cmの円の面積$y$cm^2

③　15kmの距離を毎時$x$kmの速さで進むときにかかる時間y

④　10ページの絵本を読んでいるとき，読んだページ数xと残りのページ数y

①から④の中で，yがxに比例するものは$\boxed{36}$，反比例するものは$\boxed{37}$である。

(セ)　$x=3\sqrt{2}+8$，$y=\sqrt{2}+2$ のとき，$x^2-7xy+12y^2$ の値は[38][39]$\sqrt{[40]}$ である。

3

次の各問いに答え，[41]から[47]に適する数または符号を解答用紙の該当欄にマークしなさい。

(ソ)　右の図のように，円周上に４点A，B，C，Dがあり，直線ABと直線CDとの交点をEとし，直線ACと直線BDとの交点をFとする。∠AED＝42°，∠BDC＝60° であるとき，∠AFBの大きさは[41][42][43]° である。

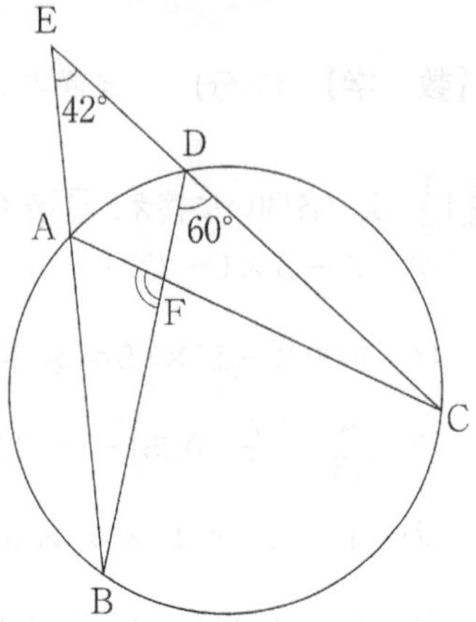

(タ)　右の図のように，１組の三角定規を重ねた。斜線部の面積は[44][45]（㎠）である。

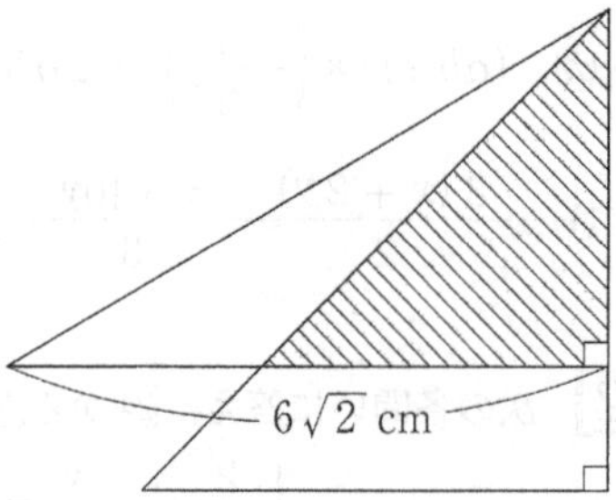

(チ)　右の図のように，１辺の長さが１㎝の正方形ABCDがある。正方形ABCDを直線BDを軸として回転させてできる立体の体積は $\dfrac{\sqrt{[46]}}{[47]}\pi$（㎤）である。

ただし，円周率は π とする。

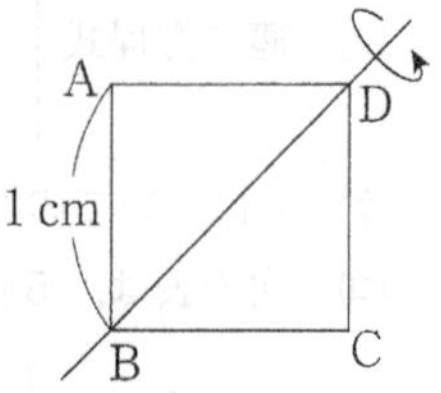

4

次の各問いに答え，[48]から[52]に適する数または符号を解答用紙の該当欄にマークしなさい。

(ツ)　１個80円で売ると，１日に160個売れる商品がある。この商品は１円値下げするごとに，１日あたり４個多く売れる。この商品を x 円値下げした日の売り上げは14400円であった。何円値下げしたかを求めなさい。

値下げした金額：[48][49]円

(テ)　半径３㎝の円を底面とする高さ 8π ㎝の円柱がある。右の図のように，点Aから点Bまでひもを容器の側面にそって長さが最も短くなるように巻いた。ひもの長さを求めなさい。ただし，直線ABは底面に垂直であり，円周率は π とする。

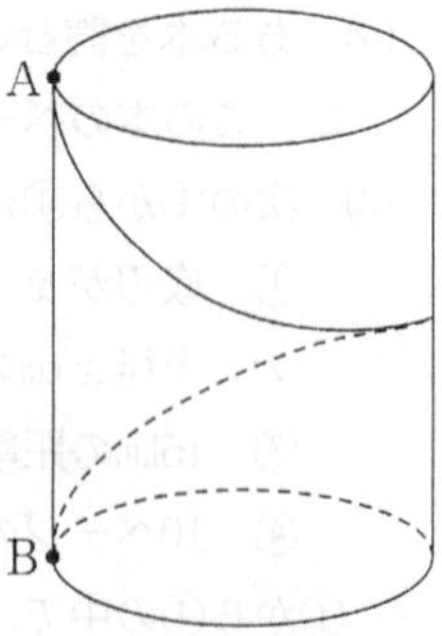

ひもの長さ：[50][51]π（㎝）

(ト)　A君が１人ですると10日，B君が１人ですると15日，C君が１人ですると６日かかる仕事がある。この仕事を３人ですると$\boxed{52}$日で完了することができる。

$\boxed{5}$ 次の各問いに答え，$\boxed{53}$から$\boxed{56}$に適する数または符号を解答用紙の該当欄にマークしなさい。

(ナ)　自然数をある規則にしたがって並べた表を，下の図のように１番目，２番目，３番目，４番目，……の順に作っていく。n 番目の表には，上段，中段，下段にそれぞれ自然数が n 個ずつ並べられている。

１番目

上段	1
中段	2
下段	3

２番目

1	6
2	5
3	4

３番目

1	6	7
2	5	8
3	4	9

４番目

1	6	7	12
2	5	8	11
3	4	9	10

……

８番目の表に並べられたすべての数の和から，７番目の表に並べられたすべての数の和を引いた値は$\boxed{53}\boxed{54}$である。

(ニ)　大きいさいころAと小さいさいころBがあり，それぞれ１から６までの目がある。さいころAの目の数を a，さいころBの目の数を b とする。この２個のさいころを同時に投げるとき，$\sqrt{6ab}$ が整数となる確率Pを求めなさい。ただし，さいころはどの目が出ることも同様に確からしいものとする。

$$\mathrm{P}=\frac{\boxed{55}}{\boxed{56}}$$

$\boxed{6}$ 次の各問いに答え，$\boxed{57}$から$\boxed{63}$に適する数または符号を解答用紙の該当欄にマークしなさい。

右の図のように関数 $y = ax^2$ のグラフと直線 l が２点A，Bで交わっている。点Aの座標は（２，２），点Bの x 座標は４である。y 軸上の正の部分に点Pをとるとき，次の問いに答えなさい。

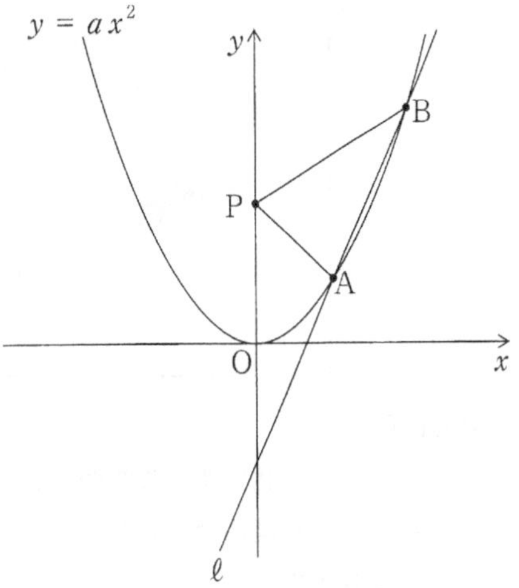

(ヌ)　点Bの座標を求めなさい。

点B（$\boxed{57}$，$\boxed{58}$）

(ネ)　直線 l の式を求めなさい。

$y = \boxed{59}\,x - \boxed{60}$

(ノ)　△ABPの面積が△OAPの面積の４倍になるように，点Pの位置を決めるとき，点Pの座標を求めなさい。

$$\mathrm{P}\left(\boxed{61},\ \frac{\boxed{62}}{\boxed{63}}\right)$$

【英　語】（50分）　＜満点：100点＞

1 【放送問題】

Part A

それぞれのイラストの内容について，最も適切なものをア～エから１つ選び，No.1 は 1 ，No.2 は 2 にマークしなさい。英文は１回読まれます。

1

2

Part B

図に関する質問が２つあります。No.3 は会話と質問を聞き，答えとして最も適切な位置を図のア～エから１つ選び，3 にマークしなさい。No.4 は質問と答えの選択肢ア～エを聞き，答えとして最も適切なものを１つ選び，4 にマークしなさい。英文は１回読まれます。

3

4

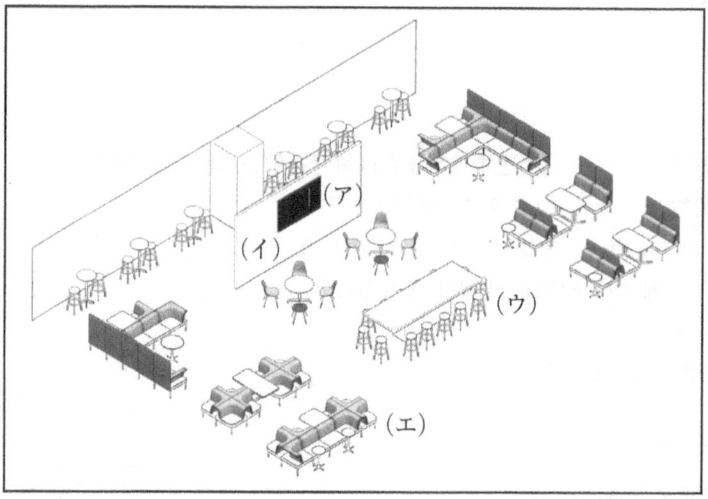

Part C

会話とその会話に関する質問が２つあります。順番に質問，会話，答えの選択肢ア～エを聞き，答えとして最も適切なものを１つ選び，No.5 は 5 ，No.6 は 6 にマークしなさい。英文は１回読まれます。

Part D

短い英文と質問が読まれます。順番に質問，短い英文，答えの選択肢ア～エを聞き，答えとして最も適切なものを１つ選び，7 にマークしなさい。英文は１回読まれます。

Part E

英文が読まれます。質問と答えの選択肢は書いてあります。英文を聞き，答えとして最も適切なものをア～エから１つ選び，[8] にマークしなさい。英文は１回読まれます。

[8] What animal is this?

ア．A crocodile.　　イ．An octopus.　　ウ．A dog.　　エ．A penguin.

No.9，No.10 は，やや長めの英文が読まれます。質問に対する答えとして最も適切なものをア～エから１つ選び，No.9 は [9]，No.10 は [10] にマークしなさい。英文は１回読まれます。

[9] How old was Bob when he started to live on a boat?

ア．5.　　イ．16.　　ウ．18.　　エ．20.

[10] What did Bob do on the boat?

	look for whales	wash dishes	go fishing
ア．	NO	YES	YES
イ．	YES	YES	NO
ウ．	YES	NO	YES
エ．	NO	YES	NO

※リスニングテストの放送台本は非公表です。

[2] 次の英文を読んで，後の問いに答えなさい。答えは [11] ～ [20] にマークしなさい。

Most fruit and vegetables grow through the summer and are ready to bring in when autumn comes. ①This time is called the harvest. After the harvest, many people want to say thank you to God for all the food. There are church services called Harvest Festivals or Thanksgiving Services. There are lots of fruit, vegetables, flowers and loaves of bread in the church, and people sing special songs of thanks. These services started hundreds of years ago.

In September 1620, a group of English people called the *Pilgrim *Fathers sailed from *Plymouth, England across the Atlantic Ocean, in a ship called *The Mayflower*, to Cape Cod in North America. ②(ア．away / イ．England / ウ．they / エ．from / オ．went) because of their religion, and because they wanted land for their families. They wanted to grow food for themselves—not for other people.

The pilgrims sailed — for sixty-six dangerous days — across the Atlantic Ocean. When they arrived, they called their new home New England, but they were not the first people to live there. The Indians were there first. Sometimes the Pilgrims fought with the Indians but they also learned ③a lot from them. The Indians showed them how to live from their new land, for example, and how to grow and cook new kinds of fruit and vegetables.

[A] Many of the Pilgrims died because it was very cold and they had little food. In the spring they started to grow food, helped by some friendly Indians, and in the autumn of 1621 they celebrated their first harvest.

[B] ④The pilgrims wanted to give thanks, (1) for the harvest, (2) for their new home, new life and new friends.

[C] ⑤The date of Thanksgiving Day in the USA (change) three times, but it is now the fourth Thursday in November. Most American and Canadian families still have a Thanksgiving Day dinner with their family. They have turkey and autumn vegetables, and then pumpkin pie.

[D] In the USA, there are a lot of big football matches on that day, so many people go to the games or watch them on television.

Canada is north of the USA, so the winter is longer and the harvest is earlier there. The date of Thanksgiving Day has changed more than once, but is now the second Monday in October. In Canada there is a Thanksgiving Day holiday and the traditional dinner is turkey and pumpkin pie in November.

＊Pilgrim：巡礼（者）　＊Father：先祖　＊Plymouth：プリモス

問１　下線部① This time is called the harvest. とあるが，この文章が指す「This time」とは何をする時ですか。最も適切なものをア～エから１つ選び，[11] にマークしなさい。

ア．果物や野菜が育ち，神に感謝を表す時

イ．教会で様々な食べ物を振る舞ったり花を配ったりする時

ウ．果物や野菜が育ち，収穫できるようになった時

エ．教会で感謝の歌を歌う時

問２　下線部②が「彼らはイギリスを去りました。」となるように（　）内の語句を並べかえたとき，３番目と５番目にくる語句の最も適切な組み合わせをア～エから１つ選び，[12] にマークしなさい。ただし，文頭にくる語も小文字で記してある。

ア．イ－エ　　イ．ア－ウ　　ウ．ア－オ　　エ．ア－イ

問３　下線部③が指すものとして本文中に述べられていないものをア～エから１つ選び，[13] にマークしなさい。

ア．果物や野菜の調理の方法　　イ．新しい土地での暮らし方

ウ．果物や野菜の育て方　　エ．幼い子供の育て方

問４　次の英文が入るのに最も適切な箇所をア～エから選び，[14] にマークしなさい。

The first winter was difficult.

ア．[A]　イ．[B]　ウ．[C]　エ．[D]

問５　下線部④が，「巡礼者たちは収穫だけでなく彼らの新しい家や人生，友人にも感謝を伝えたかった。」となるように（１），（２）に適当な語句を入れるとき，最も適切なものの組み合わせをア～エから１つ選び，[15] にマークしなさい。

ア．（１）from　（２）but

イ．（１）from　（２）or

ウ．（１）not only　（２）or

エ．（１）not only　（２）but

問６　アメリカでは本文にある祭日に，家族と特別な夕食を食べる以外に何をするか。本文中で述べられていることをア～エから１つ選び，16 にマークしなさい。

ア．家族で映画を見る　　イ．アメリカンフットボールの試合を見る

ウ．冬に備えて食料を蓄える　　エ．海に行って魚を釣る

問７　アメリカ人やカナダ人は本文にある祭日に何を食べるか。本文中で述べられていないものをア～エから１つ選び，17 にマークしなさい。

ア．かぼちゃのパイ　　イ．秋の野菜　　ウ．魚介類　　エ．七面鳥

問８　下線部⑤の（　）内の語句を文脈を考えて正しい形に変えるとき，最も適切なものをア～エから１つ選び，18 にマークしなさい。

ア．was changing　　イ．will change

ウ．is changing　　エ．has changed

問９　カナダでの本文にある祭日はいつか。最も適切なものをア～エから１つ選び，19 にマークしなさい。

ア．10月の第二月曜日　　イ．11月の第二月曜日

ウ．10月の第四木曜日　　エ．11月の第四木曜日

問10　この文章で扱われている祭日として最も適切なものをア～エから１つ選び，20 にマークしなさい。

ア．The Fourth of July　　イ．Thanksgiving

ウ．Easter　　エ．Guy Fawkes' Night

3　次の対話文の空欄に入る最も適切なものをア～エから１つ選び，21 ～ 30 にマークしなさい。

A : Hi, Shota. Did you enjoy the English lesson yesterday?

B : Yes, I did. [21]

A : I'm happy to hear that. [22]

B : Yes, I do. I want to become a good English speaker.

A : [23]

B : That's a good idea. I will do so. I want to go to England in the future.

A : [24] She has club every Monday in the library.
[25]

B : Nice. I want to find out about the history of England.

21

ア．I can't understand the class.　　イ．I can't wait for the next class.

ウ．I'm happy to meet you.　　エ．I can wait outside.

22

ア．Do you like studying English?

イ．Do you like the English teacher?

ウ．Do you like studying French movies?

エ．Do you like studying French?

23

ア．Why don't you speak English with the ALT from England?

イ．Do I want to speak with the ALT from England?

ウ．Do you want to go to England?

エ．You should go to a different school.

24

ア．I don't think so.　イ．That's too bad.

ウ．What's up?　エ．That sounds nice.

25

ア．She will learn about your country.

イ．She will learn about her country's history.

ウ．She will tell you about your country.

エ．She will tell you about her country.

A：Hello.　What are you reading?

B：［ 26 ］

A：Sounds interesting.

B：［ 27 ］

A：Yes, of course.［ 28 ］

B：Yes, I have. I love that play.［ 29 ］How about you?

A：I haven't.　I want to see that one.

B：［ 30 ］

26

ア．A picture of flowers.

イ．The history of William Shakespeare.

ウ．I'm buying a book.

エ．I'm looking for a nice book.

27

ア．I like his book.　イ．I like playing piano.

ウ．Do you like his plays?　エ．Do you like baseball?

28

ア．Did you see William Shakespeare?

イ．Have you ever seen William Shakespeare?

ウ．Have you ever seen Romeo and Juliet?

エ．Must you see Romeo and Juliet?

29

ア．I wanted to read it.　イ．I want to see it again.

ウ．I haven't seen it.　エ．I never want to see it again.

30

ア．Let's go see the play together!

イ．You should not watch it.

ウ．I have never seen it.

エ．It's boring.

4　次のそれぞれの英文の空所に入る最も適切なものをア～エから１つ選び，31 ～ 35 にマークしなさい。

1　These pictures 31 in Nagasaki last year.
（ア．took　イ．was taken　ウ．were taken　エ．takes）

2　32 can we get to Kawagoe Station?
（ア．Where　イ．Which　ウ．What　エ．How）

3　My father 33 to New Zealand five times.
（ア．has gone　イ．has been　ウ．has going　エ．go）

4　If it 34 next Sunday, we'll cancel the BBQ.
（ア．rains　イ．rained　ウ．will rain　エ．raining）

5　The musician is very popular, so the concert hall is always 35 of people.
（ア．great　イ．full　ウ．most　エ．many）

5　次の各文がほぼ同じ意味になるように空所を補うとき，最も適切なものをア～エから１つ選び，36 ～ 40 にマークしなさい。

We are so tired that we can't do homework today.
We are 36 do homework today.
（ア．enough tired to　イ．very tired and　ウ．too tired to　エ．more tired to）

Akiko is older than Yuko.　Nami is younger than Yuko.
Nami is 37 the three.
（ア．the youngest of　イ．the oldest of　ウ．younger than　エ．older than）

The children walked to the library.
The children went to the library 38 .
（ア．of foot　イ．with feet　ウ．by feet　エ．on foot）

You must not speak Japanese in my class.
39 speak Japanese in my class.
（ア．Please　イ．Don't　ウ．Let's　エ．Not）

Takuma likes baseball. Ken likes baseball, too.
40 Takuma and Ken like baseball.
（ア．All of　イ．Both　ウ．Neither　エ．Either）

6 次の（ ）内の語句を並べ替えて正しい英文にするとき，（ ）内で３番目と５番目にくる語句の正しい組み合わせをア～オから１つ選び， 41 ～ 45 にマークしなさい。（文頭にくる語句も小文字で表記してある。）

41 お父さんが有名な俳優である男の子を私は知っています。
（ ① a famous ② know ③ father ④ a boy ⑤ I ⑥ whose ⑦ is ） actor.
ア．②－⑥ イ．④－③ ウ．③－① エ．④－① オ．⑥－⑦

42 私は父とそこへ何度か行ったことがあります。
（ ① my father ② been ③ I ④ there ⑤ have ⑥ many ⑦ with ） times.
ア．②－④ イ．④－⑥ ウ．⑦－① エ．⑤－① オ．②－⑦

43 英語を学ぶことは私たちにとって重要です。
（ ① to ② English ③ is ④ important ⑤ learn ⑥ it ⑦ for us ）.
ア．④－② イ．②－④ ウ．②－③ エ．④－① オ．③－⑥

44 あなたは彼女に会いにその国を訪れるべきです。
（ ① visit ② see ③ to ④ should ⑤ the ⑥ you ⑦ country ） her.
ア．①－⑦ イ．②－① ウ．⑤－② エ．④－① オ．②－⑥

45 あなたはどのぐらい長くテレビを見ていますか。
（ ① you ② watching ③ long ④ how ⑤ been ⑥ TV ⑦ have ）?
ア．⑤－③ イ．④－③ ウ．⑦－② エ．②－④ オ．⑦－⑤

ア　動詞　イ　形容詞　ウ　形容動詞　エ　副詞

問三　傍線部4「けり」の形として適切なものを次の選択肢ア～エから選び、記号をマークせよ。

〔解答番号は 30 。〕

ア　けら　イ　けり　ウ　ける　エ　けれ

問四　傍線部7「書」・8「あやしき」の単語の意味を次の選択肢の中から選び、それぞれ記号をマークせよ。

〔解答番号は7 31 ・8 32 。〕

7「書」

ア　書道の手本　イ　漢文の書籍

ウ　友人からの手紙　エ　仕事の書類

8「あやしき」

ア　不思議な　イ　見苦しい　ウ　いやしい　エ　微妙な

問五　傍線部6「この古里の女の前にてだにつつみはべるものを」の現代語訳として適切なものを次の選択肢ア～エから選び、記号をマークせよ。

〔解答番号は 33 。〕

ア　ここにいる実家の娘の前ですら、手紙を読むのを遠慮していますのに

イ　実家の侍女たちの前でさえ、書物を読むのを遠慮しておりましたのに

ウ　実家の侍女たちの前でさえ、食料を包むのを遠慮していますのに

エ　ここにいる実家の娘の前ですら、秘密を包み隠しているのに

問六　本文内容に合致しているものを次の選択肢ア～エから選び、記号をマークせよ。

〔解答番号は 34 。〕

ア　左衛門の内侍に学識があるとほめられ、「日本紀の御局」というあだ名をつけてもらい、作者はそのことを名誉なことだと思っている。

イ　男でさえ才能を見せつける態度を取ると妬まれて出世しづらくなるのに、紫式部が宮中で学識をひけらかすことはありえないと述べている。

ウ　紫式部の父親は娘が仮に男の子だったとしても才能をひけらかす態度を取るだろうから、紫式部は嫁ぎ先で幸せになれないだろうと嘆いている。

エ　紫式部はとても学識のある人であったが、陰口を言われたことが原因で「一」という漢字を書くことができないくらい無学になってしまった。

問七　作者は平安時代に生きた人物である。同時代に成立した作品ではないものを次の選択肢ア～エから選び、記号をマークせよ。

〔解答番号は 35 。〕

ア『竹取物語』　イ『枕草子』

ウ『土佐日記』　エ『平家物語』

〔四〕　次の文章を読んで、後の設問に答えよ。

左衛門《さいも》の内侍《ないし》といふ人はべり。あやしうすずろによからず思ひけるも、え知りはべらぬ、心憂き後言《しりうごと》の、多う聞こえはべりし。

内裏《うち》の上の、源氏の物語人に読ませたまひつつ聞こしめしけるに、「1この人は日本紀をこそ読みたるべけれ。真《まこと》に才《ざえ》あるべし。」と、2のたまはせけるを、ふと推し量りに、「3いみじうなむ才がある。」と殿上人などに言ひ散らして、「日本紀の御局」とぞつけたり4けり、いと5をかしくぞはべる。6この古里の女の前にてだにつつみはべるものを、さる所にて才賢《さか》し出ではべらむよ。

この式部《しきぶ》の丞《じょう》といふ人の、童にて7書読みはべりし時、聞き習ひつつ、かの人は遅う読み取り忘るる所をも、8あやしきまでぞ聡《さと》くはべりしかば、書に心入れたる親は、「口惜しう、男子《をのこご》にて持たらぬこそ幸ひなかりけれ。」とぞ常に嘆かれはべりし。

それを、「男だに、才がりぬる人はいかにぞや、華やかならずのみはべるめるよ。」と、やうやう人の言ふも聞きとめて後、一といふ文字をだに書き渡しはべらず、いとてづつにあさましくはべり。

（紫式部『紫式部日記』より）

【現代語訳】

左衛門の内侍という人がいます。この人が私を、妙にわけもなく快よからず思っていたのも知りませんでおりましたところ、いやな陰口がたくさん耳に入って来ました。

主上が『源氏の物語』を人にお読ませになられてはお聞きになっていらっしゃったときに、「この人はあのむずかしい日本書紀をお読みのようだね。本当に学識があるらしい。」と仰せになられましたのを内侍が聞いて、「とっても学問があるんですってさ。」と、殿上人などに言いふらして、私に「日本紀の御局」とあだ名をつけたのでしたが、まことに笑止千万なことです。[6]、そのようなところで、どうして学問をひけらかしたりするでしょうか。

私の弟の式部の丞という人が、まだ子供のころに[7]を読んでいましたとき、私はそれをそばでいつも聞き習っていて、あの人が読み覚えるのに手間どったり忘れたりするようなところでも、私は[8]ほど早く理解しましたので、学問に気を入れていた父親は、「残念なことに、この娘が男の子でなかったのは、全く幸せがなかったのだ。」と、いつも嘆いておられました。

それなのに、「男でさえ学問をひけらかす人はどうでしょうか、派手に栄達はしないようですよ。」と、だんだん人の言うのを耳に聞きとめてからは、一という漢字でさえ書いてみせることもしませんので、大層無学であきれるばかりです。

問一　傍線部１「この人」の指示内容として適当なものを次の選択肢ア～エから選び、記号をマークせよ。

〔解答番号は[26]。〕

ア　左衛門の内侍　　イ　内裏の上　　ウ　紫式部　　エ　殿上人

問二　傍線部２「のたまはせ」・３「いみじう」・５「をかしく」の語句の品詞名を現代語訳を参照して次の選択肢ア～エから選び、それぞれ記号をマークせよ（同じ選択肢は何度使ってもよい）。

〔解答番号は２[27]・３[28]・５[29]。〕

ている点を指摘することで優越感に浸りたかったから。

問六　空欄【Ｄ】と【Ｅ】に入れるべき語の最も適切な組合せを次から選び、記号をマークせよ。
〔解答番号は［17］。〕

ア　自尊心 ― 不快　　イ　不快 ― 無自覚
ウ　好奇心 ― 不快　　エ　不快 ― 楽観的

問七　傍線部４「彼は私が私の不明を恥じるだろうと予測していたのであろう」とあるが、それはどういうことか。最も適切なものを次から選び、記号をマークせよ。
〔解答番号は［18］。〕

ア　記者は、「傑作だ」と云った私が、感情的に記者の反論に反発したことを恥じるであろうという予測。
イ　記者は、「傑作だ」と云った私の考えが間違っていたということを、情けなく思うであろうという予測。
ウ　記者が私の云ったことに反発し、自らの間違いを恥ずかしいと思うはずであるという私の予測。
エ　私が自らの間違った画家への評価をくつがえし、記者の評価に同調するようなことを恥じるという予測。

問八　傍線部５「私は慄然として再びこの沼地の画を凝視した」とあるが、それはなぜか。最も適切なものを次から選び、記号をマークせよ。
〔解答番号は［19］。〕

ア　この画から感じられる画家の強烈な自意識が、私の中にある感情の重々しさに訴えかけてきたから。
イ　この画の中から私に訴えかけてくるあせりや不安が、記者の言葉を借りて私の心に訴えかけてきたから。
ウ　この画から感じられる画家のあせりや不安といった重々しい感情が、私の心に直に訴えかけてきたから。
エ　この画に触れることではじめて、私の中にあったあせりや不安といった重々しい感情が解消されたから。

問九　空欄【Ｆ】には、私が、この画家の画から感じた重要な言葉が入る。最も適切なものを次から選び、記号をマークせよ。
〔解答番号は［20］。〕

ア　芸術　　イ　風景　　ウ　人工　　エ　自然

〔三〕　次の１～５の四字熟語について、空欄に入る言葉として適切なものをそれぞれ選び、記号をマークせよ。
〔解答番号は１［21］、２［22］、３［23］、４［24］、５［25］。〕

１　晴［1］雨読
ア　講　　イ　耕　　ウ　候　　エ　孝

２　万［2］不易
ア　故　　イ　戸　　ウ　呼　　エ　古

３　単純明［3］
ア　快　　イ　解　　ウ　懐　　エ　開

４　因果応［4］
ア　封　　イ　放　　ウ　報　　エ　法

５　［5］人薄命
ア　華　　イ　夏　　ウ　寡　　エ　佳

※８　昂然…自信にあふれているようす

問一　空欄【A】に入れるべき語句はこの小説の題名と重なっている。最も適切だと思われるものを次から選び、記号をマークせよ。
〔解答番号は 11 。〕

ア　悲壮　イ　報酬　ウ　黄土　エ　沼地

問二　傍線部１「尋常の見物からは、文字通り一顧さへも受けなかった事」とはどういうことか。最も適切だと思われるものを次から選び、記号をマークせよ。
〔解答番号は 12 。〕

ア　展覧会に来た見物人からは全く見向きもされないということ。
イ　展覧会を訪れた多くの人から賞賛され満足するということ。
ウ　展覧会に来た通常の見物人からは話題に上らなかったということ。
エ　展覧会を訪れた通常の見物人から違った見方をされたということ。

問三　空欄【B】、【C】それぞれに入れるべき語を次から選び、記号で答えよ。
〔解答番号はＢ 13 ・Ｃ 14 。〕

【B】
ア　むしろ　イ　だから　ウ　しかし　エ　また

【C】
ア　いきなり　イ　むろん　ウ　さも　エ　あたかも

問四　傍線部２「こう云う疑問もまた挟まずにはいられなかった」とあるが、それはどういうことか。最も適切なものを次から選び、記号をマークせよ。
〔解答番号は 15 。〕

ア　大自然の中に存在する草木をすべて黄色で塗りつぶしているこの画の作者にとって、何が大切なのかが私には理解できなかったということ。
イ　この画の作者が緑色を使っていないのは、草木の色を画家がそう感じたのか、それとも大げさに表現したのかがわからなかったということ。
ウ　この画の中の恐ろしい力が、草木の色を黄色で塗りつぶすことで、雄大な大自然を描写しているのかどうかがわからなかったということ。
エ　この画の緑色が目立たないのは、彩光の悪い片隅に、隠すように展示されていたことが原因かどうかがわからなかったということ。

問五　傍線部３私が「傑作です。」と云ったことに対して、「傑作――ですか。これは面白い」とこの記者が言ったのはなぜか。最も適切なものを次から選び、記号をマークせよ。
〔解答番号は 16 。〕

ア　この記者は、私がこの画や画家について理解していないにもかかわらず、この画の価値を高く評価しているから。
イ　この記者は、私の画を見る力に絶対の自信をもっていることが気に入らず、ばかばかしいと思っているから。
ウ　この記者は、私がこの画を傑作だと云ったことは大きな間違いであることを明確に指摘したかったから。
エ　この記者と私の芸術に対する視点の違いを明確にし、私の間違っ相手は無頓着《むとんちゃく》にこう云いながら、剃刀《かみそり》を当てたばかりの顋《あご》で、沼地の画をさし示した。流行の茶の背広を着た、恰幅《かっぷく》の好い、消息通《しょうそくつう》を以て自ら任じている、――新聞の美術記者である。私はこの記者から前にも一二度不快な印象を受けた覚えがあるので、※6不承不詳《ふしょうぶしょう》に返事をした。

3「傑作です。」

「傑作――ですか。これは面白い。」

記者は腹を揺すって笑った。その声に驚かされたのであろう。近くで画を見ていた二三人の見物が皆云い合せたようにこちらを見た。私はいよいよ不快になった。

「これは面白い。元来この画はね、会員の画じゃないのです。が、何しろ当人が口癖のようにここへ出す出すと云っていたものですから、遺族が審査員へ頼んで、やっとこの隅へ懸ける事になったのです。」

「遺族？　じゃこの画を描いた人は死んでいるのですか。」

「死んでいるのです。もっとも生きている中から、死んだようなものでしたが。」

私の【　Ｄ　】はいつか私の【　Ｅ　】な感情より強くなっていた。

「どうして？」

「この画描きは余程《よほど》前から気が違っていたのです。」

「この画を描いた時もですか。」

「勿論です。気違いでもなければ、誰がこんな色の画を描くものですか。それをあなたは傑作だと云って感心してお出でなさる。そこが大いに面白いですね。」

記者はまた得意そうに、声を挙げて笑った。4彼は私が私の不明を恥じるだろうと予測していたのであろう。あるいは一歩進めて、鑑賞上における彼自身の優越を私に印象させようと思っていたのかも知れない。しかし彼の期待は二つとも無駄になった。彼の話を聞くと共に、ほとんど厳粛《げんしゅく》にも近い感情が私の全精神に云いようのない波動を与えたからである。5私は※7慄然《りつぜん》として再びこの沼地の画を凝視した。そうして再びこの小さなカンヴァスの中に、恐ろしい焦燥と不安とにさいなまれている傷ましい芸術家の姿を見出した。

「もっとも画が思うように描けないと云うので、気が違ったらしいのですがね。その点だけはまあ買えば買ってやれるのです。」

記者は晴々した顔をして、ほとんど嬉しそうに微笑した。これが無名の芸術家が――我々の一人が、その生命を犠牲にして僅《わず》かに世間から贖《まかな》い得た唯一の報酬だったのである。私は全身に異様な戦慄を感じて、三度この憂鬱《ゆううつ》な油画を覗《のぞ》いて見た。そこにはうす暗い空と水との間に、濡れた黄土の色をした蘆が、白楊が、無花果が、【　Ｆ　】それ自身を見るような凄まじい勢いで生きている。……

「傑作です。」

私は記者の顔をまともに見つめながら、※8昂然《こうぜん》としてこう繰返した。

（芥川龍之介の作品より）

※1　蓊鬱…草木がさかんに茂るさま
※2　淤泥…きたない泥
※3　恍惚…うっとりとすること
※4　拮抗…力に差がなく張り合うこと
※5　卒然…突然
※6　不承不詳…しかたなしに
※7　慄然…ぞっとすること

イ　意味を一つだけに限定して、単純明快に論旨を組み立てる

ウ　ある意味の広がりを、そっくりそのまま捉えて言葉の中に組み込む

エ　他の国の言語に比べて命令形がそれほど発達していない

問七　本文を説明したものとして最も適切なものを次から選び、記号をマークせよ。

〔解答番号は 10 。〕

ア　「です・ます」体を使う口語的な進め方を中心に、日本語と外国語の違いを述べ、これからの日本語のあり方について述べている。

イ　「です・ます」体を使い、外国語が日本語よりもいかに論理性を持っているかを説明し、未来の日本語について考察している。

ウ　口語的な文体を使用し、外国語と日本語がいかに異なった言語であるかを述べ、特に中国との関係性について考察している。

エ　文語的な表現を用いることで、外国語と日本語との異同を考察し、これからの日本語のあり方について述べている。

〔二〕　次の文章を読んで、後の設問に答えよ。

この小説は芥川龍之介の作品である。本文中の表現に、現代では不適切な箇所があるが、オリジナルを尊重しそのままの表記とした。

ある雨の降る日の午後であった。私はある絵画展覧会場の一室で、小さな油絵を一枚発見した。発見——というと大袈裟《おおげさ》だが、実際そう云っても差支えないほど、この画だけは思い切って採光の悪い片隅に、それも恐ろしく貧弱な縁へはいって、忘れられたように懸《か》かっていたのである。画は確か、「【　A　】」とか云うので、画家は知名の人でも何でもなかった。また画そのものも、ただ濁った水と、湿った土と、そうしてその土に繁茂する草木とを描いただけだから、恐らく1尋常の見物からは、文字通り一顧《いっこ》さへも受けなかった事であろう。

その上不思議な事にこの画家は、※1蓊鬱《おううつ》たる草木を描きながら、一刷毛《ひとはけ》も緑の色を使っていない。蘆《あし》や白楊《ポプラ》や無花果《いちじく》を彩るものは、どこを見ても濁った黄色である。まるで濡れた壁土のような、重苦しい黄色である。この画家には草木の色が実際そう見えたのであろうか。それとも別に好む所があって、ことさらこんな誇張を加えたのであろうか。——私はこの画の前に立って、それから受ける感じを味わうと共に、2こう云う疑問もまた挟まずにはいられなかったのである。

【　B　】その画の中に恐ろしい力が潜んでいる事は、見ているに従ってわかって来た。殊《こと》に前景の土のごときは、そこを踏む時の足の心もちまでもまざまざと感じさせるほど、それほど的確に描いてあった。踏むとぶすりと音をさせて踝《くるぶし》が隠れるような、滑らかな※2淤泥《おでい》の心もちである。私はこの小さな油画の中に、鋭く自然を攫《つか》もうとしている、傷ましい芸術家の姿を見出した。そうしてあらゆる優れた芸術品から受ける様に、この黄いろい沼地の草木からも※3恍惚《こうこつ》たる悲壮の感激を受けた。実際同じ会場に懸《か》かっている大小さまざまな画の中で、この一枚に※4拮抗《きっこう》し得るほど力強い画は、どこにも見出す事が出来なかったのである。

「大へんに感心していますね。」

こう云《い》う言葉と共に肩を叩かれた私は、【　C　】何かが心から振るい落されたような気もちがして、※5卒然《そつぜん》と後ろをふり返った。

「どうです、これは。」

〔解答番号は 5 。〕

ア 「かな」や「漢字」という異なった姿のものを同時に頭の中で一瞬にして切り替えることができるから。

イ 姿や体形の異なっている「かな」や「漢字」の切り替えを伝統に従い、切り替えることができるから。

ウ 「かな」や「漢字」といった日本語独特の使い方を、常に頭の中で考え応用することができるから。

エ 姿や体形の異なっている「かな」と「漢字」を使いこなすことで、外国語にも堪能になることができるから。

問四　傍線部２「伝統というのはそう簡単に手放してはいけないものだ」とあるが、その根拠となる事柄を、次の①～⑤のうちから二つ選んだものの組合せを次から選び、記号をマークせよ。

〔解答番号は 6 。〕

① 西洋文明の行き詰まりを打開するためには、わが国独自の伝統が必要であるから。

② 限定せずにある程度の広がりを持っている日本語は、貴重な言語であるから。

③ その国の「言葉」を失うことは、その国の伝統の基礎を失うことであるから。

④ 日本語を失うということは、世界の一言語の消失であり、世界文化の喪失につながるから。

⑤ 西洋文化を受け入れてきた日本にとって必要なことは、海外の伝統を受け入れることだから。

ア ①―③　イ ②―⑤　ウ ③―④　エ ②―④

問五　傍線部３「むしろ日本語のほうがまだ表意にこだわっている」とあるが、それはなぜか。最も適切なものを次から選び、記号をマークせよ。

〔解答番号は 7 。〕

ア 日本語は、さまざまな意味の広がりを限定していくことで、自分たちの文化を漢字一字に留めることに成功したから。

イ 現在、国際化が進むにつれて言葉も変化し、日本語を表音化するのではなく表意文字として捉えた方が有利であるから。

ウ 日本語は、意味を限定しないことで、長い歴史をツチカってきた表意文字を中心に、文字文化を成立させてきたと捉えているから。

エ 日本語は、さまざまな意味の広がりを意識し表現することで、自分たちの中にその深い意味を取り入れてきたから。

問六　傍線部４「もともとの性分と、後から流入した使い方」とあるが、①「もともとの性分」、②「後から流入した使い方」とは具体的にどのようなことか。次から最も適切なものをそれぞれ選び、記号をマークせよ。

〔解答番号は① 8 ・② 9 。〕

①「もともとの性分」

ア ふわふわと漂うあいまいな事柄

イ 表現したい内容を強く限定して投げつける

ウ ある事柄を、ある広がりのままに表現して伝える

エ 西洋の伝統からきた文明や技術の発展

②「後から流入した使い方」

ア 何か危機が起こったときに発する警告の言葉

それから先にいったように、漢字をかなに、かなを漢字に、頭の中で変換しながら話したり聞いたりしていることの※1弊害《へいがい》も挙げられるでしょう。もちろん咄嗟《とっさ》のことだから、僕らは意識していない。だけど大変な危機に瀕したとき、ひと呼吸、ふた呼吸遅れる恐れはある。

その一方で、限定ばかりしていくと、こぼれ落ちてしまう事柄もたくさんある。日本語というのは限定しない代わりに、ふわふわと漂うあいまいな事柄も上手にすくいとることができる。ある程度の広がりをもっている言葉を、その広がりのまま捉えることが可能な言語なんです。

私たちの使う漢字というのは表意文字です。昔々にさかのぼれば、元は象形文字なんですよ。漢字の持つ意味はたいそう広い。私たち日本人は、その意味の深さをたった一文字の中に含んで使っているわけです。【　B　】、ある意味の広がりを、そっくりそのまま捉えて言葉の中に組み込む能力が日本人にはある。無論、漢字というのは中国からのものですよね。しかし、現在の中国語は、近代日本語の構造をだいぶ受けて、かなり表音化しているそうです。3むしろ日本語のほうがまだ表意にこだわっている。

そもそも日本人には、意味を一つだけに限定して、単純明快に論旨を組み立てるという習慣が薄かったともいえる。そういう技術は異国の人たちと交わるうちに学んで教えられたことで、時代が進むにつれてずいぶん慣れたものの、本来はやっぱり、苦手なのかもしれない。

ある事柄を、ある広がりのままに表現して伝える。聞く方も、ある広がりのままに聞いて答える。あるいは、その広がりを自分の中に留める。そういうやりとりのほうが、長い歴史の中でbツチカってきた日本人のもともとの性分なのかな、という気がします。

しかしながら時代が移り変わり、ますます国際化が進むにつれて、言葉のあり方も変わってきている。4もともとの性分と、後から流入した使い方との間で、現代の僕らの言葉は分裂しているんですよね。これからは、少し悲しいことではあるけれど、伝統をそのまま続けるのではなくて、今の時代に適《かな》ったかたちで言葉を使っていくことになると思います。とはいえ、むやみに変えればいいわけでもない。よその国はどうなっているのか、世界ではどういう形が求められるのか考えながら、日本語の意義を再認識することが必要になってくる。

（古井由吉『言葉について』より）

※1　弊害…他に害を及ぼすこと

問一　二重傍線部a「ガイ念」、b「ツチカ」に当たる漢字を、ア～エの傍線部からそれぞれ選び、記号をマークせよ。

〔解答番号はa［1］・b［2］。〕

a「ガイ念」

ア　ガイ当　イ　ガイ観　ウ　感ガイ　エ　生ガイ

b「ツチカ」

ア　栽バイ　イ　等バイ　ウ　購バイ　エ　バイ体

問二　空欄【　A　】・【　B　】に入れるべき適切な語を、それぞれ選び、記号をマークせよ。

〔解答番号はA［3］・B［4］。〕

【A】ア　むしろ　イ　また　ウ　しかし　エ　だから

【B】ア　しかし　イ　したがって　ウ　むしろ　エ　つまり

問三　傍線部1「翻訳は非常にうまい」とあるが、それはなぜか。最も適切なものを次から選び、記号をマークせよ。

【国　語】（五〇分）〈満点：一〇〇点〉

［一］　次の文章を読んで、後の設問に答えよ。

日本語には「かな」と「漢字」がありますよね。この二つは、姿も体系もまったく異なっている。「かな」から「漢字」へ、「漢字」から「かな」へ、私たち日本人はそのひとつひとつの切り替えを、読むときばかりでなく話すときも瞬時にこなしているんです。パソコンだったらこの変換は機械がやってくれるわけだけど、日常的なやりとりではそうはいかない。その膨大な量の変換を常に頭の中で行うことになる。そりゃあ疲れるはずですよね。

そのぶん、1翻訳は非常にうまい。それから、外国語から入ってきた技術を理解して覚えるのも大層うまいといえます。

明治維新のとき、西洋文明の流入と同時に、それまでの日本語のaガイ念になかった言葉も大量に入ってきました。日本人は、それらになんとか漢字をあてて訳して使ったわけです。たとえば「認識」とか「観念」だとかが代表的な例ですね。それを明治のはじめのうちに見事にやってのけた。これは、皆さんが想像している以上に高度な作業なんですよ。

こんなふうに、かなと漢字という、まったく異なった姿のものを同時に使いこなしてきたのが日本人の特殊性であり特徴ともいえるでしょう。これに対し、合理化が進む現代においては「こんな煩《わずら》わしいことはやめろ、いっそ標準語を英語にしてしまえ」という考え方もあります。実際、すでに社員全員に英語をしゃべらせている会社もあるくらいです。たしかに、外国人との伝達の際にはメリットがあるでしょう。

【　A　】母国語を失った国というのはじつに惨《みじ》めなものです。

伝統というのは、まさしく「言葉」なんです。その言葉を奪われてしまうということは、足場がない状態と全く同じ。立つにも歩くにも走るにも、ただ外国の模倣にたよることになる。そもそも日本がこれまでの長い歴史の中で築いてきた伝統は、西洋の伝統とはずいぶん異なっています。その基礎を捨て去って、今さらまるごと西洋から借りなければならないなんて、人間の文化にとってこれほど悲惨なことはない。

加えて、西洋の伝統からきた文明や技術の発展は、今や行き詰まりを迎えつつあるんです。年金問題も、核の問題も、すべて西洋で生まれた考え方に由来しています。日本は現代社会を形作るうえで、その文明を借りてきたはいいけれど、今になって行き詰ってしまった。そして残念なことに、西洋の文明の力では、この行き詰まりの是正《ぜせい》がなかなかできない。でも、東洋の文明―さらにいえば日本独自の伝統なら、その行き詰まりをやわらげるか、是正する力になるかもしれない。そう考えると、2伝統というのはそう簡単に手放してはいけないものだということがわかるでしょう。

ところが、日本語はどうもはっきりしない、意味をしっかり限定していないと批判される。これは外国人の多くが感じていることであると同時に、外国語のできる日本人も同様に思っていることのようです。

たしかに日本語という言語は、いくつかの難点も持っています。いうなれば、非常に悠長な言語です。表現したい内容を強く限定して投げつけることが上手でない。それに、何か危機が起こったときに発する警告の言葉の力が弱い。他の国の言語に比べて命令形がそれほど発達していない。その命令形が動かす心情自体も強くない。そういう意味では、大変やわらかな言語といえます。

MEMO

大切なことはメモしておこうネ！

第1回

2024年度

解　答　と　解　説

《2024年度の配点は解答欄に掲載してあります。》

＜数学解答＞

1 (ア) [1] 9　(イ) [2] −　[3] 6　(ウ) [4] 9　[5] 5　[6] 0
(エ) [7] 3　[8] 2　[9] 0　(オ) [10] −　[11] 2　[12] 2
(カ) [13] −　[14] 2　[15] 9　(キ) [16] −　[17] 1　[18] 0　[19] 5

2 (ク) [20] 7　[21] 4　(ケ) [22] 1　[23] 6　(コ) [24] 4　[25] 0　[26] 2
(サ) [27] −　[28] 2　(シ) [29] 1　[30] 4
(ス) [31] 1　[32] 5　[33] 0　[34] 3　[35] 0　(セ) [36] 6

3 (ソ) [37] 6　[38] 3　(タ) [39] 4　(チ) [40] 3　[41] 5　[42] 5

4 (ツ) [43] 3　[44] 0　[45] 0　(テ) [46] 8
(ト) [47] 1　[48] 6　[49] 0　[50] 0

5 (ナ) [51] 1　[52] 5　(ニ) [53] 1　[54] 6

6 (ヌ) [55] 1　[56] 3　(ネ) [57] −　[58] 3　[59] 3
(ノ) [60] 5　[61] 4　[62] 9　[63] 2

○推定配点○
各4点×25　　計100点

＜数学解説＞

基本 1 (数・式・平方根の計算)

(ア) まず( )内を計算し，次に{ }内を計算すると，$1+\{-16\div(3-9)\times3\}=1+8=9$

(イ) $3.2\div(-0.3)\times\left(-\frac{3}{4}\right)^2=\frac{32}{10}\times\left(-\frac{10}{3}\right)\times\frac{9}{16}=-6$

(ウ) $\frac{21}{25}\times\frac{5}{14}-\frac{2}{5}\times\frac{3}{16}\div\frac{5}{8}=\frac{3}{10}-\frac{3}{25}=\frac{15-6}{50}=\frac{9}{50}$

重要 (エ) $21^3=(3\times7)^3=3^3\times7^3$，$30^2=(2\times3\times5)^2=2^2\times3^2\times5^2$，$25^2=(5^2)^2=5^4$，$35^3=(5\times7)^3=5^3\times7^3$と変形すると，$21^3\div30^2\times25^2\div35^3=(3^3\times7^3)\div(2^2\times3^2\times5^2)\times(5^4)\div(5^3\times7^3)=\frac{3^3\times5^4\times7^3}{2^2\times3^2\times5^5\times7^3}=\frac{3}{2^2\times5}=\frac{3}{20}$

(オ) $\frac{\sqrt{18}}{3}-\frac{8}{\sqrt{2}}+\frac{2\sqrt{6}}{\sqrt{12}}=\frac{3\sqrt{2}}{3}-4\sqrt{2}+\sqrt{2}=\frac{3\sqrt{2}-9\sqrt{2}}{3}=-2\sqrt{2}$

(カ) まず，$\left(-\frac{a}{b^2}\right)^3=-\frac{a^3}{b^6}$であるから，$a^3b^2\div\left(-\frac{a}{b^2}\right)^3\times a^2b=a^3b^2\times\left(-\frac{b^6}{a^3}\right)\times a^2b=-a^2b^9$

(キ) $\frac{x-2y}{3}\times6-\frac{3}{2}(8x-6y)=2(x-2y)-3(4x-3y)=2x-4y-12x+9y=-10x+5y$

2 (連立方程式，二次方程式の解，データの活用，数の性質，$y=ax^2$の変域，正多角形の角度，一次関数)

(ク) $5x+\frac{3}{2}y=41\cdots$①　$0.2x+0.4y=3\cdots$②　②×50−①×2より，$17y=68$　$y=4$　これ

を①に代入して，$5x+\frac{3}{2}\times4=41$　　$5x=35$　　$x=7$

(ケ)　$x^2-5x-6=0$　　$(x+1)(x-6)=0$　　$x=-1,\ 6$　　よって，2つの解の和$a=(-1)+6=5$，2つの解の積$b=(-1)\times6=-6$となる。以上より，$2a-b=2\times5-(-6)=16$

(コ)　(相対度数)＝(度数)÷(全生徒数)であるから，(度数)＝(相対度数)×(全生徒数)となる。よって，Ⓐ$=0.30\times20=6$となる。次に，全生徒数について，Ⓑ$=20-(2+3+6+5)=4$となる。相対度数について，Ⓓ$=4\div20=0.2$

重要 (サ)　$a=6$または-6であり，$b=4$または-4である。$ab>0$より，aとbは同符号である。これと，$a+b<0$より，$a=-6$，$b=-4$である。よって，$a-b=(-6)-(-4)=-2$

重要 (シ)　$y=x^2(-2\leqq x\leqq1)$の値域は，$0\leqq y\leqq4$…①となり，$y=ax^2(-2\leqq x\leqq4)$の値域は，$a>0$のとき，$0\leqq y\leqq16a$…②となる。①＝②のとき，$16a=4$　　よって，$a=\frac{1}{4}$

(ス)　正十二角形の内角の和は，$180\times(12-2)=1800°$であるから，1つの内角の大きさは，$1800\div12=150°$であり，1つの外角の大きさは，$180-150=30°$である。

重要 (セ)　$y=\frac{3}{4}x-3$…①，$y=-\frac{3}{2}x+a$…②とする。①に，$y=0$を代入して，$0=\frac{3}{4}x-3$　　$x=4$　次に②に，$x=4$，$y=0$を代入して，$0=-\frac{3}{2}\times4+a$　　$a=6$

3 (円の性質，平面図形・立体図形の計量)

重要 (ソ)　右図のように，直線BDと円Oの交点のうちBでないほうをEとする。直径に対する円周角より，∠BCE＝90°であるから，△BCEにおいて，∠BEC＝180°－(∠BCE＋∠CBE)＝180°－(90°＋48°)＝42°となる。$\overset{\frown}{BC}$に対する円周角より，∠BAC＝∠BEC＝42°であるから，二等辺三角形ABCにおいて，底角ACB＝$\frac{180°-\angle BAC}{2}$＝$\frac{180°-42°}{2}$＝69°となる。△BCDにおいて，∠BDC＝180°－(∠BCD＋∠CBD)＝180°－(69°＋48°)＝63°となる。

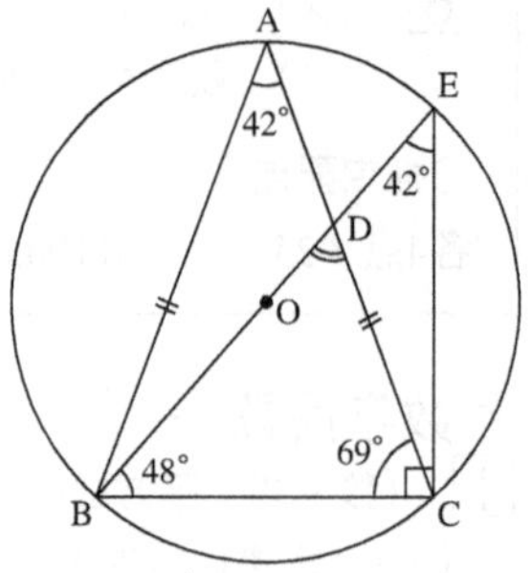

重要 (タ)　△ABCの面積を2通りに表す。まず，底辺を辺BC，高さをADと見て，△ABC＝$\frac{1}{2}\times a\times$AD…①　　次に，底辺を辺AC，高さを辺ABと見て，△ABC＝$\frac{1}{2}\times b\times c$…②　　①＝②より，$\frac{1}{2}\times a\times$AD＝$\frac{1}{2}\times b\times c$　　この等式を整理して，AD＝$\frac{bc}{a}$

基本 (チ)　見取り図は右図のようになる。△ABOにおいて三平方の定理より，AO＝$\sqrt{\mathrm{AB}^2-\mathrm{BO}^2}=\sqrt{8^2-3^2}=\sqrt{55}$(cm)となる。よって，求める円すいの体積は，$\frac{1}{3}\times(\pi\times3^2)\times\sqrt{55}=3\sqrt{55}\pi$(cm³)

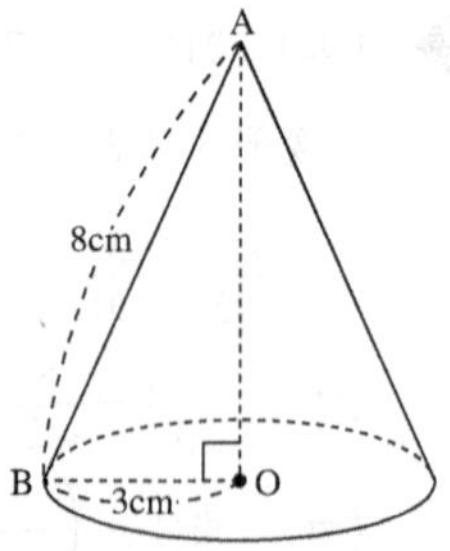

基本

4 (方程式の文章題－食塩水・速さ，ねじれの位置)

(ツ)　8%の食塩水をx(g)として，食塩の重さについて立式する。$\frac{8}{100}\times x+\frac{3}{100}\times(500-x)=\frac{6}{100}\times500$　　両辺を100倍して，$8x+3(500-x)=3000$　　$5x=1500$　　$x=300$(g)

(テ)　辺CI，DJ，EK，FL，HI，IJ，KL，LGの8本

(ト)　走った道のりをx(m)として，時間について立式する。$\frac{2800-x}{80}+\frac{x}{200}=23$　　両辺を400倍

して，$5(2800-x)+2x=9200$　　$3x=4800$　　$x=1600$(m)

重要 **5** **(数の性質，確率)**

(ナ)　正の平方根の整数部分が7である自然数をNとおくと，$7 \leqq \sqrt{N} < 8$と表せる。各辺を2乗して，$49 \leqq N < 64$　　よって，求めるNの個数は，$63-49+1=15$

(ニ)　さいころの目の出方の総数は，$6^2=36$通りある。△APQができないのは，点P，Qが辺AB上にあるときである。よって，題意を満たす目の組は，(1回目，2回目)=(1，1)，(1，2)，(1，3)，(2，1)，(2，2)，(3，1)の6通りある。以上より，求める確率は，$\frac{6}{36}=\frac{1}{6}$

6 **(図形と関数・グラフの融合問題)**

(ヌ)　点Aは直線$y=x+6$上の点で，x座標が6であるから，y座標は，$y=6+6=12$　　$y=ax^2$に$x=6$，$y=12$を代入して，$12=a\times6^2$　　$a=\frac{1}{3}$

(ネ)　点Bは$y=\frac{1}{3}x^2$と$y=x+6$の交点であるから，2式を連立して，$\frac{1}{3}x^2=x+6$　　$\frac{1}{3}x^2-x-6=0$　　両辺を3倍して，$x^2-3x-18=0$　　左辺を因数分解して，$(x+3)(x-6)=0$　　$x \neq 6$より，$x=-3$　　これを，$y=x+6$に代入して，$y=-3+6=3$　　よって，Bの座標は，B$(-3，3)$

重要 (ノ)　求める直線は，A(6，12)と，線分OBの3等分点である点$(-2，2)$を通る。傾きは，$\frac{12-2}{6-(-2)}=\frac{5}{4}$より，$y=\frac{5}{4}x+b$に$x=6$，$y=12$を代入して，$12=\frac{5}{4}\times6+b$　　$b=\frac{9}{2}$　　よって，求める直線の式は，$y=\frac{5}{4}x+\frac{9}{2}$

★ワンポイントアドバイス★

基本問題が並んでいる。難問は無い。速く正確に問題を解く練習を繰り返し行って，高得点を目指そう。

＜英語解答＞

1　リスニング問題解答省略

2　11 エ　12 ウ　13 ア　14 イ　15 ウ　16 ア　17 エ　18 エ　19 ア　20 ウ

3　21 エ　22 イ　23 ア　24 エ　25 イ　26 ウ　27 ア　28 エ　29 ア　30 エ

4　31 エ　32 イ　33 ウ　34 イ　35 エ

5　36 エ　37 ア　38 ウ　39 イ　40 エ

6　41 オ　42 イ　43 エ　44 オ　45 ウ

○推定配点○

2　各3点×10　　他　各2点×35　　計100点

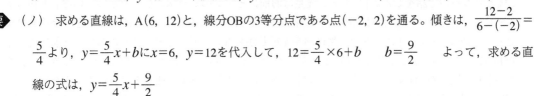

＜英語解説＞

1 リスニング問題解説省略。

2 **(長文読解・物語文：語句補充，英文和訳，語句整序，内容吟味)**

(大意) ゴードン先生は農場を訪ねてウッド夫妻と話した。「トニーはとても特別です」とゴードン先生は言った。「私は40年間教師①であるが，トニーのような少年に会ったことがない。②彼はすぐに音楽のレッスンを受けなければならない。彼は音楽の才能のある他の少年や少女と勉強する必要がある」「しかし彼の父母は③貧しいのです」とウッド夫人は言った。「彼らは音楽のレッスンにお金を払えません。彼を大学へはやれません。トニーは毎月彼らにお金を送っているのです」「私は彼に最初のレッスンをしてやることができる。お金は要らない。昨夜，私はある本を④探しに学校へ行き，⑤音楽家を見つけたよ。でもトニーはとても早く習得する。すぐに本当に良い先生を必要とするだろう。そのときは⑥私達はお金のことについて考えなければならないだろう。おそらくトニーは日中は音楽大学へ行き，夜にはレストランで働くことかができるだろう…」とゴードン先生は言った。「いいえ」とウッドさんは言った。彼は顔を赤くして怒った。「彼は私達の息子のようなものです。彼の父は貧しいが，私はそう⑦ではない」「その通りです」と彼の妻は言った。「私達はトニーを音楽大学へやるつもりです」トニーは彼らの会話を知らなかった。ウッドさんは後で，⑧彼とくつろいで話をした。「ゴードン先生はお前にピアノのレッスンをしたがっている」と彼はトニーに言った。トニーの目は星のように輝いた。それから首を振った。「僕にはお金が全くありません」と彼は言った。「ゴードン先生はお金を欲しがらない。私は⑨彼と話したんだ。お前は毎日午後4時に学校へ行き，2時間ピアノのレッスンを受ける予定だ。それから，農場に帰ってきて夕食をとる」「でも，僕の仕事は…」とトニーは言い始めた。「私は農場の仕事をする別の少年を探すことができるけれど，良い音楽家は特別な人間だ。お前の最初のコンサートのチケットを3枚くれたら，私はうれしいよ」とウッドさんは言った。

基本 問1 直前に have があることから現在完了の文であるとわかる。現在完了は〈have[has]＋動詞の過去分詞形〉の形。been はbe動詞の過去分詞形。

問2 at once は「すぐに」の意味。下線部②の直後の2文目参照。「必要がある」のだから，must は義務を表す「～しなければならない」と訳すのが適切。

問3 「お金を払え」ない(空欄③の直後の1文)のだから「貧しい」のだと考えるのが適切。

問4 ア．look to ～「～に注意する」(×) イ．look for ～「～を探す」(○) ウ．look after ～「～の世話をする」(×) エ．look into ～「～の中をのぞく」(×)

問5 下線部⑤を含む発言の中で，ゴードン先生は「トニー」の音楽的才能のすばらしさを語っているのである。

問6 have[has] to ～ で「～しなければならない」の意味。「～しなければならないだろう」と未来の内容にするときは〈will have to ＋動詞の原形〉を使う。about ～「～について」

問7 1つの語句が2つ以上の語句にどれも同じようにかかるとき，共通した要素を省略することができる。〈主語＋be動詞(＋ not)〉の後に省略されているので，下線部⑦の直前から〈主語＋be動詞〉を探すと，同じの1文に his father is がある。省略されているのはその後に続く poor である。

問8 18 下線部⑧以下は，「ウッドさん」と「トニー」との会話である。 19 下線部⑨の直前の1文で話題になっているのは「ゴードン先生」である。

問9 ア． 空欄①の直前の1文・空欄①の1文参照。 イ． 空欄④を含むゴードン先生の発言第1文参照。 ウ． 最終段落最後から3文目・2文目参照。「農場の仕事をする別の少年を探す」と言っている。 エ． 下線部⑦の直後の3文目参照。

3 (会話文：語句補充)

[21]～[25] A：／やあ，ミユキ。[21]君はこの前の月曜日に何をしたんだい。／B：私は友達と一緒に動物園へ行ったの。／A：いいね。楽しんだかい。／B：ええ。[22]私はパンダが大好きなの。それから，アメリカの生徒と会って彼らと話したわ。／A：そうかい。[23]僕は外国の生徒と話したいな。／B：[24]私たちは彼らと見物して回って，一緒に昼食をとったの。／A：彼らの言語がわかったのかい。／B：[25]少しね。私たちは身振りも使ったわ。

[26]～[30] A：こんにちは。[26]眠そうだよ。昨日は何をしたんだい。／B：昨夜は勉強していたのよ。[27]月曜日に試験があるの。一生懸命に勉強しなければならないわ。／A：[28]それは何の教科だい。／B：日本史よ。私は歴史を勉強するのが得意ではないわ。／A：僕[29]もだよ。僕はその勉強の仕方を知らないけれど，兄は歴史が好きだよ。[30]彼は日本史の先生なんだ。／B：それはいいわ。

[29] 否定文で「～も」というときは too ではなく neither を用いる。ここでは「僕も得意ではない」という意味である。

4 (語句補充：語い，不定詞)

1 〈enter ＋場所〉で「～に入る」の意味。put into ～ で「～に立ち寄る」，come to ～ で「～に来る」，bring A to B で「AをBに連れてくる」の意味なので，それぞれ動詞単独では使えない。

2 〈ask ＋A＋ to ＋動詞の原形〉「(A)に～するように頼む」

3 －thing という代名詞を使った不定詞の形容詞的用法の文では〈－thing ＋形容詞＋ to ＋動詞の原形〉の語順になる。

重要 4 help は〈help ＋A＋to ＋動詞の原形〉で「Aが～するのを見守る」の意味になるが，原形不定詞を用いて〈help ＋A＋原形不定詞(動詞の原形)〉としても良い。

5 either A or B で「AかBのどちらか」という意味。

5 (書き換え：仮定法，助動詞，分詞，比較，現在完了)

やや難 [36] 現在の内容についてのありえない願望を表す文から，仮定法過去の文への書き換え。〈I wish ＋主語＋過去形の動詞[could ＋動詞の原形]～〉の形で「(主語)が～すれば[できれば]なあ」の意味になる。

[37] 禁止の意味を表す否定の命令文〈Don't ＋動詞の原形～〉から，助動詞 must を使った文〈You must not ＋動詞の原形～〉への書き換え。

やや難 [38] 関係代名詞 that を用いた文から過去分詞 taken を使った文への書き換え。pictures は「撮られた」ので，take の過去分詞 taken「撮られる」を使うのが適切。

[39] 最上級の文「1番～だ」から〈比較級＋ than any other ＋名詞の単数形〉「他のどの…よりも～だ」への書き換え。

[40] 現在進行形の文＋過去の文から現在完了進行形の文への書き換え。現在完了進行形は〈have [has]＋ been ＋－ing〉の形。

6 (語句整序：接続詞，不定詞，分詞，現在完了，助動詞)

[41] Is it true that Ryo lost his smartphone (on the school trip?) 接続詞 that は「～ということ」という意味。that節を主語にした長い主語の文 Is that Ryo lost his smartphone on the school trip true? を形式主語 it を用いて書き換えた文。that ～ trip を it に置き換えている。

[42] I visited the library to read books (yesterday.) 「～するために」という意味を表すのは〈to ＋動詞の原形〉の形をとる不定詞の副詞的用法である。「図書館を訪れました」だから visited the library でひとかたまり。

やや難 [43] They visited a church built more than 800 years ago(.) a church を修飾する過去分詞 built を使った文。「800年以上前に建てられた」なので built more than 800 years ago でひとか

たまり。過去分詞 built は単独ではなく関連する語句 more than 800 years ago を伴っているので church の直後に置く。

㊹ I have been watching TV for three (hours.) 動作の継続を表し，〈have[has]＋ been ＋－ing〉の形をとる現在完了進行形を用いた文。for ～ で「～の間」の意味。

㊺ I'm sure that you will be able to swim(well.) 〈主語A＋be動詞＋ sure(that)＋主語B＋動詞～〉で「Bはきっと～だとAは思う」の意味。can ＝ be able to ～ で「～できる」の意味。「～できるだろう」と未来の内容にするときは〈will be able to ＋動詞の原形〉を使う。

★ワンポイントアドバイス★

会話文問題でよく出題される会話表現はまとめて覚えるようにしよう。日本語に直訳すると意味のわからない特殊な表現は，特に気をつけよう。

＜国語解答＞

〔一〕 問一 ア　問二 エ　問三 ウ　問四 ア　問五 ウ　問六 イ
問七 イ　問八 エ　問九 ウ　問十 ア

〔二〕 問一 ウ　問二 エ　問三 ア　問四 ウ　問五 ア　問六 イ
問七 ウ　問八 エ　問九 ウ　問十 ア

〔三〕 1 ウ　2 ア　3 イ　4 エ　5 ア

〔四〕 問一 a イ　e エ　問二 2 イ　4 ア　7 ウ　問三 エ　問四 ウ
問五 ア　問六 ウ　問七 ア

○推定配点○

〔一〕 問四・問五・問八 各2点×3　他 各4点×7　〔二〕 問一～問四 各2点×4
他 各4点×7　〔三〕 各2点×5　〔四〕 各2点×10　計100点

＜国語解説＞

〔一〕 (論説文―大意・要旨，内容吟味，文脈把握，接続語の問題，脱文・脱語補充，漢字の読み書き)

問一 A 「そういう誤りを犯す人はそう多くない」という前から予想される内容が，後に「我々の大半は……判断の誤りを犯さない」と続いているので，順接の意味を表す語句を入れる。

C 「自然環境を，美しくクリーンで安全な姿に保全すること……我々の大半が考えている」という前に対して，後で「海や川の水質汚染がすすむなど，自然環境は……日増しに悪化しているという現実がある」と相反する内容を述べているので，逆接の意味を表す語句を入れる。

問二 傍線部1で「我々にとって，〈よいこと〉とは何か」という問題を提起し，最終段落で「〈よいこと〉を『価値』という言葉におき換えれば，人それぞれの立場に応じて価値はさまざまだ」と筆者の考えを述べている。この筆者の考えを導くための表現だと考えられるので，エが適切。ア「統一した見解を示さなければならない」イ「意見交換をすべき」とは述べていない。「もっとも」で始まる段落に「大量生産・大量消費・大量廃棄という現行の経済社会の構造そのものを改変すべきだ」と述べた後，「しかし，である」と続けているので，ウも適切ではない。

基本 問三 直後の文の「それぞれの〈よいこと〉の追求が衝突を起こすことも間々ある」にウが適切。他の選択肢は,「問題」という表現にそぐわない。

問四　「一様」も「一リツ」もどれも同じという意味になる。

問五　前の「質を異にする〈よいこと〉が複数あって……どういう選択をするのが〈最善〉なのか,という問題に我々は直面する」という話に対する語が入る。【　B　】の後に「ほかでもない,地球環境問題である」と具体的な内容を挙げているので,【　B　】には,「具体的」と反対の意味の「抽象(的)」を入れる。

問六　「近代文明」の「肯定」的な「面」は,同じ段落の「近代文明が生活の快適さ……といった〈よいこと〉をもたらしてくれている」ことで,「否定」的な面は,同じ段落の「近代文明が……環境の悪化に拍車をかけている」ことである。この「両面」を「生活の利便性を追求していくことで深刻な環境汚染が起こってしまった」と説明しているイが最も適切。アの「文明の規模が巨大化する」やウの「滞った経済社会システムが完成する」,エ「経済社会の構造そのものを改変すべき」は,筆者の言う「否定」的な内容ではない。

問七　挿入する段落では,「生計の担い手」や「経営の幹部」の例を挙げて「〈よいこと〉の衝突」について述べている。同じように「〈よいこと〉の衝突」について述べている部分を探すと,【　2　】の後に「経済産業省のお役人」や「内閣を構成する政治家の一人」の例を挙げており,その後に「この選択はおそらく変わらないだろう」と続けている。この「この選択」が,挿入段落の最後の「会社にとっての〈よいこと〉と,環境保全という〈よいこと〉は両立しない……経営幹部である限り,前者を優先し,その結果,後者を否定するという道を選ばざるを得ない」という選択を指示しているので,【　2　】に入れる。

問八　一つ目の【　D　】の前後の文脈から,「近代文明」が「快適さ」と共に,我々の生活にもたらしてくれる「〈よいこと〉」とは何かを考える。便利なことという意味の語を入れる。

問九　傍線部4の「これ」は,直前の段落の「環境の悪化をくい止めるために,大量生産・大量消費・大量廃棄という現行の経済社会のシステムを改める」のは「〈よいこと〉ではない」という考え方を指示している。この考え方と「違ったものになる」というのであるから,「現行の経済社会の構造そのものを改変すべき」とあるウを選ぶ。他の選択肢は「改変すべき」に合わない。

重要　問十　直前に「それが」とあるので,同じ文の「さまざまな価値が互いに衝突したり,逆に補いあったり,といった種々の関係によって結び合い,複合的に絡み合う形で成り立つ」に着目する。この内容を「さまざまな価値が複雑に絡み合った」と言い換えているアが最も適当。イの「よりよい価値判断ができるよう考察」や,ウの「各立場での価値意識を明確にすることで複雑な問題に対処」,エ「各立場における価値観が明確になり,その価値観に従って行動していく」とは,本文では述べておらず,また「問題空間」という表現にも合わない。

［二］　**(小説一情景・心情,内容吟味,文脈把握,段落・文章構成,脱文・脱語補充,語句の意味)**

やや難　問一　若林と「ぼく」の共通点を探す。「この子は」で始まる段落の「ぼくと同じように髪の毛を伸ばし,都会風の洋服を着て」とある。ここから,アとウが考えられるが,教室の子どもたちが即座に認識したことから,「髪の毛を長く伸ばしていた」とあるウを入れる。

問二　直後の文の「この組で君をつけて呼ばれるのは今日までぼくが一人だけの特権だった」に着目する。「ぼくが一人だけの特権」という表現には,自分をすぐれた者として自信を持つ気持ちを表す語がふさわしい。直後に「傷つけた」とあるので,自分を実質以上に見せようと見栄を張る気持ちを表す「虚栄心」は入れることができない。

問三　同じ文の「自分の書いたものを模範作文として皆に朗読すること」は,どのような気持ちをもたらすのか。「【　C　】を充たす」で,自分を実質以上に見せることができて満足するという意味になる語を入れる。イやウは,「模範作文として皆に朗読すること」から得られるものではない。疑う気持ちという意味を表すエは，直前の文の「楽しいもの」にそぐわない。

問四　「ぼく」にとって惜しくもない標本箱をもらって悦ぶ木村に対する気持ちを想像する。木村より自分の方が優れていると感じる「ぼく」の気持ちには，ウの「優越感」が適切。直前の「彼の百姓家のきたなさ」という表現にイの「満足感」や，エの「安心感」は合わない。「ぼく」が木村に対して同情している様子は見られないので，アの「悲愴感」も合わない。

問五　直後の文「彼は東京の小学校から来ている」から，「ぼく」が気にしているのは若林という新入生だとわかる。ここで「皆の視線」とあるイを外す。ウの「知っているよ」は，「ぼく」が作文を読んだ後に感じた言葉なので適切ではない。一つ後の文で「シャレた洋服」に言及しており，二度繰り返すのは不自然なので，エも適切ではない。したがって，「ぼく」の「心は落ちつかなかった」原因として，アの文章を入れる。

やや難 問六　「ななめ横を」で始まる段落で「(ネギ畠を歩いたことも，標本箱が惜しくなったことも皆，ウソだろ)」と「ぼく」が若林の自分の心を見透かしていると想像している。したがって，【　Y　】の前の「木村君が病気だと聞いたので，さっそく見まいに行こうと考えた」ことだけが「本当だった」とわかる。したがって，一番目は2。その後に「ありもしない場面を作りあげていた」とある6が二番目になる。後は，出来事が起こった順に4，3，5，1と続く。

問七　後の教師の言葉に着目する。「この作文のえゝ所は」に続けて「……惜しうなった気持ちをありのままに書いているやろ。みなの作文には時々，ウソがある。しかし戸田クンは本当の気持ちを正直に書いている」から，「心情を，率直に書き記したから」とあるウを選ぶ。アの「惜しいとは思わない心情」，イの「喜ぶだろうと知っている気持ち」を書いたためではない。「良心的」は「本当の気持ちを正直に書いた」ことに対して言っており，エの「行為」に対するものではない。

重要 問八　傍線部2は，「ぼく」が今まで「青年教師から賞められるために，純真さ，少年らしい感情を感じさせる場面を織りこんで」書いていたことが，若林は気づいたのではないかと不安に思っている場面である。後の「オルガンの音がやみ」とある場面では「ぼくは視線をそらし，耳まで赤い血がのぼるのを感じた」「黒板の字が震えているような気がした」とあり，その後で「それからぼくの自信は少しずつ崩れはじめた」とある。この描写にエの説明が最も適切。アの「自信が次第に大きくなって」やウの「不安が解消された」は合わない。イが読み取れる描写はない。

問九　直後の文の「この若林という子がそばにいる限り，何か後ろめたい屈辱感に似たものを感じる」に着目する。「屈辱感」を「恥ずかしさで面目を失った」と言い換えているウが最も適切。他の選択肢」は「屈辱感」を反映していない。

重要 問十　文章は「ぼく」の一人称で書かれており方言は使われていないが，教師や地元の少年たちの会話には方言が使われている。この内容に1が適切。また，主人公は「ぼく」と自称しているが，若林の心中の言葉を述べた部分で「(僕は知っているよ。)」とあるように，「ぼく」と「僕」という表現を描き分けている。この内容に5も適切。

［三］(熟語)

1は「りんきおうへん」，2は「しゅきゃくてんとう」，3は「はがんいっしょう」，4は「いきとうごう」，5は「ちょうちょうはっし」と読む。

［四］(古文一大意・要旨，指示語の問題，語句の意味，品詞・用法，口語訳，表現技法，文学史)

問一　a「ふみ」と読む。　e「まな」と読み，「仮名」に対する意味を持つ。

基本 問二　2，4，7はいずれも自立語で活用がある用言。2は言い切りの形が「し」で終わるので，形容詞。4は動作を表すので，動詞。7は言い切りの形が「だ」で終わるので，形容動詞。

重要 問三　前に「こそ」という係助詞があるので係り結びの法則が働き，已然形で結ばれる。

問四　直前の「したり顔にいみじうはべりける人。さばかりさかしだち……よく見れば，まだいと足らぬ事多かり」が指示内容になる。「まだいと足らぬ事多かり」を能力が低いと言い換えているウが適切。紫式部は，清少納言の才能を認めていないので，他の選択肢は適切ではない。

問五　「自ずから」は自然とという意味なので，アが適切。

やや難　問六　「和泉式部」については「口にいと歌の詠まるるなめりとぞ」，「清少納言」については「したり顔にいみじうはべりける人」と論評されている。【現代語訳】を参考にウを選ぶ。

基本　問七　紫式部が書いた長編物語は『源氏物語』で，主人公はアの光源氏。

★ワンポイントアドバイス★

古文の読解問題には，例年口語訳が付されている。口語訳を効果的に用いて，時間短縮を図ろう。

第2回

2024年度
解 答 と 解 説

《2024年度の配点は解答欄に掲載してあります。》

＜数学解答＞

$\boxed{1}$ (ア) $\boxed{1}$ 2　$\boxed{2}$ 6　(イ) $\boxed{3}$ 0　$\boxed{4}$ 5　(ウ) $\boxed{5}$ −　$\boxed{6}$ 7　$\boxed{7}$ 4
(エ) $\boxed{8}$ 1　$\boxed{9}$ 4　$\boxed{10}$ 4　$\boxed{11}$ 0　$\boxed{12}$ 0　(オ) $\boxed{13}$ −　$\boxed{14}$ 1　$\boxed{15}$ 5
(カ) $\boxed{16}$ 1　$\boxed{17}$ 1　$\boxed{18}$ 8　$\boxed{19}$ 4　$\boxed{20}$ 4　(キ) $\boxed{21}$ 7　$\boxed{22}$ 2　$\boxed{23}$ 6

$\boxed{2}$ (ク) $\boxed{24}$ 1　$\boxed{25}$ 5　$\boxed{26}$ 8　(ケ) $\boxed{27}$ 6
(コ) $\boxed{28}$ 3　$\boxed{29}$ 4　$\boxed{30}$ 3　$\boxed{31}$ 5　(サ) $\boxed{32}$ 2
(シ) $\boxed{33}$ 1　$\boxed{34}$ 2　$\boxed{35}$ 0　(ス) $\boxed{36}$ 1　$\boxed{37}$ 3
(セ) $\boxed{38}$ −　$\boxed{39}$ 2　$\boxed{40}$ 2

$\boxed{3}$ (ソ) $\boxed{41}$ 1　$\boxed{42}$ 0　$\boxed{43}$ 2　(タ) $\boxed{44}$ 1　$\boxed{45}$ 2　(チ) $\boxed{46}$ 2　$\boxed{47}$ 6

$\boxed{4}$ (ツ) $\boxed{48}$ 2　$\boxed{49}$ 0　(テ) $\boxed{50}$ 1　$\boxed{51}$ 0　(ト) $\boxed{52}$ 3

$\boxed{5}$ (ナ) $\boxed{53}$ 6　$\boxed{54}$ 9　(ニ) $\boxed{55}$ 1　$\boxed{56}$ 6

$\boxed{6}$ (ヌ) $\boxed{57}$ 4　$\boxed{58}$ 8　(ネ) $\boxed{59}$ 3　$\boxed{60}$ 4　(ノ) $\boxed{61}$ 0　$\boxed{62}$ 4　$\boxed{63}$ 3

○推定配点○

各4点×25　　計100点

＜数学解説＞

基本 $\boxed{1}$ (数・式・平方根の計算)

(ア) $5-3\times(-2^2)+6^2\div4=5-(-12)+9=26$

(イ) $34\div8-2.5\times1.5=\frac{17}{4}-\frac{15}{4}=\frac{2}{4}=0.5$

(ウ) $\frac{9}{13}\times\left(\frac{7}{2}-0.25\right)-(-2)^2=\frac{9}{13}\times\frac{13}{4}-4=\frac{9}{4}-\frac{16}{4}=-\frac{7}{4}$

(エ) $1^2\times2^2\times3^2\times4^2\times5^2=1\times4\times9\times16\times25=14400$

(オ) $(\sqrt{5}+2)^2-3(\sqrt{5}+2)-4=5+4\sqrt{5}+4-3\sqrt{5}-6-4=-1+\sqrt{5}$

(カ) $(ab^2c)^3\times\left(-\frac{c}{3b}\right)^2\div2a^3c=a^3b^6c^3\times\frac{c^2}{3^2b^2}\times\frac{1}{2a^3c}=\frac{1}{18}b^4c^4$

(キ) $\frac{3(x+2y)}{2}-\frac{x+10y}{3}=\frac{1}{6}\{9(x+2y)-2(x+10y)\}=\frac{1}{6}(9x+18y-2x-20y)=\frac{7x-2y}{6}$

基本 $\boxed{2}$ (連立方程式，二次方程式の解，データの活用，$y=ax^2$の変化の割合，方程式の文章題，比例・反比例の式，式の値)

(ク) $\frac{2}{5}x+\frac{y}{4}=8$…①　$\frac{x}{3}-\frac{3}{2}y=-7$…②　①×20−②×24より，$41y=328$　$y=8$　これを①に代入して，$\frac{2}{5}x+\frac{8}{4}=8$　$\frac{2}{5}x=6$　$x=15$

(ケ) $x^2-ax-27=0$に$x=-3$を代入して，$(-3)^2-a\times(-3)-27=0$　$3a=18$　$a=6$

(コ) 平均値は，$(0\times1+1\times2+2\times2+3\times5+4\times3+5\times7)\div20=68\div20=3.4$(点)　中央値は，点

数の低い方から10番目と11番目の点数の平均であるから，$\frac{3+4}{2}=3.5$(点)

(サ)　$y=ax^2(a\neq0)$において，xの値がpからqまで増加するときの変化の割合は，$a(p+q)$である。この値が12であるから，$a(2+4)=12$　　$6a=12$　　$a=2$

(シ)　本全体をxページとして，残りのページ数について立式する。$x-\frac{1}{3}x-\frac{2}{3}x\times\frac{2}{5}=48$　両辺を15倍して，整理すると，$6x=48\times15$　　$x=120$(ページ)

(ス)　①～④を，yをxの式で表すと，①：$y=3x$，②：$y=\pi x^2$，③：$y=\frac{15}{x}$，④：$y=10-x$となる。よって，yがxに比例するものは①，反比例するものは③となる。

重要 (セ)　与式を因数分解して，x，yの値を代入すると，$x^2-7xy+12y^2=(x-3y)(x-4y)=\{(3\sqrt{2}+8)-3(\sqrt{2}+2)\}\{(3\sqrt{2}+8)-4(\sqrt{2}+2)\}=2\times(-\sqrt{2})=-2\sqrt{2}$

重要 **3**　(円の性質，平面図形・立体図形の計量)

(ソ)　$\overset{\frown}{\mathrm{BC}}$に対する円周角より，$\angle\mathrm{BAC}=\angle\mathrm{BDC}=60^\circ$である。三角形の外角の性質より，$\angle\mathrm{BED}+\angle\mathrm{EBD}=\angle\mathrm{BDC}$より，$42^\circ+\angle\mathrm{EBD}=60^\circ$　　$\angle\mathrm{EBD}=18^\circ$となる。$\triangle\mathrm{ABF}$において，$\angle\mathrm{AFB}=180^\circ-(\angle\mathrm{ABF}+\angle\mathrm{BAF})=180^\circ-(18^\circ+60^\circ)=102^\circ$となる。

(タ)　右図のように，点A～Fを定める。$\triangle\mathrm{ABC}$は$1:\sqrt{3}:2$，$\triangle\mathrm{AFC}$は$1:1:\sqrt{2}$の直角三角形であるから，$\mathrm{AC}=\mathrm{CF}=\mathrm{BC}\times\frac{1}{\sqrt{3}}=\frac{6\sqrt{2}}{\sqrt{3}}$となる。よって，斜線部分の面積は，$\triangle\mathrm{AFC}=\frac{1}{2}\times\left(\frac{6\sqrt{2}}{\sqrt{3}}\right)^2=12(\mathrm{cm}^2)$となる。

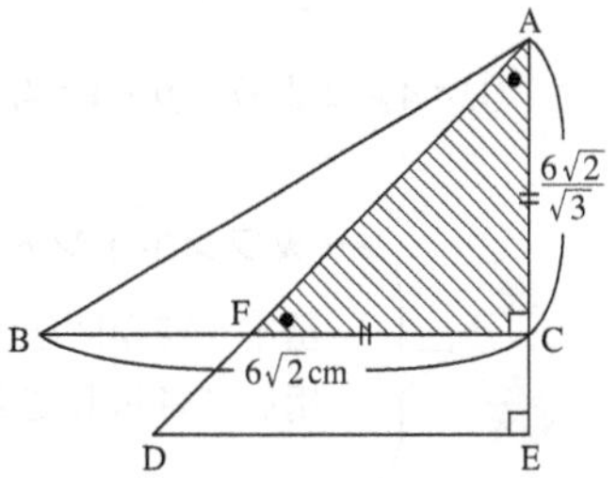

(チ)　正方形ABCDの対角線の交点をOとする。$\triangle\mathrm{ABO}$は$1:1:\sqrt{2}$の直角二等辺三角形であるから，$\mathrm{AO}=\mathrm{AB}\times\frac{1}{\sqrt{2}}=\frac{1}{\sqrt{2}}$(cm)となる。$\mathrm{AC}\perp\mathrm{BD}$より，求める立体の体積は，$\frac{1}{3}\times(\pi\times\mathrm{AO}^2)\times\mathrm{BD}=\frac{1}{3}\times\left\{\pi\times\left(\frac{1}{\sqrt{2}}\right)^2\right\}\times\sqrt{2}=\frac{\sqrt{2}}{6}\pi\,(\mathrm{cm}^3)$

重要 **4**　(方程式の文章題，立体図形の計量)

(ツ)　条件より，x円値下げすると，1日あたり$4x$個多く売れることになる。売り上げについて立式する。$(80-x)(160+4x)=14400$　　展開・整理すると，$4x^2-160x+1600=0$　　両辺を4で割って，$x^2-40x+400=0$　　左辺を因数分解して，$(x-20)^2=0$　　$x=20$(円)

(テ)　右図は円柱の側面の展開図である。ひもの長さは，長方形ABCDの対角線ACの長さになる。ここで，辺BCの長さは，円柱の底面の円の円周の長さだから，$2\pi\times3=6\pi$(cm)となる。三平方の定理より，$\mathrm{AC}=\sqrt{\mathrm{AB}^2+\mathrm{BC}^2}=\sqrt{(8\pi)^2+(6\pi)^2}=\sqrt{100\pi^2}=10\pi$(cm)

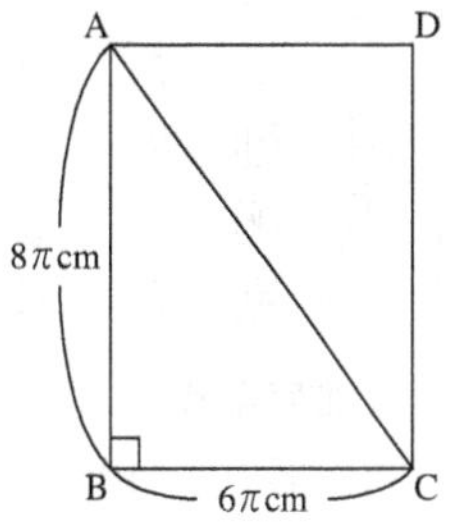

(ト)　仕事全体の量を30とすると，1日あたりA君は$30\div10=3$，B君は$30\div15=2$，C君は$30\div6=5$の量の仕事をすることになる。この仕事を3人ですると，$30\div(3+2+5)=3$(日)で完了する。

重要 **5**　(数の性質，確率)

(ナ)　右の表は$n=8$の場合を示している。1からnまでの自然数の和は，$\frac{1}{2}\times n\times(n+1)$と表せるから，8番目の表に並べられたすべての数の和は，$\frac{1}{2}\times24\times25=300$…①　　7番目の表に

8番目

上段	1	6	7	12	13	18	19	24
中段	2	5	8	11	14	17	20	23
下段	3	4	9	10	15	16	21	22

並べられたすべての数の和は，$\frac{1}{2}\times21\times22=231$…② ①－②$=300-231=69$

(ニ) さいころの目の出方の総数は，$6^2=36$通りある。$\sqrt{6ab}$が整数となるのは，abが6または24のときであり，$(a,\ b)=(1,\ 6)$，$(6,\ 1)$，$(2,\ 3)$，$(3,\ 2)$，$(4,\ 6)$，$(6,\ 4)$の6通りある。よって，求める確率は，$\frac{6}{36}=\frac{1}{6}$

6 (図形と関数・グラフの融合問題)

(ヌ) $y=ax^2$に$x=2$，$y=2$を代入して，$2=a\times2^2$ $a=\frac{1}{2}$ 次に，$y=\frac{1}{2}x^2$に$x=4$を代入して，$y=\frac{1}{2}\times4^2=8$ よって，点Bの座標は，B$(4,\ 8)$

(ネ) 直線ℓは，2点A$(2,\ 2)$，B$(4,\ 8)$を通る。傾きは，$\frac{8-2}{4-2}=3$，$y=3x+b$に$x=2$，$y=2$を代入して，$2=3\times2+b$ $b=-4$ よって，直線ℓの式は，$y=3x-4$

重要 (ノ) P$(0,\ p)$とおく。直線ℓとy軸との交点をCとすると，C$(0,\ -4)$である。$\triangle$ABP$=\triangle$BPC－$\triangle$APC$=\frac{1}{2}\times\{p-(-4)\}\times4-\frac{1}{2}\times\{p-(-4)\}\times2=p+4$…① $\triangle$OAP$=\frac{1}{2}\times p\times2=p$…②

①$=4\times$②より，$p+4=4p$ $p=\frac{4}{3}$ よって，点Pの座標は，P$\left(0,\ \frac{4}{3}\right)$

★ワンポイントアドバイス★

基本～標準問題が並んでいるが，規則性の問題や，方程式の文章題は過去問などを用いて練習しておく必要がある。

<英語解答>

1 リスニング問題解答省略

2 [11] ウ [12] エ [13] エ [14] ア [15] エ [16] イ [17] ウ [18] エ [19] ア [20] イ

3 [21] イ [22] ア [23] ア [24] エ [25] エ [26] イ [27] ウ [28] ウ [29] イ [30] ア

4 [31] ウ [32] エ [33] イ [34] ア [35] イ

5 [36] ウ [37] ア [38] エ [39] イ [40] イ

6 [41] イ [42] オ [43] エ [44] ア [45] オ

○推定配点○

[2] 各3点×10 他 各2点×35 計100点

＜英語解説＞

1　リスニング問題解説省略。

2　**(長文読解・説明文：指示語，語句整序，内容吟味，語句補充，語い，要旨把握)**

(大意)　ほとんどの果物や野菜が夏を通して育ち，秋が来ると運び込む準備ができる。①この時は収穫と呼ばれる。収穫の後，多くの人々は全ての食べ物に対し神に感謝を言いたがる。収穫祭や勤労感謝祭と呼ばれる教会の礼拝がある。教会にはたくさんの果物や野菜，花，パンがあり人々は感謝の歌を歌う。これらの礼拝は数百年前に始まった。1620年9月に，巡礼父祖と呼ばれるイギリス人のグループがイングランドのプリマスから北アメリカのコッド岬に航海した。彼らの信仰のために，彼らの家族のための土地が欲しかったから，②彼らはイギリスを去った。彼らは新しい故郷をニューイングランドと呼んだが，彼らはそこに住む最初の人々ではなかった。そこには最初にアメリカ先住民がいた。時には巡礼者は先住民と戦ったが，彼らから③多くを学んだ。先住民は新しい土地での暮らし方，例えば，新しい果物や野菜の育て方や調理の方法，を彼らに教えた。A最初の冬は問題が多かった。とても寒くてほとんど食べ物がなかったので，巡礼者の多くは死んだ。1621年の秋に彼らは最初の収穫を祝った。④巡礼者たちは収穫だけでなく彼らの新しい家や人生，友人にも感謝を伝えたかった。⑤アメリカの感謝祭の日付は3回変わっているが，今は11月の第4木曜日だ。ほとんどのアメリカ人やカナダ人の家族は家族と感謝祭の夕食を食べる。彼らは七面鳥や秋の野菜，かぼちゃのパイを食べる。アメリカでは，その日にたくさんの大きなアメリカンフットボールの試合があるので，多くの人々が試合に行ったりテレビで試合を見たりする。カナダはアメリカの北なので，冬が長く収穫はより早い。感謝祭の日付は1回より多く変わっているが，今は10月の第2月曜日だ。

問1　this は先行する文(の一部)の内容を指している。ここでは直前の1文の内容である。

問2　They went away from England (because ～) away from ～ で「～から離れて」の意味。

問3　第3段落最終文参照。

問4　「最初の冬は問題が多かった」　空欄Aの直後の1文参照。「問題」とは「とても寒」いこと，「ほとんど食べ物がなかった」こと，「巡礼者の多くは死んだ」ことである。

問5　not only A but (also) B「AだけでなくBもまた」

問6　イ．第7段落参照。「アメリカンフットボールの試合を」「見に行ったりテレビで見たりする」のである。(○)

問7　第6段落最終文参照。ウ．そのような記述はない。

問8　～ times「～回」は現在完了の経験用法で用いられるから，現在完了〈have[has]＋動詞の過去分詞形〉の形にする。change「変わる」の過去分詞形は changed である。

問9　ア．最終段落第2文参照。「10月の第2月曜日」である。(○)

問10　ア．「独立記念日」(×)　イ．「感謝祭」(○)　ウ．「復活祭」(×)　エ．「ガイ・フォークス祭」(×)

3　**(会話文：語句補充)**

[21]～[25]　A：／やあ，ショウタ。君は昨日，英語の授業を楽しんだかい。／B：はい。[21]僕は次の授業が待ちきれません。／A：それを聞いてうれしいよ。[22]君は英語を勉強するのが好きかい。／B：はい。僕は上手に英語を話す人になりたいんです。／A：[23]イングランド出身のALTと話すのはどうだい。／B：それは良い考えです。そうします。僕は将来，イングランドへ行きたいんです。／A：[24]それは良さそうだな。彼女は毎週月曜日に図書館でクラブを開いているんだ。[25]彼女は君に彼女の国について話すよ。／B：良いですね。僕はイングランドの歴史について情報を得たいんです。

[26]～[30]　A：こんにちは。あなたは何を読んでいるの。／B：[26]ウィリアム・シェイクスピアの歴史よ。／A：面白そうね。／B：[27]あなたは彼の劇が好きなの。／A：もちろんよ。[28]あなたは今までにロミオとジュリエットを見たことがあるの。／B：あるわ。私はその劇が大好きよ。[29]私はそれをまた見たいわ。あなたはどうなの。／A：見たことがないの。見たいわ。／B：[30]一緒にその劇を見に行こう。

[4]　**(語句補充：受動態，疑問詞，現在完了，接続詞，語い)**

1　「～される」という意味なので〈be動詞＋動詞の過去分詞形〉の形の受動態の文にする。主語がthese pictures と複数なのでbe動詞 were を使うのが適切。

2　〈How can ＋主語＋ get to ～?〉「(主語)はどのように～へ行けばよいですか」

3　～ times「～回」は現在完了の経験用法「～したことがある」で使われる。現在完了は〈have[has]＋動詞の過去分詞形〉の形。「～へ行ったことがある」の意味には have been to ～ を使う。なお，have gone to ～ は「～へ行ってしまった」と結果を表す。

4　if 以下は条件を示す副詞節なので，未来の内容でも中の動詞は現在時制を使う。

5　be full of ～「～でいっぱいだ」

[5]　**(書き換え：不定詞，比較，語い，命令文)**

[36]　〈so ～ that ＋主語＋ can't[couldn't]＋動詞の原形〉の文から「～すぎて…できない」の意味の〈too ～ to ＋動詞の原形〉への書き換え。

[37]　「アキコはユウコより年上だ。ナミはユウコより年下だ」ということは，「3人の中でナミが一番年下だ」ということである。「～の中で一番…だ」という意味になるのは〈(the)＋形容詞[副詞]の最上級＋ in[of]～〉の形の最上級の文。young「年下の」の最上級は youngest である。

基本　[38]　on foot「徒歩で」

[39]　禁止の意味を表す助動詞 must を使った文〈You must not ＋動詞の原形～〉から，否定の命令文〈Don't ＋動詞の原形～〉への書き換え。

[40]　both A and B「AとBの両方」

[6]　**(語句整序：関係代名詞，現在完了，語い，不定詞，助動詞，疑問詞)**

やや難　[41]　I know a boy whose father is a famous (actor.)　関係代名詞 whose を使った文。I know a boy と his father is a famous actor をつなげた文を作る。his は所有格なので所有格の関係代名詞 whose に代わる。

重要　[42]　I have been there with my father many (times.)　経験を表す「～へ行ったことがある」の意味には現在完了を用いて have[has] been to ～ を使う。there は副詞で「そこへ」の意味になるので，to を用いず been there とする。～ times「～回」

[43]　It is important for us to learn English(.)　〈It is ～ for A to ….〉で「Aにとって[Aが]…することは～だ」という意味。不定詞を使った表現なので to の後は動詞の原形が続く。

[44]　You should visit the country to see (her.)　〈should ＋動詞の原形〉で「～するべきである」の意味。「その国を訪れる」だから visit the country でひとかたまり。不定詞〈to ＋動詞の原形〉の文。ここでは「～するために」という意味の副詞的用法で用いられている。

[45]　How long have you been watching TV(?)　動作の継続を表し，〈have[has]＋ been ＋－ing〉の形をとる現在完了進行形を用いた文。〈How long ＋現在完了の疑問文？〉で「どのくらい(いつから)～していますか」の意味になる。

★ワンポイントアドバイス★

語句整序問題は，1語目から並べていくことにこだわらず，構文や熟語，不定詞などの文法事項や文型に注目し，小さいまとまりを作っていくことから始めるとよい。

<国語解答>

〔一〕 問一 a イ　b ア　問二 A ウ　B エ　問三 ア　問四 ア
問五 エ　問六 ① ウ　② イ　問七 ア

〔二〕 問一 エ　問二 ア　問三 B ウ　C エ　問四 イ　問五 ア
問六 ウ　問七 イ　問八 ウ　問九 エ

〔三〕 1 イ　2 エ　3 ア　4 ウ　5 エ

〔四〕 問一 ウ　問二 2 ア　3 イ　5 イ　問三 ウ　問四 g イ　h ア
問五 イ　問六 イ　問七 エ

○推定配点○

〔一〕 問一・問二　各2点×4　他　各4点×6　〔二〕 問三　各2点×2　他　各4点×8
〔三〕 各2点×5　〔四〕 問六　4点　他　各2点×9　計100点

<国語解説>

〔一〕 **(論説文一大意・要旨，内容吟味，文脈把握，接続語の問題，漢字の読み書き)**

問一 a「概念」　ア 該当　イ 概観　ウ 感慨　エ 生涯
b「培」　ア 栽培　イ 等倍　ウ 購買　エ 媒体

問二 A「標準語を英語にしてしまえ」という考え方には「外国人との伝達の際にはメリットがある」という前に対して，後で「母国語を失った国というのはじつに惨めなもの」と相反する内容を述べているので，逆接の意味を表す語を入れる。　B「漢字の持つ」「意味の深さをたった一文字の中に含んで使っている」という前を，後で「ある意味の広がりを，そっくりそのまま捉えて言葉の中に組み込む」とわかりやすく言い換えているので，説明の意味を表す語を入れる。

問三 一つ前の文の「膨大な量の変換を常に頭の中で行うことになる」から理由を読み取る。「変換」を「切り替える」と言い換えて説明しているアが最も適切。ウとエは，「変換」に通じる説明がない。イは，「伝統に従い」の部分が適切ではない。

問四 直前に「そう考えると」とあるので，この前の内容に着目する。同じ段落の冒頭に添加の意味を表す「加えて」とあるので，「伝統というのは」で始まる直前の段落の内容にも着目する。「伝統というのは」で始まる段落の「伝統というのは，まさしく『言葉』……その言葉を奪われてしまうということは，足場がない状態と全く同じ」から③が読み取れる。また，傍線部2と同じ段落の「日本は現代社会を形作るうえで……行き詰ってしまった」「西洋の文明の力では，この行き詰まりの是正がなかなかできない……日本独自の伝統なら，その行き詰まりをやわらげるか，是正する力になるかもしれない」から①が読み取れる。

やや難 問五 直前の中国の事例の前の「日本語」について述べている内容に着目すると「ある意味の広がりを，そっくりそのまま捉えて言葉の中に組み込む能力が日本人にはある」とあり，この内容を理由としているエが最も適切。アの「広がりを限定」は反対の内容となっている。イに通じる内容は書かれていない。筆者は，意味の広がりを「組み込む能力」を理由としているが，ウの「長い歴史」のなかで「文字文化を成立させてきた」ことを理由とはしていない。

問六　①　直前の段落の「ある事柄を，ある広がりのままに表現して伝える……長い歴史の中でツチカってきた日本人のもともとの性分」に着目する。　②　一つ前の段落の「そもそも日本人には，意味を一つだけに限定して，単純明快に論旨を組み立てるという習慣が薄かった……そういう技術は異国の人たちと交わるうちに学んで教えられたこと」から，「後から流入した使い方」を読み取る。

重要　問七　本文は「です・ます」を用いた口語体なので，「文語的な表現」とあるエをまず外す。筆者は，日本語と外国語の違いを論じた後，最終段落で「伝統をそのまま続けるのではなくて，今の時代に適ったかたちで言葉を使っていく」「日本語の意義を再認識することが必要」と，これからの日本語のあり方を提示している。この本文全体の内容にアが最も適切。イに「外国語が日本語よりもいかに論理性を持っているか」とあるが，筆者は日本語の優位性も述べているので，適切ではない。漢字が中国からのものであるとは述べているが，ウの「中国との関係性」についての考察は書かれていない。

〔二〕（小説一主題・表題，情景・心情，内容吟味，文脈把握，指示語の問題，接続後の問題，脱文・脱語補充）

やや難　問一　「画」の題名や主題について述べている部分を探すと，「記者はまた」で始まる段落に「私は慄然として再びこの沼地の画を凝視した」とあるのに気づく。

問二　傍線部1の「一顧」は，ちょっと振り返ってみることという意味であることから判断する。

問三　B　「疑問もまた挟まずにはいられなかった」という前に対して，後で「見ているに従ってわかって来た」と相反する内容を述べているので，逆接の意味を表す語を入れる。　C　後で「何かが心から振るい落とされたような気もち」と，あるので，あるものが他に似ている様子を意味する語を入れる。

問四　傍線部2の「こう云う疑問」は，同じ段落の「どこを見ても濁った黄色である……この画家には草木の色が実際そう見えたのであろうか。」と「それとも……ことさらこんな誇張を加えたのであろうか。」を指示しているのでイが適切。他の選択肢はこの疑問の内容に合わない。

問五　「『傑作――ですか。これは面白い』記者は腹を揺すって笑った」からは，記者の「私」を馬鹿にする様子が感じられる。後で「これは面白い。」と再度繰り返し「元来この画はね，会員の画じゃない……遺族が審査員へ頼んで，やっとこの隅へ懸ける事になったのです」から，記者は「私」が画家について知らないにも関わらず，画を高く評価したので笑ったのだとわかる。記者は「私」をばかにしており，イの「気に入ら」ないわけではない。記者が「これは面白い」と皮肉を込めて言っているので，ウの「明確に指摘したかった」はそぐわない。

問六　「私」はこの記者に以前から「不快な印象」を持っており，今回は「いよいよ不快になった」とある。しかし，記者から「私」の心をとらえた画家がすでに死んでいると聞き，「どうして？」と記者に死因を尋ねている。ここから，画家のことを知りたいという気持ちが「不快」な感情より強くなったとわかる。この知りたい気持ちを「好奇心」としているウが適切。

問七　直前の「気違いでででもなければ，誰がこんな色の画を描くものですか。それをあなたは傑作だと云って感心してお出でなさる」という記者の言葉に着目する。傍線部4の「不明」には物事を見抜く力という意味があるので，記者は，私に見抜く力がなく「傑作だ」と言ったことを恥じるだろうと予測していたことがわかる。この内容にイが適切。「不明」という語に，アの「反発」は合わない。傍線部4の「彼」は記者を指示しているので，「私の予測」とあるウも適切ではない。エの「私」が記者の評価に同調するという描写はない。

重要　問八　直前の文に「ほとんど厳粛にも近い感情が私の全精神に云いようのない波動を与えたから」

と理由を述べており，この「厳粛にも近い感情」を直後の文で「恐ろしい焦燥と不安」と表現している。「私」がこの画から「恐ろしい焦燥と不安」の波動を感じたと述べているウを選ぶ。アの「自意識」や，イの「記者の言葉を借りて」，エの「解消された」とは読み取れない。

やや難 問九　直前の「うす暗い空と水」「濡れた黄土の色をした蘆が，白楊が，無花果」が意味するものを考える。後に，「凄まじい勢いで生きている」とあるので，エの「自然」を選ぶ。

〔三〕（熟語）

1は「せいこううどく」，2は「ばんこふえき」，3は「たんじゅんめいかい」，4は「いんがおうほう」，5は「かじんはくめい」と読む。

〔四〕（古文一大意・要旨，指示語の問題，語句の意味，品詞・用法，表現技法，口語訳，文学史）

問一　【現代語訳】から，主上が『源氏の物語』をお聞きになって「この人は……日本書紀をお読みのようだね」と感想を述べているので，『源氏の物語』の作者を指示している。

問二　2，3，5はいずれも自立語で活用がある用言。2は動作を表すので，動詞。言い切りの形が3は「いみじ」，5は「おかし」と「し(じ)」で終わるので，いずれも形容詞。

重要 問三　前に「ぞ」という係助詞があるので係り結びの法則が働き，連体形で結ばれる。

問四　7「書」には，書道，書物，手紙などの意味がある。後に「聞き習ひつつ」とあるので，書物だと判断する。　8「あやし」は，不思議なという意味。後の「聡く」は賢いという意味なので，イとエは合わない。「あやし」に，エの「微妙な」という意味はない。

やや難 問五　作者の紫式部は，何を「つつ」もうとしていたのか。直後の「さる所にて才賢し出ではべらむよ」は，そのようなところで，どうして学問をひけらかしたりするでしょうか，という意味なので，学問があることをひけらかさないようにしていたという意味に通じるものを選ぶ。作者が「つつ」もうとしていたのは，自分の学問の才能である。

重要 問六　【現代語訳】の最終段落の内容に，イが合致する。紫式部は，「日本紀の御局」というあだ名をア「名誉なこと」とは思っていない。紫式部の父親は紫式部が男でなかったのを残念がっているが，ウ「嫁ぎ先で幸せになれないだろう」とは言っていない。紫式部は，学問があることをひけらかさないようにしていただけで，エ「無学になってしまった」わけではない。

基本 問七　エの『平家物語』は，鎌倉時代に成立した作品。

★ワンポイントアドバイス★

読解問題では，指示語や言い換えの表現に注意しながら文脈を丁寧に追うことを心がけよう。

MEMO

大切なことはメモしておこうネ！

2023年度

★★★★★★★★★★★★★★★★★★★★★★★★

入　試　問　題

2023年度

山村国際高等学校入試問題（第１回）

【数　学】（50分）　＜満点：100点＞

1

次の各式を計算し，$\boxed{1}$か$\boxed{20}$に適する数または符号を解答用紙の該当欄にマークしなさい。

(ア)　$-(-3)\div(-6)\times4+18\div(-3)=\boxed{1}\boxed{2}$

(イ)　$1.14\times3.14\div0.1+0.56\times3.14\div0.1=\boxed{3}\boxed{4}.\boxed{5}\boxed{6}$

(ウ)　$\dfrac{3}{5}\div\left(-\dfrac{4}{5}\right)-\left(-\dfrac{2}{3}\right)\times9=\dfrac{\boxed{7}\boxed{8}}{\boxed{9}}$

(エ)　$50^2\times30^4\div150^3=\boxed{10}\boxed{11}\boxed{12}$

(オ)　$(1+\sqrt{5})^2-(1-\sqrt{5})^2=\boxed{13}\sqrt{\boxed{14}}$

(カ)　$9ab^4\div\left(-\dfrac{3a}{b}\right)^3\times3a^2b=\boxed{15}b^{\boxed{16}}$

(キ)　$\dfrac{3x-4y}{5}-\dfrac{2x-y}{3}=\dfrac{\boxed{17}x-\boxed{18}y}{\boxed{19}\boxed{20}}$

2

次の各問いに答え，$\boxed{21}$から$\boxed{34}$に適する数または符号を解答用紙の該当欄にマークしなさい。

(ク)　連立方程式$\begin{cases}4(x+1)+7y=9\\ \dfrac{x}{5}+\dfrac{y}{6}=-\dfrac{3}{10}\end{cases}$　の解は$x=\boxed{21}\boxed{22}$，$y=\boxed{23}$である。

(ケ)　２次方程式　$x^2+ax+20=0$　の２つの解がともに整数となるaの値は$\boxed{24}$通りある。

(コ)　あるクラスの生徒10人の握力を測定したところ，全員が異なる値であった。
その測定した値を小さい順に並べたとき，５番目の生徒と６番目の生徒の値の差は6.0㎏で，中央値は25.0㎏であった。このとき，５番目の生徒の握力の測定値は$\boxed{25}\boxed{26}.\boxed{27}$㎏である。

(サ)　$y=-2x+3a(-1\leqq x\leqq2)$ の最大値が５であるとき，aの値は$\boxed{28}$である。

(シ)　Ａ店で，定価x円のかばんを１個買ったところ，定価の35％引きで売っていたので，代金は1430円になった。このとき，xの値は$\boxed{29}\boxed{30}\boxed{31}\boxed{32}$である。
ただし，消費税は考えないものとする。

(ス)　次の式で正しいものには○，必ずしも正しくないものには×をつけるとき，①～⑧の中に○は$\boxed{33}$個つけることができる。

①　(正の数)＋(正の数)＝(正の数)　　②　(正の数)－(負の数)＝(正の数)
③　(正の数)－(正の数)＝(正の数)　　④　(負の数)×(正の数)＝(負の数)
⑤　(正の数)÷(負の数)＝(正の数)　　⑥　(負の数)＋(負の数)＝(負の数)
⑦　(負の数)÷(正の数)＝(負の数)　　⑧　(負の数)×(負の数)＝(負の数)

(セ)　$x=\sqrt{7}+2$のときx^2-4xの値は$\boxed{34}$である。

3　次の各問いに答え，$\boxed{35}$から$\boxed{44}$に適する数または符号を解答用紙の該当欄にマークしなさい。

(ソ)　右の図の∠xの大きさを求めなさい。ただし，点Oは円の中心である。

$x=\boxed{35}\boxed{36}\boxed{37}$°

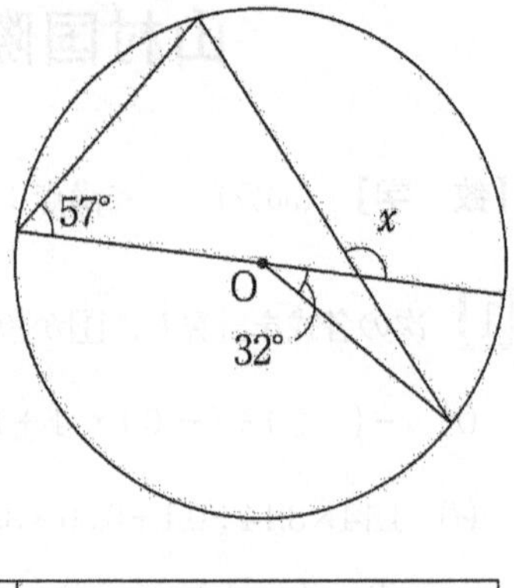

(タ)　右の図は長方形だけを組み合わせた図形である。xの値を求めなさい。

$x=\boxed{38}\boxed{39}$

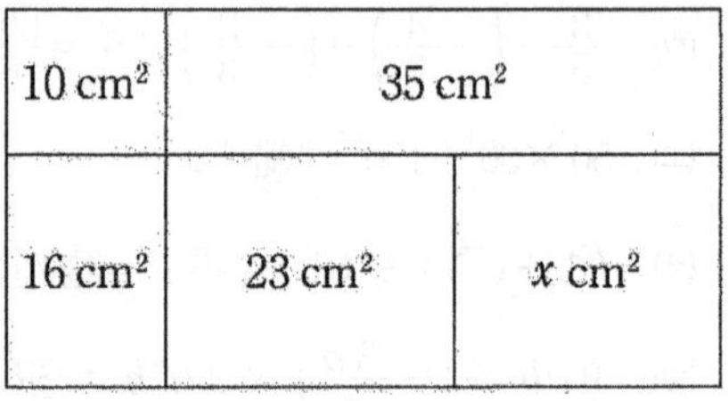

(チ)　右の図のように，半径10㎝，中心角90°のおうぎ形ＯＡＢがある。半径ＯＡ上に点Ｃ，半径ＯＢ上に点Ｄ，$\overset{\frown}{AB}$上に点Ｅを，四角形ＯＣＥＤが正方形となるようにとる。このとき，色のついた部分の面積Sを求めなさい。ただし，円周率はπとする。

$S=\dfrac{\boxed{40}\boxed{41}}{\boxed{42}}\pi-\boxed{43}\boxed{44}$（㎝²）

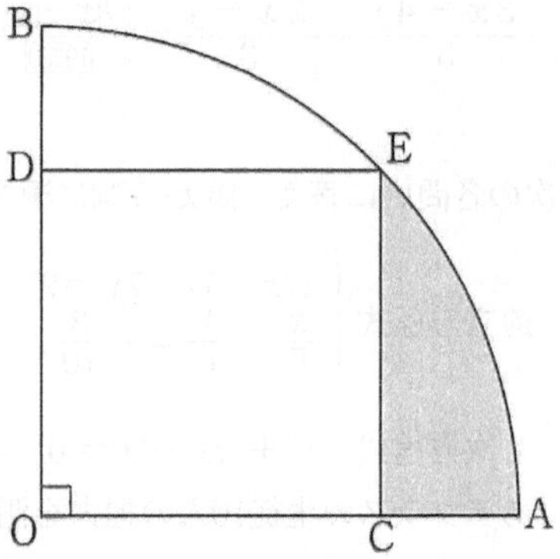

4　次の各問いに答え，$\boxed{45}$から$\boxed{52}$に適する数または符号を解答用紙の該当欄にマークしなさい。

(ツ)　３つの１次関数$y=-x+a$，$y=3x-1$，$y=-3x+5$のグラフが１点で交わるとき，aの値を求めなさい。

$a=\boxed{45}$

(テ)　右の投影図からなる立体の体積Vを求めなさい。

$V=\boxed{46}\boxed{47}\sqrt{\boxed{48}}$（㎝³）

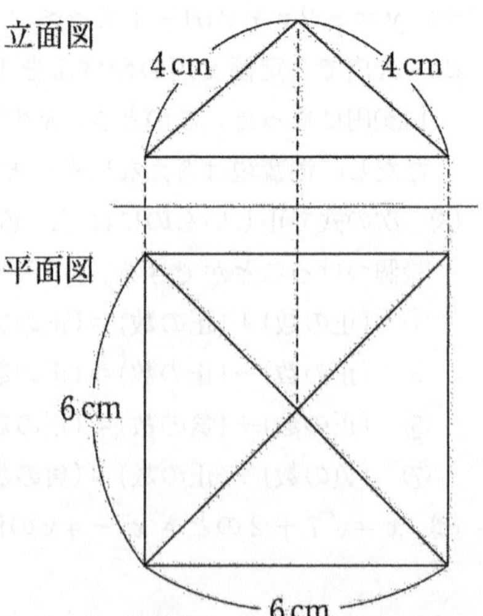

(ト)　右の図はＡＣ＝$\dfrac{3}{2}$cm，ＢＣ＝$\dfrac{5}{3}$cm，∠ＡＣＢ＝90°の直角三角形ＡＢＣである。△ＡＢＣを辺ＡＣを軸として１回転してできる立体と，辺ＢＣを軸として１回転してできる立体のうち，体積が大きいほうの立体の体積 V を求めなさい。
ただし，円周率は π とする。

$V=\dfrac{\boxed{49}\boxed{50}}{\boxed{51}\boxed{52}}\pi$（$cm^3$）

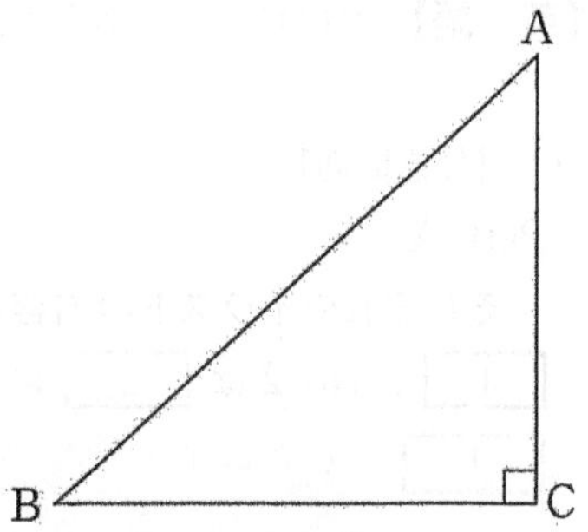

$\boxed{5}$　次の各問いに答え，$\boxed{53}$から$\boxed{56}$に適する数または符号を解答用紙の該当欄にマークしなさい。

(ナ)　$\boxed{0}\boxed{1}\boxed{2}\boxed{3}\boxed{4}\boxed{5}$の６枚のカードから２枚選んで２けたの整数を作る。
このとき，２けたの偶数は何個できるか求めなさい。

２けたの偶数：$\boxed{53}\boxed{54}$（個）

(ニ)　赤玉が15個入った箱がある。サイコロを２回投げ，以下のルールに従って赤玉を取り出す。このとき，箱の中に残る赤玉の個数が７個以下になる確率 P を求めなさい。ただし，取り出した赤玉は箱に戻さないものとする。

〈ルール〉
・サイコロの出た目の数が奇数のときは，3個だけ箱から赤玉を取り出す。
・サイコロの出た目の数が偶数のときは，その目の数だけ箱から赤玉を取り出す。

$P=\dfrac{\boxed{55}}{\boxed{56}}$

$\boxed{6}$　次の各問いに答え，$\boxed{57}$から$\boxed{63}$に適する数または符号を解答用紙の該当欄にマークしなさい。

右の図のように，放物線 $y=ax^2$ と
直線 $y=2x-8$ がある。
放物線 $y=ax^2$ 上に３点Ａ，Ｄ，Ｐがあり，点Ｐの座標は（２，８）である。
また，直線上に２点Ｂ，Ｃがあり，点Ａと点Ｂ，点Ｄと点Ｃの x 座標は等しく，点Ａの x 座標は負，点Ｄの x 座標は正である。次の問いに答えなさい。

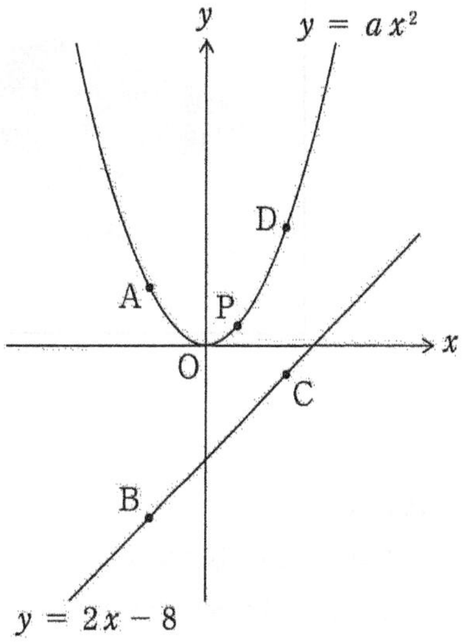

(ヌ)　a の値を求めなさい。

$a=\boxed{57}$

(ネ)　ＡＢ＝12のとき，点Ｂの座標を求めなさい。

Ｂ（$-\boxed{58}$，$-\boxed{59}\boxed{60}$）

(ノ)　ＡＢ＝ＣＤ＝20のとき，四角形ＡＢＣＤの面積 S を求めなさい。

$S=\boxed{61}\boxed{62}\boxed{63}$

【英　語】（50分）　　＜満点：100点＞

1 【放送問題】

Part A

それぞれのイラストの内容について，最も適切なものを選択肢ア～エから１つ選び，No. 1 は [1]，No. 2 は [2] にマークしなさい。英文は１回読まれます。

[1]

[2]

Part B

ポスターに関する質問が２つあります。No. 3 は会話と質問を聞き，答えとして最も適切な位置をポスターのア～エから１つ選び，[3] にマークしなさい。No. 4 は質問と答えの選択肢ア～エを聞き，答えとして最も適切なものを１つ選び，[4] にマークしなさい。英文は１回読まれます。

[3]

[4]

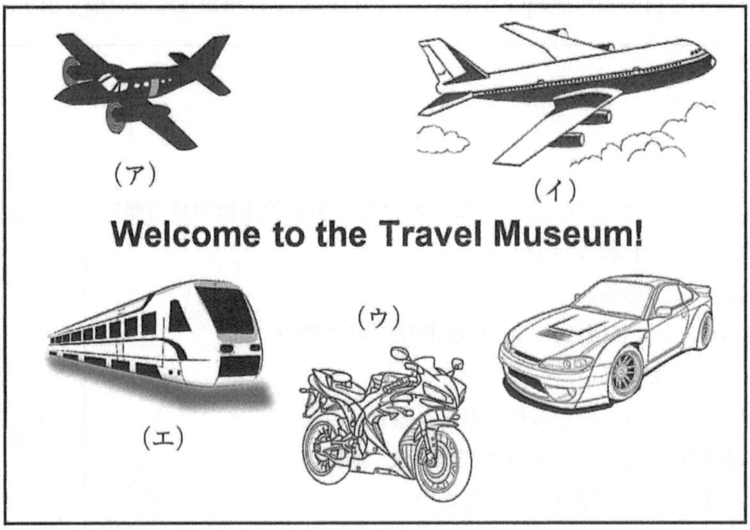

Part C

会話とその会話に関する質問が２つあります。順番に質問，会話，答えの選択肢ア～エを聞き，答えとして最も適切なものを１つ選び，No. 5 は [5]，No. 6 は [6] にマークしなさい。英文は１回読まれます。

Part D

短い英文と質問が読まれます。順番に質問，短い英文，答えの選択肢ア～エを聞き，答えとして最も適切なものを１つ選び，[7] にマークしなさい。英文は１回読まれます。

Part E

英文が読まれます。質問と答えの選択肢は書いてあります。英文を聞き，答えとして最も適切なものを選択肢ア～エから１つ選び，[8] にマークしなさい。英文は１回読まれます。

[8] What animal is this?

ア．a bat　イ．a fox　ウ．an owl　エ．a parrot

No. 9，No. 10 は，やや長めの英文が読まれます。質問に対する答えとして最も適切なものを選択肢ア～エから１つ選び，No. 9 は [9]，No. 10 は [10] にマークしなさい。英文は１回読まれます。

[9] Which is true?

ア．Bill is heavier than Jake.　イ．Bill is taller than Jake.

ウ．Jake is heavier than Bill.　エ．Jake is taller than Bill.

[10] Which row is Jake?

	has a son	likes spicy food	prefers seafood to meat
ア．	NO	YES	YES
イ．	YES	YES	NO
ウ．	YES	NO	YES
エ．	NO	NO	YES

※リスニングテストの放送台本は非公表です。

[2] 次の英文を読んで，後の問いに答えなさい。答えは [11] ～ [20] にマークしなさい。

SIR ANTHONY EVANS PLAYS LISZT. The words above the door of the *theatre were a *metre (①). On the wall there was a big picture of Sir Anthony at the piano. Hundreds of people were waiting outside the ticket office. It was Sir Anthony's eightieth birthday concert and everybody wanted a ticket. I had a special ticket, because I was a newspaper reporter. I wanted to talk to the famous pianist before his concert. I showed my ticket to the doorman and went into the theatre. Then I walked upstairs to the dressing-rooms.

On my way upstairs I thought about the famous pianist. I was a little afraid. My mouth was dry and my hands were shaking.

I arrived outside the dressing-room.

There was a big gold star on the door.

I knocked, and a tall man opened it. He was very old, but his eyes were blue and bright. He was wearing black *trousers and a beautiful white shirt. He had a lot of straight, silvery hair. He looked just like his picture on the wall of the theatre.

'My name's Sally Hill,' I began. 'I...'

The old man saw my notebook and smiled at me.

'Don't tell me. You're a reporter. ②Which newspaper do you work (　　　)?'

'*The Sunday Times*, sir.'

'A very good newspaper. Come in and sit down. Ask your questions. ③We were young once, weren't we, Linda? But of course that was a long time ago.'

He turned to a tall woman, (④) was standing in the corner. She smiled at me with friendly brown eyes. 'So this is Lady Evans,' I thought. 'What a nice face she has! She looks like a farmer's wife.'

I was not afraid any more. I sat down and opened my notebook.

'Tell me about yourself, please, Sir Anthony. Did you come from a musical family? Did you start to learn the piano when you were three, like Mozart?'

The famous pianist smiled. 'No, no, my dear. I am the first musician in my family. And I was fourteen years old before I touched a piano for the first time.' He saw the surprise on my face. 'We have a little time before my concert. I'll tell you my story. It's a strange story, but every word of it is true. You see, I left school when I was thirteen. Everybody called me Tony in those days. I worked on a farm...'

It was an (⑤) story and he told it well. At first I tried to write everything down in my notebook. Then the pen fell from my hand and I just listened. I was lost in Sir Anthony's wonderful story. He told me about an old school behind a high wall in a dirty street. There was (⑥) glass on top of the wall. The school yard was very small. As he spoke, pictures came into my mind. ⑦(a little boy / Tony Evans / called / saw / I), playing football with an old tin...

*theatre = theater　　*metre = meter　　*trousers：ズボン

問１　(①) に入る最も適切なものをア～エから１つ選び，[11] にマークしなさい。

ア．small　　イ．big　　ウ．large　　エ．high

問２　下線部②に「どちらの新聞社にお勤めですか」という意味になるように，ア～エの中から適切な前置詞を１つ選び [12] にマークしなさい。

ア．in　　イ．by　　ウ．for　　エ．to

問３　下線部③の日本語訳として最も適切なものをア～エから１つ選び，[13] にマークしなさい。

ア．われわれは若かったね。　　イ．われわれはもう若くないね。

ウ．われわれはかつて会ったことがあったね。　　エ．われわれはかつて一緒にいたね。

問４　(④) に入る最も適切なものをア～エから１つ選び，[14] にマークしなさい。

ア．which　　イ．whom　　ウ．who　　エ．what

問５　(⑤) (⑥) に入る最も適切なものを１つ選び，(⑤) は [15] に，(⑥) は [16] にマークしなさい。

15 ア．excite　イ．excited　ウ．exciting　エ．excitedly

16 ア．break　イ．broke　ウ．broken　エ．breaking

問６　下線部⑦を「私はトニー・エヴァンズという小さな男の子をみました」という意味になるように並びかえた英文をア～エから１つ選び，17 にマークしなさい。

ア．I saw a little boy called Tony Evans.

イ．I saw a little boy Tony Evans called.

ウ．I saw Tony Evans called a little boy.

エ．I called a little boy Tony Evans saw.

問７　本文の内容に合っているものを，ア～エから１つ選び，18 にマークしなさい。

ア．切符を持った何百人もの人が，アンソニー卿の80歳を祝うコンサートを待っていた。

イ．作者はアンソニー卿を訪ねようとした時，とてもリラックスしていた。

ウ．アンソニー卿はコンサートの前には時間がなかったので，作者と話をしたくなかった。

エ．作者は新聞記者なので，切符を買わなくてよかった。

問８　Anthony Evans について日本語が示してある。彼の様子を表すように（　）に適切なものをア～エから１つ選び，Aは 19 に，Bは 20 にマークしなさい。

19 A　容姿：He had a lot of (　　　), silvery hair.

ア．long　イ．straight　ウ．wavy　エ．short

20 B　ピアノとの出会い：He was (　　　) years old before he touched the piano for the first time.

ア．three　イ．eighty　ウ．fourteen　エ．thirteen

3　次の対話文の空欄に最も適切なものをア～エから１つ選び，21 ～ 30 にマークしなさい。21 ～ 25 は少し長めの会話文です。

A：Hello. 21 Is Ken there?

B：22 he is not here right now.

A：OK.　Well, 23

B：He'll be back by 5.

A：24 Please tell him that I called.

B：Sure.　No problem.

A：Thank you. 25

21

ア．This is Kate speaking.　イ．How do you know Ken?

ウ．Do you want to talk with Ken?　エ．Where does Ken live?

22

ア．Good,　イ．I think so,　ウ．Sorry,　エ．Thank you,

23

ア．what's up?　イ．do you know when he will be back?

ウ．long time no see.　エ．do you know him?

24

ア．I must tell you something.　イ．No.　ウ．You won't believe it.　エ．OK.

25

ア．Goodbye.　イ．That's right.
ウ．See you Monday.　エ．You must be joking.

A：［ 26 ］ You look tired.
B：I don't feel well.

ア．Is he a doctor?　イ．What's happened?
ウ．What is for dinner?　エ．Who are you?

A：What do you do?
B：［ 27 ］

ア．I'm an office worker at a travel agency.　イ．I'll watch the movie.
ウ．I'm not studying English.　エ．I was a student.

A：［ 28 ］
B：I read books.

ア．How do you like that?　イ．When did you do that?
ウ．What do you do in your free time?　エ．What are you doing?

A：These days, it is hot. I hope it will snow soon.
B：Why do you hope for snow?
A：［ 29 ］

ア．Of course.　イ．I like white chocolate.
ウ．Yes, please.　エ．It will be cooler.

A：What's wrong with you?
B：［ 30 ］

ア．I have a headache.　イ．That's too bad.　ウ．It's nice.　エ．Take care.

4 次のそれぞれの英文の空所に入る適切なものをア～エから１つ選び，［ 31 ］～［ 35 ］にマークしなさい。

1 He wants to buy a ［ 31 ］ of jogging shoes.
（ア．piece　イ．full　ウ．part　エ .pair）

2 Could you ［ 32 ］ me how to get to Narita?
（ア．speak　イ．say　ウ．tell　エ．see）

3 Please remember ［ 33 ］ this letter tomorrow.
（ア．to mail　イ．mail　ウ．mails　エ．mailing）

4 I have lived with my father in America [34] 1996.
(ア．for　イ．after　ウ．since　エ．from)

5 They say that the book [35] most in the world is the Bible.
(ア．read　イ．reads　ウ．to read　エ．is reading)

[5] 次の各文がほぼ同じ意味になるように空所を補うとき，適切なものを次のア～エから１つ選び，[36] ～ [40] にマークしなさい。

My mother made up her mind to learn French.
My mother [36] to learn French.
(ア．decided　イ．hoped　ウ．needed　エ．wanted)

If you don't get up early, you will be late for school.
Hurry up, [37] you will be late for school.
(ア．or　イ．and　ウ．soon　エ．before)

Tom's birthday is January the second.
Tom was [38] on January the second.
(ア．bear　イ．bore　ウ．bearing　エ．born)

Summer is the hottest season.
[39] other season is as hot as summer.
(ア．Such　イ．No　ウ．An　エ．Not)

Let's go to the party.
[40] we go to the party?
(ア．Do　イ．May　ウ．Will　エ．Shall)

[6] 次の（　）内の語句を並べかえて正しい英文にするとき，文頭から数えて３番目と５番目にくる語句の正しい組み合わせをア～オから１つ選び，[41] ～ [45] にマークしなさい。（文頭にくる語句も小文字で表記してあります。）

[41] 屋根の赤いあの家をごらんなさい。
(① red　② that　③ roof　④ look
⑤ house　⑥ at　⑦ is　⑧ whose).
ア．④－⑧　イ．②－⑧　ウ．⑦－⑤　エ．⑥－①　オ．①－⑤

[42] あなたは何度アメリカに行ったことがありますか？
(① times　② to　③ you　④ how
⑤ America　⑥ have　⑦ been　⑧ many)?
ア．⑦－⑤　イ．④－②　ウ．③－⑥　エ．①－③　オ．⑧－②

[43] 彼はなんて上手にテニスをするのでしょう。
(① a　② is　③ what　④ good
⑤ player　⑥ he　⑦ tennis)!
ア．①－⑤　イ．③－④　ウ．④－③　エ．④－⑤　オ．③－①

44　先生たちは，彼の科学の報告に満足したのですか？

（① science　② report　③ teachers　④ with

⑤ on　⑥ were　⑦ satisfied　⑧ his ）?

ア．⑦－⑧　イ．③－②　ウ．⑥－①　エ．④－⑤　オ．⑧－③

45　彼はその知らせを聞いて，とても喜びました。

（① to　② very　③ news　④ he

⑤ hear　⑥ glad　⑦ was　⑧ the ）.

ア．⑤－⑧　イ．②－①　ウ．⑦－⑤　エ．①－⑥　オ．③－④

問六　傍線部６「たれ」の活用形として適当なものを次から選び、記号をマークせよ。

〔解答番号は [26] 。〕

ア　未然形　イ　終止形　ウ　連体形　エ　已然形

問七　傍線部７「気色」の意味として、[B] に入る適当なものを次から選び、記号をマークせよ。

〔解答番号は [27] 。〕

ア　風景　イ　様子　ウ　魅力　エ　気配

問八　傍線部８「走り寄りたるに」の主語として適当なものを次から選び、記号をマークせよ。

〔解答番号は [28] 。〕

ア　盗人　イ　着物を何枚も着ていそうな人

ウ　笛を吹いている人　エ　寝ている人々

問九　傍線部９「取りかかるべくも覚えざりければ」の現代語訳として [C] に入る適当なものを次から選び、記号をマークせよ。

〔解答番号は [29] 。〕

ア　襲いかかるのを忘れてしまったので

イ　襲いかかられると思ったので

ウ　襲いかかれそうに見えなかったので

エ　襲いかかられたのを覚えていたので

問十　芥川龍之介は『宇治拾遺物語』を題材にとしていくつかの作品を書いたとされている。芥川龍之介の作品として適当なものを次から選び、記号をマークせよ。

〔解答番号は [30] 。〕

ア　走れメロス　イ　舞姫　ウ　鼻　エ　坊っちゃん

〔四〕次の１～５の四字熟語について、空欄に入る言葉として適当なものをそれぞれ選び、記号をマークせよ。

〔解答番号は１ [31] 、２ [32] 、３ [33] 、４ [34] 、５ [35] 。〕

１　千載一 [1]

ア　遇　イ　偶　ウ　隅　エ　宮

２　自 [2] 自得

ア　合　イ　豪　ウ　号　エ　業

３　画竜 [3] 睛

ア　点　イ　転　ウ　添　エ　天

４　危機一 [4]

ア　発　イ　撥　ウ　髪　エ　發

５　興味 [5]

ア　身心　イ　深深　ウ　進進　エ　津津

〔三〕 次の文章を読んで、後の設問に答えよ。

昔、袴垂《はかまだれ》とて1いみじき盗人の大将軍ありけり。2十月ばかりに衣《きぬ》の用なりければ、衣《きぬ》少しまうけんとて、さるべき所々窺《うかが》ひ歩《あり》きけるに、夜中3ばかりに人皆しづまり果てて後、月の朧《おぼろ》なるに、衣《きぬ》あまた着たりけるぬしの、指貫《さしぬき》の稜《そば》挟みてきぬの4狩衣めきたる着て、ただ一人《ひとり》笛吹きて行きもやらず練《ね》り行《ゆ》けば、「あはれ、これこそ我に衣得させんとて出でたる人なめり」と思ひて、走りかかりて衣を剝《は》がんと思ふに、5あやしく物のa恐ろしくb覚えければ、c添《そ》ひて二三町ばかりd行けども、我に人こそ付き6たれと思ひたる7気色《けしき》もなし。いよいよ笛を吹きて行けば、試みんと思ひて、足を高くして8走り寄りたるに、笛を吹きながら見かへりたる気色、9取りかかるべくも覚えざりければ、走り退《の》きぬ。

（『宇治拾遺物語』より）

現代語訳　※問題の関係により空欄になっている箇所がある。

昔、袴垂といって［A］盗人の首領がいた。十月ごろに着るものが必要になったので、それを少し手に入れようと思い、ものになりそうな所々を物色して歩いていると、夜中ごろ、人々がみなすっかり寝静まってから、月がおぼろに照る道を、着物を何枚も着ていそうな人が、指貫袴の股立をとって、絹の狩衣のようなものを着て、ただ笛を吹いて、通り過ぎるともなくゆっくりと歩いて行く。それをみて、「しめしめ、こいつこそおれに着物をくれようということで出て来た人だろう」と思い、走りかかって着物を剝ぎ取ろうと思うが、不思議とそら恐ろしく感じたので、あとをつけて二、三町ほど行ったが、誰かが自分のあとをつけていると気がついた［B］もない。いよいよ笛を吹きながら行くので、ひとつやってみようと思い、足音高く走り寄ったところ、笛を吹きながらこちらを振り返って見た［B］は、［C］、急いで逃げ去った。

問一　傍線部1「いみじき」の意味として［A］に入る適当なものを次から選び、記号をマークせよ。

【解答番号は［21］。】

ア　めずらしい　イ　みすぼらしい
ウ　腕の立つ　エ　気性の荒い

問二　傍線部2「十月」の読みとして適当なものを次から選び、記号をマークせよ。

【解答番号は［22］。】

ア　かんなづき　イ　さつき　ウ　しわす　エ　むつき

問三　傍線部3「ばかり」の品詞として適当なものを次から選び、記号をマークせよ。

【解答番号は［23］。】

ア　動詞　イ　副詞　ウ　接続詞　エ　助詞

問四　傍線部4「狩衣」の読み方として適当なものを次から選び、記号をマークせよ。

【解答番号は［24］。】

ア　かりころも　イ　かりい　ウ　かりぎぬ　エ　しゅい

問五　傍線部5「あやしく」は二重傍線部a～dのどこに係るか。適当なものを次から選び、記号をマークせよ。

【解答番号は［25］。】

ア　a　イ　b　ウ　c　エ　d

か。その理由として最も適当なものを次から選び、記号をマークせよ。

〔解答番号は 12 。〕

ア　互角の勝負をするため　　イ　青年に勝つため

ウ　無益な争いを避けるため　　エ　戦争に発展するのを防ぐため

問三　A に入る語句として最も適当なものを次から選び、記号をマークせよ。

〔解答番号は 13 。〕

ア　心は打ち解けていました。

イ　心でも争い合っていました。

ウ　本気で勝負をしていました。

エ　本気でやる気はありませんでした。

問四　傍線部３「ほんとうの戦争だったら、どんなだかしれん」から読み取れる老人の心情として最も適当なものを次から選び、記号をマークせよ。

〔解答番号は 14 。〕

ア　青年と互角の勝負ができて嬉しい気持ち

イ　本当の戦争ではなく安心した気持ち

ウ　戦争になってしまったらどうしようと不安な気持ち

エ　このまま楽しく過ごしたいと怠ける気持ち

問五　傍線部４「不思議なことに思われました」とあるが、それはなぜか。最も適当なものを次から選び、記号をマークせよ。

〔解答番号は 15 。〕

ア　今まで平和だった国同士が争うようになったから

イ　仲よしになった二人が突然敵、味方の関係になったから

ウ　冬が去ったとたんに戦争が始まったから

エ　青年の方が強いのに老人を殺さなかったから

問六　傍線部５「だから殺してください」と言った老人の心情としてふさわしくないものを次から選び、記号をマークせよ。

〔解答番号は 16 。〕

ア　優しさ　　イ　信頼　　ウ　妬み　　エ　諦め

問七　傍線部６「茫然」の本文中における意味として最も適当なものを次から選び、記号をマークせよ。

〔解答番号は 17 。〕

ア　ぼんやりとしたさま　　イ　退屈なさま

ウ　怒っているさま　　エ　悲しんでいるさま

問八　傍線部７「その日」とはいつを指すか。最も適当なものを次から選び、記号をマークせよ。

〔解答番号は 18 。〕

ア　青年のいなくなった日　　イ　戦争が始まった日

ウ　春になった日　　エ　野ばらの花が咲いた日

問九　B に入る語句として最も適当なものを次から選び、記号をマークせよ。

〔解答番号は 19 。〕

ア　事実　　イ　現実　　ウ　幻　　エ　夢

問十　本文は次の一文が脱落している。補う場所としてふさわしいものを本文中の【ア】～【エ】の中から選び、記号をマークせよ。

〔解答番号は 20 。〕

●　冬は、やはりその国にもあったのです。

小鳥はこずえの上で、おもしろそうに唄っていました。白いばらの花からは、よい香りを送ってきました。【ウ】

寒くなると老人は、南の方を恋しがりました。

その方には、せがれや、孫が住んでいました。【エ】

「早く、暇をもらって帰りたいものだ。」と、老人はいいました。

「あなたがお帰りになれば、知らぬ人がかわりにくるでしょう。やはりしんせつな、やさしい人ならいいが、敵、味方というような考えをもった人だと困ります。どうか、もうしばらくいてください。そのうちには、春がきます。」と、青年はいいました。

やがて冬が去って、また春となりました。ちょうどそのころ、この二つの国は、なにかの利益問題から、戦争を始めました。そうしますと、これまで毎日、仲むつまじく、暮らしていた二人は、敵、味方の間柄になったのです。それがいかにも、4不思議なことに思われました。

「さあ、おまえさんと私は今日から敵どうしになったのだ。私はこんなに老いぼれていても少佐だから、私の首を持ってゆけば、あなたは出世ができる。5だから殺してください。」と、老人はいいました。

これを聞くと、青年は、あきれた顔をして、

「なにをいわれますか。どうして私とあなたとが敵どうしでしょう。私の敵は、ほかになければなりません。戦争はずっと北の方で開かれています。私は、そこへいって戦います。」と、青年はいい残して、去ってしまいました。

国境には、ただ一人老人だけが残されました。青年のいなくなった日から、老人は、6茫然として日を送りました。野ばらの花が咲いて、みつばちは、日が上がると、暮れるころまで群がっています。いま戦争は、ずっと遠くでしているので、たとえ耳を澄ましても、空をながめても、鉄砲の音も聞こえなければ、黒い煙の影すら見られなかったのであります。老人は7その日から、青年の身の上を案じていました。日はこうしてたちました。

ある日のこと、そこを旅人が通りました。老人は戦争について、どうなったかとたずねました。すると、旅人は、小さな国が負けて、その国の兵士はみなごろしになって、戦争は終わったということを告げました。

老人は、そんなら青年も死んだのではないかと思いました。そんなことを気にかけながら石碑の礎に腰をかけて、うつむいていますと、いつか知らず、うとうとと居眠りをしました。かなたから、おおぜいの人のくるけはいがしました。見ると、一列の軍隊でありました。そして馬に乗ってそれを指揮するのは、かの青年でありました。その軍隊はきわめて静粛で声ひとつたてません。やがて老人の前を通るときに、青年は黙礼をして、ばらの花をかいだのでありました。

老人は、なにかものをいおうとすると目がさめました。それはまったく［ B ］であったのです。それから一月ばかりしますと、野ばらが枯れてしまいました。その年の秋、老人は南の方へ暇をもらって帰りました。

（小川未明『野ばら』より）

問一　傍線部１「申し合わせた」の本文中における意味として最も適当なものを次から選び、記号をマークせよ。

〔解答番号は［11］。〕

ア　お願いした　　イ　約束した

ウ　命令した　　エ　いつも通り

問二　傍線部２「駒を落として差していました」とあるが、それはなぜ

ウ　狭く考えては逆に見えてこないこともあるため、決めつけずにだいたいのことを見当づけることが大事である。

エ　あらかじめ自分の考えをもって臨むかどうかで結果が変わる。理解するには距離感を磨くことが必要である。

〔二〕　次の文章を読んで、後の設問に答えよ。

大きな国と、それよりはすこし小さな国とが隣り合っていました。当座、その二つの国の間には、なにごとも起こらず平和でありました。

ここは都から遠い、国境であります。そこには両方の国から、ただ一人ずつの兵隊が派遣されて、国境を定めた石碑を守っていました。大きな国の兵士は老人でありました。そうして、小さな国の兵士は青年でありました。

二人は、石碑の建っている右と左に番をしていました。【ア】いたってさびしい山でありました。そして、まれにしかその辺を旅する人影は見られなかったのです。

初め、たがいに顔を知り合わない間は、二人は敵か味方かというような感じがして、ろくろくものもいいませんでしたけれど、いつしか二人は仲よしになってしまいました。二人は、ほかに話をする相手もなく退屈であったからであります。そして、春の日は長く、うららかに、頭の上に照り輝いているからでありました。

ちょうど、国境のところには、だれが植えたということもなく、一株の野ばらがしげっていました。その花には、朝早くからみつばちが飛んできて集まっていました。その快い羽音が、まだ二人の眠っているうちから、夢心地に耳に聞こえました。

「どれ、もう起きようか。あんなにみつばちがきている。」と、二人は[1]申し合わせたように起きました。そして外へ出ると、はたして、太陽は木のこずえの上に元気よく輝いていました。

二人は、岩間からわき出る清水で口をすすぎ、顔を洗いにまいりますと、顔を合わせました。

「やあ、おはよう。いい天気でございますな。」

「ほんとうにいい天気です。天気がいいと、気持ちがせいせいします。」

二人は、そこでこんな立ち話をしました。たがいに、頭を上げて、あたりの景色をながめました。毎日見ている景色でも、新しい感じを見る度に心に与えるものです。【イ】

青年は最初将棋の歩み方を知りませんでした。けれど老人について、それを教わりましてから、このごろはのどかな昼ごろには、二人は毎日向かい合って将棋を差していました。

初めのうちは、老人のほうがずっと強くて、[2]駒を落として差していましたが、しまいにはあたりまえに差して、老人が負かされることもありました。

この青年も、老人も、いたっていい人々でありました。二人とも正直で、しんせつでありました。二人はいっしょうけんめいで、将棋盤の上で争っても、［　A　］

「やあ、これは俺の負けかいな。こう逃げつづけでは苦しくてかなわない。[3]ほんとうの戦争だったら、どんなだかしれん。」と、老人はいって、大きな口を開けて笑いました。

青年は、また勝ちがあるのでうれしそうな顔つきをして、いっしょうけんめいに目を輝かしながら、相手の王さまを追っていました。

ろ、少し降っただけだった。
ウ　地区予選の一回戦、相手は無名校だとたかをくくって試合に臨んだ結果、完敗してしまった。
エ　初めて行く場所に、二時間はかかるだろうとたかをくくっていたら、一時間で着いた。

問二　次の一文は本文中の（a）～（d）のどこに入るか。適当なものを次から選び、記号をマークせよ。
〔解答番号は 3 。〕

●見当をつけるためには地図が必要です。

ア（a）　イ（b）　ウ（c）　エ（d）

問三　A 、B 、C に入る語として適当なものを次からそれぞれ選び、記号をマークせよ。
〔解答番号はA 4 ・B 5 ・C 6 。〕

A…ア　そして　イ　また　ウ　ところが　エ　たとえば
B…ア　つまり　イ　たとえば　ウ　しかし　エ　そして
C…ア　しかし　イ　つまり　ウ　たとえば　エ　そして

問四　傍線部２「見当づけ」の内容として適当なものを次から選び、記号をマークせよ。
〔解答番号は 7 。〕
ア　答えにたどりつくために、並んでいる点を結び付けて面としてとらえること。
イ　さまざまな角度から見たり、考えたりして大きな枠をとらえること。
ウ　それまでの自分の経験や体験から得た直感を信じて決めること。
エ　一つ一つを丁寧に突き詰めていき、答えを導き出すまで検討すること。

問五　D に入る語として適当なものを次から選び、記号をマークせよ。
〔解答番号は 8 。〕
ア　距離感　イ　関連性　ウ　詳細部　エ　全体像

問六　E に入る言葉として適当なものを次から選び、記号をマークせよ。
〔解答番号は 9 。〕
ア　鹿を追う者は兎を顧みず
イ　井の中の蛙大海を知らず
ウ　森を見て木を見ず
エ　灯台下暗し

問七　本文全体の内容として適当なものを次から選び、記号をマークせよ。
〔解答番号は 10 。〕
ア　人類は時計や科学の進歩によって大脳の機能は失われつつある。しかし、時間・空間を見当づける能力は失われていない。
イ　ブッシュマンは磁石や地図がなくても感覚で地形をとらえ、そこに住む獲物を捕獲することができる。

と思えば、その仕事にどれくらいのエネルギーを注ぎ込めばよいのかまったく見当がつけられずに、というか見当をつけようともせずに、こんなものすぐに出来ると1たかをくくって遊びほうけ、間際になってあせりまくって、結局何も出来ずに終わってしまう人もいます。試験でもここは先生がかなり熱を入れて授業をしていたな、大事なところに違いない、という見当がつく人と、つかない人がいます。授業の内容だけでなく、その重要さの程度を教師の態度と合わせて、大きな立場から眺められるから、見当がつくのです。（c）

　地図は点ではなく、面から出来ています。たくさんの地点がそれぞれに関係を持っているのが地図です。仕事をどれくらいで仕上げるかという見当も、この試験ではどこが重要かという見当も仕事にからむ周辺の知識、あるいはその試験についての授業全体の知識、［　C　］面の知識が作り上げられていないと、つけようがありません。（d）

　2見当づけはヤマカンとは違います。ヤマカンは知識なしで、エイヤッと目的地点に達しようとするわけですから、うまくゆくわけがありません。たとえうまくいったとしても、その時かぎりで後には何も残りません。

　人生の節目節目で、われわれはいろいろな選択や決断を迫られますが、その決断も複数ある選択肢のどれでもいいや、箸の倒れた方向へ行こう、という選択や決断ではうまくゆきません。そんなやり方は試験のヤマカンと一緒です。自分は何をしたいと思っているのか、どの程度のことをしたいと思っているのか、あるいは今選ぼうとしていることが自分の性格に合っているのかどうか、その方向を選べばその後の生活はどのような方向へ向かうのか、それで後悔しない方向なのかどうか、などということについてあらかじめある程度の考えを持っていないと、見当をつけられません。

　見当をつける、というのは扱っている問題を一度手元から離して、遠い距離から眺め、他の問題とのかかわりがどうなっているのかという大枠を知ることです。［　D　］を掴むことです。英語ではパースペクティブと言います。日本には大局観という言葉があります。また、英語から輸入され、日本でも定着していることわざに、「木を見て森を見ず」というのがあります。あるいは「［　E　］」ともいいます。細部にこだわって見当をつけられない愚かな状態のことを笑っているのです。部分的な、狭い知識だけでは全体がどうなっているのかは判断出来ません。大きな立場から見ると、それまで見えていなかったことが見え、わからないこともわかるようになります。

（山鳥重『「わかる」とはどういうことか』より）（一部改）

問一　傍線部1「たかをくくって」とあるが、「たかをくくる」と同義語を語群【Ⅰ】の中から選び、記号をマークせよ。また、この言葉を使った文章として適当なものを語群【Ⅱ】から選び、記号をマークせよ。

〔解答番号はⅠ［　1　］・Ⅱ［　2　］。〕

【Ⅰ】

ア　あなどる　　イ　過大視する

ウ　羽目をはずす　　エ　自信を持つ

【Ⅱ】

ア　この吊り橋は揺れそうだとたかをくくって渡ったところ、案外揺れなかった。

イ　大雨が降るだろうとたかをくくって雨戸をしっかり固定したとこ

【国　語】（五〇分）〈満点：一〇〇点〉

〔一〕次の文章を読んで、後の設問に答えよ。

　われわれは時間や場所についていつもだいたいの見当をつけることができます。専門的には時間についてだいたいの見当をつける能力は時間の見当識、場所について見当をつける能力は場所の見当識といいます。

　人類は時計や暦を発明してこのような見当をつける能力を道具に頼るようになり、その分その力を退化させていますが、それでも必要になればだいたいのことはわかります。

　［Ａ］、大脳が損傷を受けると、時間の見当がつけられなくなることがあります。このような人は季節がわからず、冬であっても、夏です、と答えたりします。夏にそんな服着ますか？と本人のセーター姿を指摘しても、すぐにはピンときません。

　あるいは午前か午後かがはっきりしなくなることもあります。時間を尋ねると、朝の一一時頃なのに午後三時頃、などと答えます。

　一日二四時間のうち、だいたい今はどのあたりか一月三〇（三一）日のうち、だいたい今はどのあたりか、一年三六五日のうち、だいたい今はどのあたりか、などというおおよその見当がつかなくなるのです。

　あるいは時間の経過がはっきりしなくなる場合もあります。

目が覚めると必ず、朝だ、と思ってしまう人がいました。たとえ昼寝の後でも、目が覚めると、朝ごはんを食べると言い張って奥さんを困らせるのです。

　普通はあまり考えなくても、だいたいの見当がつきます。深い洞窟にこもって夜昼の情報を遮断し、時計もなしで自由に暮らさせると、だいたい二四時間から二五時間の間くらいのリズムで寝起きするようになる、という実験があります。脳にはおおよそ一日のリズムを測る仕掛けがあるのです。もう少し短い時間経過についてはいわゆる「腹時計」も結構役に立っています。

　普段われわれは、このような内からの仕掛けと周囲からの情報を合わせて、だいたいの時間経過を判断しています。この判断が出来なくなると、一日の行動は基準を失い、まとまりを欠くものになってしまいます。

　自分の居場所を知るのも大切な能力です。（ａ）

　この力も地図や磁石や標識（言語）に頼るようになって、だんだん退化してはいますが、大脳の基本的な能力のひとつです。

　アフリカのブッシュマンは獲物を追って時には二日も三日も草原の中を移動することがあるそうですが、ちゃんと自宅へ戻ってきます。別に地図を持っているわけではありません。太陽や星の位置から東西南北を判断し、手掛かりになる地形や樹木などを記憶することで頭の中にしっかり地図を作り上げているのです。（ｂ）

中略

　大きな広がりの中で、正しく見当をつけるということの大切さは、時間や空間に限りません。自分がこれからやらなければならない問題の処理にこそ最もよく表れます。

　［Ｂ］何かの仕事を抱え込んだ時、だいたいこの程度のペースとこの程度の資料を読めばだいたいいけそうだ、という見当がうまくつけられて、たいしてあせらずに余裕で仕上げることの出来る人がいるか

2023年度

山村国際高等学校入試問題（第２回）

【数　学】（50分）　＜満点：100点＞

1

次の各式を計算し，$\boxed{1}$から$\boxed{22}$に適する数または符号を解答用紙の該当欄にマークしなさい。

(ア)　$17-2\times(-4)^2\div(-2)^3=\boxed{1}\boxed{2}$

(イ)　$1.3\times2.1\times3.3+1.3\times2.1\times6.7=\boxed{3}\boxed{4}.\boxed{5}$

(ウ)　①～④の分数を小数で表したとき0.121212…となるものを次の中から選択すると$\boxed{6}$である。

①　$\dfrac{3}{16}$　　②　$\dfrac{2}{17}$　　③　$\dfrac{5}{32}$　　④　$\dfrac{4}{33}$

(エ)　$(-5)^2\times(-4^2)\times0.2^2=\boxed{7}\boxed{8}\boxed{9}$

(オ)　$(\sqrt{8}-\sqrt{3})(\sqrt{6}+3)=\boxed{10}\sqrt{\boxed{11}}+\sqrt{\boxed{12}}$

(カ)　$-3b^4\times(-a^2b)^2\div4ab^3=\dfrac{\boxed{13}\boxed{14}}{\boxed{15}}a^{\boxed{16}}b^{\boxed{17}}$

(キ)　$\dfrac{a+b}{2}-\dfrac{2a+b}{3}-\dfrac{a+2b}{4}=\dfrac{\boxed{18}\boxed{19}a-\boxed{20}b}{\boxed{21}\boxed{22}}$

2

次の各問いに答え，$\boxed{23}$から$\boxed{37}$に適する数または符号を解答用紙の該当欄にマークしなさい。

(ク)　連立方程式 $\begin{cases} x-\dfrac{3}{4}y=\dfrac{1}{4} \\ 3x-2y=5 \end{cases}$ の解は$x=\boxed{23}\boxed{24}$，$y=\boxed{25}\boxed{26}$である。

(ケ)　$x=11$，$y=34$のとき，$16x^2-y^2$の値は$\boxed{27}\boxed{28}\boxed{29}$である。

(コ)　ある高校の生徒40人について，１ヵ月間に図書室で借りた本の冊数を調べた。右の図は，その結果をグラフにしたものである。
次の①～⑤の中から，このグラフから分かることについて正しく述べたものは$\boxed{30}$個ある。

①　借りた本の冊数の平均値は4.5冊である。
②　借りた本の冊数の最頻値は１冊である。
③　借りた本の冊数が６冊以上の人は，全体の30％である。
④　借りた本の冊数の範囲は９冊である。
⑤　借りた本の冊数の中央値は３冊である。

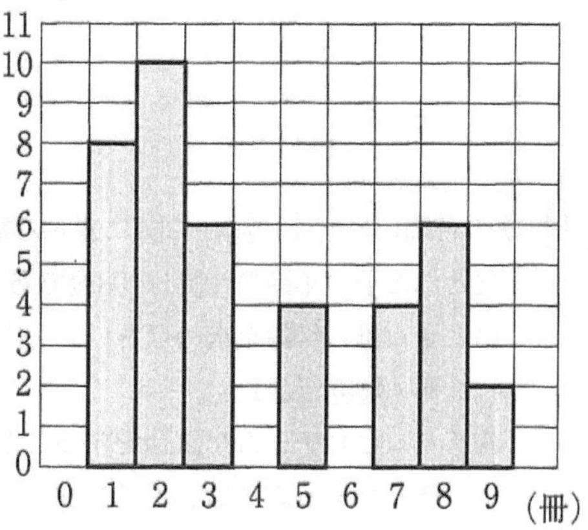

(サ)　関数$y=ax^2$について，xの変域が$-2\leqq x\leqq3$のとき，
yの変域は$-18\leqq y\leqq0$である。このとき，aの値は$\boxed{31}\boxed{32}$である。

(シ)　定価200円の商品を，定価の30％引きで売った。この商品の仕入れ値が90円だったとき，利益は[33][34]円である。ただし，消費税は考えないものとする。

(ス)　正 n 角形の１つの外角が45°のとき，n の値は[35]である。

(セ)　$\sqrt{2a}<5$ にあてはまる正の整数 a の個数は[36][37]個である。

3　次の各問いに答え，[38]から[45]に適する数または符号を解答用紙の該当欄にマークしなさい。

(ソ)　右の図のように，△ＡＢＣの紙を，点Ａが辺ＢＣ上の点Ｄに重なるように折り，折り目の線分をＥＦとする。

ＢＣ // ＥＦ，∠ＥＢＤ＝a°，∠ＥＤＦ＝70°のとき，∠ＤＦＣの大きさを，a を用いて表しなさい。

∠ＤＦＣ＝([38] a －[39][40])°

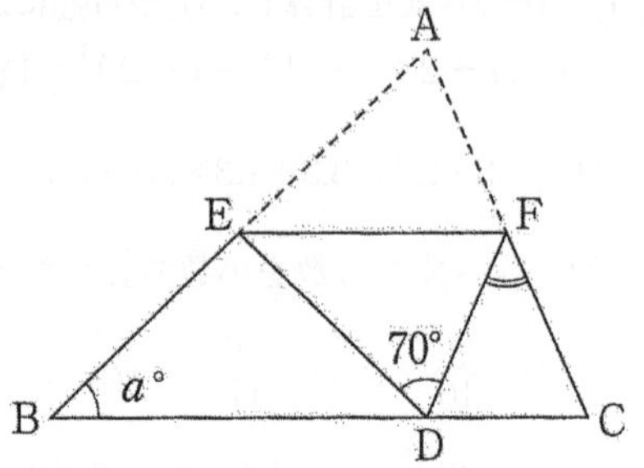

(タ)　右の図は，ひし形である。

このひし形の面積 S を求めなさい。

S ＝[41][42]√[43]（cm²）

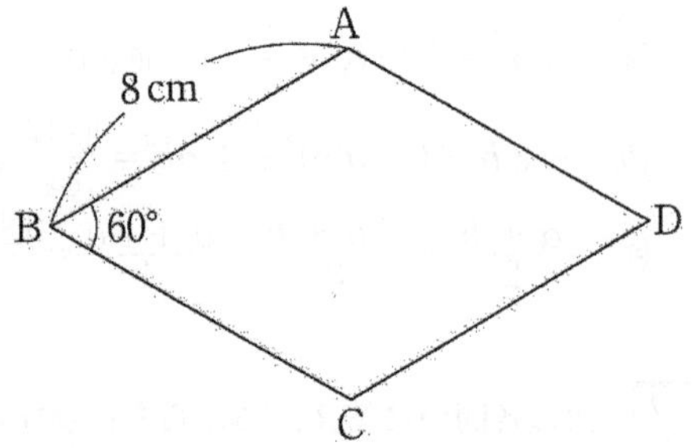

(チ)　右の図は，２つの直角三角形を組み合わせた図形である。色の付いている部分の面積 S を求めなさい。

S ＝[44][45]（cm²）

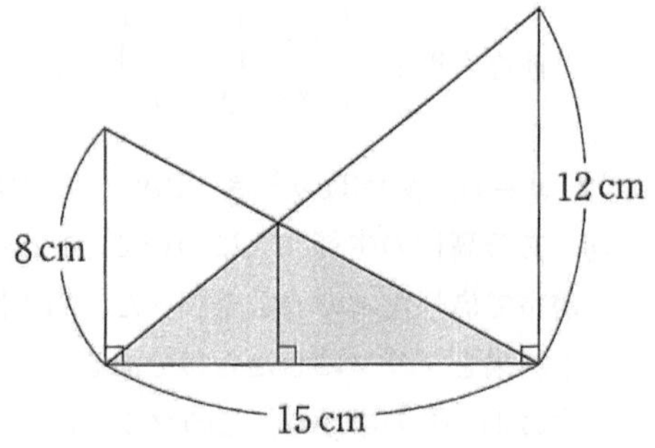

4　次の各問いに答え，[46]から[50]に適する数または符号を解答用紙の該当欄にマークしなさい。

(ツ)　父と母と子の年齢の合計は108歳である。父は母より３歳年上で，母は子の３倍の年齢である。このとき，母の年齢を求めなさい。

母：[46][47]（歳）

(テ)　ＡチームとＢチームが試合をするごとに次のようにポイントを与える。

・勝ったチームには３ポイント

・引き分けのときは，両チームに１ポイント

・負けたチームには，ポイントを与えない

このルールで10試合行った結果，ポイントの合計はＡチームが18ポイント，Ｂチームが９ポイン

トであった。

このとき，ＡチームとＢチームが勝った回数をそれぞれ求めなさい。

Ａチームが勝った回数：[48]（回）

Ｂチームが勝った回数：[49]（回）

(ト) 右の図は１辺が12㎝の正方形ＡＢＣＤである。点Ｐは頂点Ａを出発してから毎秒２㎝の速さでＡＢ上をＢまで動く。点Ｑは点Ｐが出発すると同時にＢを出発し，毎秒２㎝の速さでＢＣ上をＣまで動くものとする。△ＰＢＱの面積が初めて16㎝^{2}になるのは，点Ｐ，Ｑが出発してから何秒後か求めなさい。

[50]秒後

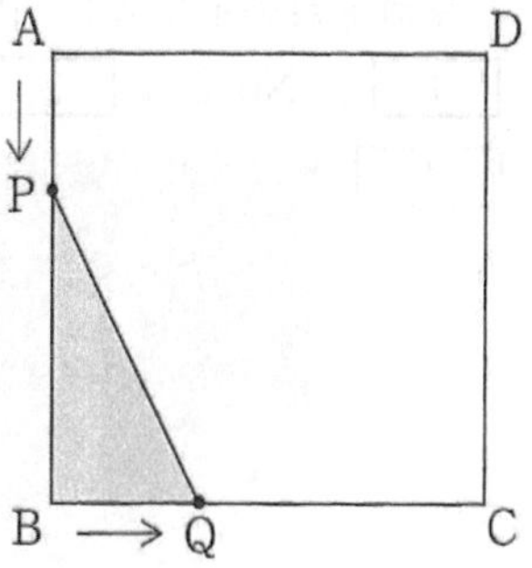

[5] 次の各問いに答え，[51]から[54]に適する数または符号を解答用紙の該当欄にマークしなさい。

(ナ) 右の図のように正方形を並べ，その中に自然数を規則的に書いていく。72は何段目に現れるか求めなさい。

[51][52]段目

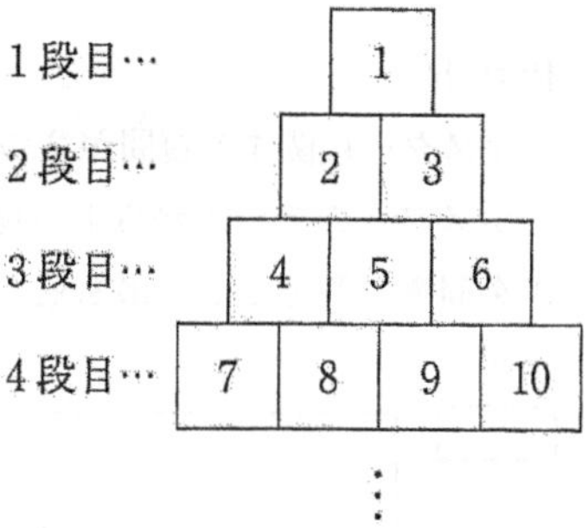

(ニ) 箱Ａの中に２，３，４が書かれたカードが１枚ずつ，箱Ｂの中に１，６，８，９が書かれたカードが１枚ずつ入っている。箱Ａと箱Ｂから１枚ずつカードを取り出し，Ａから取り出したカードの数を十の位，Ｂから取り出したカードの数を一の位として，２けたの整数をつくる。このとき，できた整数が３の倍数である確率 P を求めなさい。

$P=\frac{[53]}{[54]}$

[6] 次の各問いに答え，[55]から[63]に適する数または符号を解答用紙の該当欄にマークしなさい。

右の図において，放物線 $y=x^2$ 上の３点Ａ，Ｂ，Ｐの x 座標をそれぞれ－４，２，t とする。

$-4<t<2$ であるとき，次の問いに答えなさい。

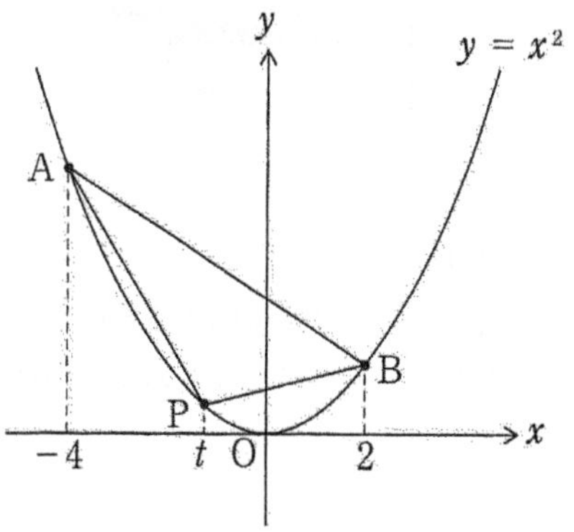

(ヌ) ２点Ａ，Ｂを通る直線の方程式を求めなさい。

$y=$ [55][56] $x+$ [57]

(ネ) $t=-1$ のとき，△ＡＢＰの面積 S を求めなさい。

$S=$ [58][59]

(ノ) △ＡＢＰの面積を t を用いて表しなさい。

[60][61]（t^2+ [62] $t-$ [63]）

【英　語】（50分）　＜満点：100点＞

1 【放送問題】

Part A

それぞれのイラストの内容について，最も適切なものを選択肢ア～エから1つ選び，No. 1は 1 ，No. 2は 2 にマークしなさい。英文は1回読まれます。

1

2

Part B

ポスターに関する質問が2つあります。No. 3は会話と質問を聞き，答えとして最も適切な位置をポスターのア～エから1つ選び， 3 にマークしなさい。No. 4は質問と答えの選択肢ア～エを聞き，答えとして最も適切なものを1つ選び， 4 にマークしなさい。英文は1回読まれます。

3

4

Part C

会話とその会話に関する質問が2つあります。順番に質問，会話，答えの選択肢ア～エを聞き，答えとして最も適切なものを1つ選び，No. 5は 5 ，No. 6は 6 にマークしなさい。英文は1回読まれます。

Part D

短い英文と質問が読まれます。順番に質問，短い英文，答えの選択肢ア～エを聞き，答えとして最も適切なものを１つ選び，[7] にマークしなさい。英文は１回読まれます。

Part E

英文が読まれます。質問と答えの選択肢は書いてあります。英文を聞き，答えとして最も適切なものを選択肢ア～エから１つ選び，[8] にマークしなさい。英文は１回読まれます。

[8] What animal is this?

ア．a dog　イ．a jellyfish　ウ．an octopus　エ．a whale

No. 9，No. 10 は，やや長めの英文が読まれます。質問に対する答えとして最も適切なものを選択肢ア～エから１つ選び，No. 9 は [9]，No. 10 は [10] にマークしなさい。英文は１回読まれます。

[9] How old is Sam?

ア．8　イ．9　ウ．10　エ．11

[10] Which row is Emily?

	likes games	likes sport	has a phone
ア.	NO	YES	YES
イ.	YES	YES	NO
ウ.	YES	NO	YES
エ.	NO	NO	YES

※リスニングテストの放送台本は非公表です。

[2] 次の文を読んで後の問いに答えなさい。解答は [11] ～ [20] にマークしなさい。

Lisa was waiting (A) her *mum to come and collect her from school. It was snowing, it was raining and it was very cold. 'I *bet I know what's happened,' said Lisa to Mrs. West. 'I bet the car has broken down again.'

Lisa was right. (①), ②Mum arrived in a taxi. 'I'm sorry I'm late,' she said. 'The car wouldn't start again. It doesn't like this cold weather. It really is time I bought a better one.' 'You can't!' said Lisa. 'I like our car. It's part of the family. It would be like selling me or John.' John was Lisa's brother. 'You and John are not *falling to pieces,' said Mum.

That evening, Mum spent a long time looking at the cars for sale in the newspaper. 'I really must buy a new car,' she said, 'I need one for my job.' Lisa's mum was a nurse. She was often called out to *emergencies. '③There's nothing wrong with your car,' said John. 'It's just that you don't look (B) it.'

But Mum had made up her (④). 'It will mean that we won't have a holiday this year,' she said, 'but that can't be helped.'

At the weekend John, Mum, and Lisa went to the car showrooms. There were cars of all shapes, sizes, and *colours. Some of them were too expensive. Some of them were old *bangers. ‘I can’t seem to make up my (⑤),’ said Mum.

Then Mum saw it. ‘That’s it!’ she said. ‘That’s the car I’m going to buy. It’s just what I’ve been looking for.’ ‘But it hasn’t got a roof,’ said Lisa. ‘Yes it has,’ said Mum. ‘It has a folding roof.’

Mum was very excited about the new car. She went into the showroom and bought it straight away. ‘(⑥)’ asked John. ‘Yes,’ said Mum. ‘Nobody else would want it.’

Mum was very proud (C) her new car. She polished it until the paintwork shone like a mirror. Lisa helped her. John worked on the old car. He spent a long time repairing the engine. Then he *patched up the *rusty bits, and gave it a new coat of paint. ⑦Lisa thought the old car looked (　　) new.

‘It’s Aunt Vicky’s wedding next month,’ said Mum. ‘I’ll drive Aunt Vicky and Grandad to the church. You and John will have to go in the old car.’ ‘Good,’ said Lisa. ‘I like the old car best.’

＊ mum ＝ mom　＊ bet：きっと～だと断言する　＊ fall to pieces：ばらばらになる
＊ emergency：緊急，非常時　＊ colours ＝ colors　＊ bangers：おんぼろ車
＊ patch：応急で直す　＊ rusty bit：さびついた部分

問１　次のうちから（①）に最も適切な語句を１つ選び［11］にマークしなさい。

ア．By the way　イ．In other words　ウ．At first　エ．At last

問２　Mum が下線部②のようにした理由を次のうちから１つ選び［12］にマークしなさい。

ア．残業をすることになり電車で行くと間に合わないと思ったから。
イ．ひどい天候で歩いて行くことができなかったから。
ウ．自分の車が天候のせいで動かなくなってしまったから。
エ．普段からよくタクシーを好んで利用していたから。

問３　下線部③の日本語訳として最も適切なものをア～エから１つ選び［13］にマークしなさい。

ア．あなたの車には何も問題がない。　イ．あなたの車には多くの問題がある。
ウ．あなたの車は修理しなければならない。　エ．あなたの車は非常時に何の役にも立たない。

問４　（④）と（⑤）には同じ語が入ります。次のうちから最も適切な語を１つ選び［14］にマークしなさい。

ア．car　イ．chance　ウ．feeling　エ．mind

問５　（⑥）に最も適切な文を次のうちから選び［15］にマークしなさい。

ア．Can I keep the old one?　イ．Do you want me to drive this car?
ウ．Where can I pay the bill?　エ．Do you know who wants this new car?

問６　下線部⑦が「その古い車は新品同様に見えるとリサは思った。」という意味になるよう（　）に適切なものを次から１つ選び［16］にマークしなさい。

ア．worse than　イ．as good as　ウ．as much as　エ．the best of

問7 （A）（B）（C）に入る語の組み合わせとして適切なものを次から1つ選び [17] にマークしなさい。

ア．（A） on （B） up （C） about
イ．（A） on （B） for （C） of
ウ．（A） for （B） after （C） of
エ．（A） for （B） to （C） about

問8 リサの母が働いていると思われる場所を次から1つ選び [18] にマークしなさい。

ア．a car shop イ．a hospital ウ．a restaurant エ．a school

問9 本文の内容と合うものを次から1つ選び [19] にマークしなさい。

ア．車が故障したため母の迎えが遅れた。
イ．リサとジョーンは母が新しい車を買うことに賛成していた。
ウ．車のショールームには母が探していた車はなかった。
エ．少し壊れてはいるが値段が高くない車を母は買うことに決めた。

問10 この文のタイトルとして，最も適切なものを次から選び [20] にマークしなさい。

ア．Mum's new car イ．Lisa's family
ウ．The car showroom エ．The big trouble

[3] 次の対話文の空欄に最も適切なものをア～エから1つ選び，[21] ～ [30] にマークしなさい。[21] ～ [25] は少し長めの会話文です。

A：Hello, Ken. I heard you visited Naha in Okinawa during the summer vacation. How was your stay there?
B：It was nice. During my stay in Okinawa, [21]
A：How long did it take from Naha to Yonaguni Island?
B：[22] It's not far.
A：[23] on Yonaguni?
B：I took a lot of pictures. I want to make [24]
A：[25]

[21]

ア．I wanted to stay on Miyako Island.
イ．I traveled to Yonaguni Island by plane.
ウ．it rained a lot.
エ．let me know what you think.

[22]

ア．30 minutes later. イ．It took one and a half hours.
ウ．For one hour. エ．Near.

[23]

ア．What are you doing イ．How long did you stay
ウ．What did you do エ．Are you a photographer

24
ア．a lunch.　イ．a photo album.　ウ．a house.　エ．friends.

25
ア．Maybe.　イ．That was good.　ウ．No, thanks.　エ．Fantastic.

A：How can I get to Yamamura High School?
B：[26] You'll see it on the left.
ア．Turn right at the corner.　イ．I'm sorry. I don't live here.
ウ．It took three minutes.　エ．I don't know.

A：Hello.　I'm Makoto.　May I speak to Toro?
B：[27]
ア．It's me　イ．Yes, I was.　ウ．No, I am.　エ．Can I leave a message?

A：Can I use this computer?
B：[28] you can't.　I'm using it.
ア．Alright,　イ．Sure,　ウ．Sorry,　エ．OK,

A：Who made this desk?
B：[29]
ア．I'll do.　イ．She does.　ウ．I do.　エ．Taro did.

A：I got a letter from Mayumi.　She lives in New York now.　[30]
B：That's sound nice.
ア．It said that he'll go home.
イ．It says that she will come to Japan next week.
ウ．We had a good idea.
エ．I wrote a letter.

４　次のそれぞれの英文の空所に入る適切なものをア～エから１つ選び，[31]～[35]にマークしなさい。

1　My dog is afraid [31] the dark.
（ア．from　イ．with　ウ．at　エ．of）

2　Let's play soccer, [32] we?
（ア．shall　イ．will　ウ．do　エ．aren't）

3　This watch is the most expensive [33] all.
（ア．as　イ．in　ウ．of　エ．than）

4　How [34] have you visited Osaka?
（ア．often　イ．long　ウ．many　エ．much）

5　If you don’t go there, I won’t [35].
（ア．too　イ．either　ウ．never　エ．also ）

[5]　次の各文がほぼ同じ意味になるように空所を補うとき，適切なものを次のア～エから１つ選び，[36]～[40]にマークしなさい。

The gentleman is rich, but he isn’t happy.
[36] he is rich, the gentleman isn’t happy.
（ア．Since　イ．If　ウ．Because　エ．Although ）

My uncle was so tired that he couldn’t help me.
My uncle was [37] me.
（ア．tired enough to help
イ．so tired to help
ウ．too tired to help
エ．too tired helping ）

She came to Japan three years ago, and she is still here.
She [38] in Japan for the past three years.
（ア．has gone　イ．has been　ウ．have been　エ．came ）

What do you think of Hokkaido?
[39] do you like Hokkaido?
（ア．Which　イ．How　ウ．What　エ．Where ）

The girl didn’t have a drink then.
The girl had [40] to drink then.
（ア．anything　イ．something　ウ．thing　エ．nothing ）

[6]　次の（　）内の語句を並べ替えて正しい英文にするとき，文頭から数えて３番目と５番目にくる語句の正しい組み合わせをア～オから１つ選び，[41]～[45]にマークしなさい。（文頭になる語も小文字で表記してあります。）

[41]　どの電車に乗ったらいいのか教えて下さい。
（① which　② me　③ you　④ train
⑤ to　⑥ tell　⑦ will　⑧ take ）?
ア．③－②　イ．⑥－①　ウ．③－⑧　エ．②－①　オ．①－⑦

[42]　こんなに暑い夏は初めてです。
（① summer　② hottest　③ is　④ we
⑤ the　⑥ have　⑦ this　⑧ ever　⑨ had ）.
ア．⑤－①　イ．⑧－⑤　ウ．⑧－①　エ．①－⑥　オ．②－①

[43]　あそこでサッカーをしている男の子は私の兄です。
（① playing　② brother　③ the　④ there
⑤ is　⑥ boy　⑦ soccer　⑧ my ）.
ア．⑧－①　イ．①－⑧　ウ．⑦－④　エ．①－④　オ．④－①

44　あなたはすでに自分の部屋を掃除し終えましたか。

（①　finished　②　you　③　room　④　your
⑤　have　⑥　cleaning　⑦　already ）?

ア．①－⑥　イ．③－①　ウ．①－③　エ．⑥－④　オ．⑦－⑥

45　私は草や木で覆われた山脈が大好きです。

（①　covered　②　love　③　mountain　④　grass　⑤　I
⑥　and　⑦　the　⑧　range　⑨　trees　⑩　with ）.

ア．①－④　イ．⑦－①　ウ．⑧－⑩　エ．⑦－⑧　オ．④－⑨

4　［4］我夢中

ア　無　イ　夢　ウ　牟　エ　矛

5　大［5］晩成

ア　木　イ　器　ウ　希　エ　樹

〔解答番号は 22 。〕

ア 埼玉　イ 静岡　ウ 山梨　エ 新潟

問三 二重傍線部a～dを現代仮名遣いに直して表記が変わらないものを次から選び、記号をマークせよ。

〔解答番号は 23 。〕

ア a　イ b　ウ c　エ d

問四 傍線部3「つつ」の品詞として適当なものを次から選び、記号をマークせよ。

〔解答番号は 24 。〕

ア 動詞　イ 感動詞　ウ 助動詞　エ 助詞

問五 傍線部4「また射んとすれば失せにけり。」の現代語訳として B に入る適当なものを次から選び、記号をマークせよ。

〔解答番号は 25 。〕

ア また射ようとすると姿が消えてしまった。

イ また射たところ死んでしまった。

ウ また射ようとすると死んでしまった。

エ また射たところ気を失ってしまった。

問六 X に入る語として適当なものを次から選び、記号をマークせよ。

〔解答番号は 26 。〕

ア 矢　イ 草　ウ 火　エ 木

問七 傍線部5「けれ」の活用形として適当なものを次から選び、記号をマークせよ。

〔解答番号は 27 。〕

ア 未然形　イ 終止形　ウ 連体形　エ 已然形

問八 傍線部6「かかる物」とは何を指すか。 C に入るものとして適当なものを次から選び、記号をマークせよ。

〔解答番号は 28 。〕

ア 侍のようなもの　イ 狐のようなもの

ウ 人のようなもの　エ 馬のようなもの

問九 本文は『宇治拾遺物語』に収録されている。（1）どの時代の作品か、（2）同年代の作品はどれか、それぞれ適当なものを一つずつ選び、記号をマークせよ。

〔解答番号は（1） 29 ・（2） 30 。〕

（1）［時代］ア 平安時代　イ 鎌倉時代

ウ 室町時代　エ 江戸時代

（2）［作品］ア 方丈記　イ 枕草子

ウ 竹取物語　エ 源氏物語

〔四〕 次の1～5の四字熟語について、空欄に入る言葉として適当なものをそれぞれ選び、記号をマークせよ。

〔解答番号は1 31 、2 32 、3 33 、4 34 、5 35 。〕

1 一日千 1

ア 秋　イ 週　ウ 州　エ 柊

2 朝三 2 四

ア 墓　イ 募　ウ 暮　エ 慕

3 悠悠 3 適

ア 自　イ 慈　ウ 時　エ 地

問十　傍線部⑥「お雪は江戸へは遂に行かなかった」とはどういうことか。説明したものとして最も適切なものを次のア～エのなかから一つ選び、記号をマークせよ。

〔解答番号は 20 。〕

ア　女中として巳之吉の家で暮らしたということ
イ　巳之吉の母に気に入られ、世話係になったということ
ウ　江戸に行くのが面倒になり、巳之吉の家に居ついたということ
エ　巳之吉と好き合い、巳之吉の家に嫁にいったということ

〔三〕　次の文章を読んで、後の設問に答えよ。

1今は昔、2甲斐国《かひのくに》に館《たち》の侍《さぶらい》なりける者の、夕暮に館を出でて家ざまに行きける道に、狐のあaひたりけるを追ひかけて※引目《ひきべ》して射ければ、狐の腰に射当ててけり。狐射まろばかされて、鳴きわびて、腰をbひき3つつ草に入りにけり。この男引目を取りて行く程に、この狐腰をひきて先に立ちて行くに、4また射んとすれば失せにけり。

家いま四五町にと見えて行く程に、この狐二町ばかり先だちて、［X］をくcはへて走りければ、「［X］をくはへて走るはいかなる事ぞ」とて、馬をも走らせけれども、家のもとに走り寄りて、人になりて［X］を家につけてけり。「人のつくるにこそあり5けれ」とて、矢をはげて走らせけれども、つけ果ててければ、狐になりて草の中に走り入りて失せにけり。さて家焼けにけり。

6かかる物もたちまちに仇《あだ》を報《むく》dふなり。これを聞きて、かやうの物をば構へて調ずまじきなり。

（『宇治拾遺物語』より）

※　引目…射るものを殺傷しないで、犬追物・笠懸などの競技や鋭く高い物音を立てるので、魔除けに用いた。

現代語訳　※問題の関係により空欄になっている箇所がある。

［A］、甲斐国の国守の官邸に仕えていた侍が、夕暮れにそこを出て自宅に向かう途中で狐に出会って、追いかけて引目の矢で射ると、狐の腰に当たった。狐は射ころがされて、痛がって鳴き、腰を引きずりながら草むらに入ってしまった。この男は、引目の矢を拾い上げて進んで行くと、この狐が腰を引きずりながら先に立っていくので、［B］。

我が家があと四、五町先だと思われるところで、この狐が二町ほど先に立って、［X］をくわえて走って行くので、「［X］をくわえて走っているが、これはどうしたことだ」と思い、馬も走らせたが、狐は我が家のそばに走り寄って、人の姿になって［X］を家につけてしまった。「人がつけたのだったぞ」と思って、矢をつがえて馬を走らせたが、つけきってしまうと、狐になって、草の中に走り込んで姿を消してしまった。そんなわけで、家は焼けてしまった。

［C］でも、すぐに仇返しをするのだ。この話を聞いて、このような動物などをも決していためつけてはならないのだ。

問一　傍線部1「今は昔」について、［A］に入る現代語訳として最も適当なものを次から選び、記号をマークせよ。

〔解答番号は 21 。〕

ア　今と昔を比べるならば　　イ　今となっては昔のことだが
ウ　今というのはその昔のことで　　エ　今は昔と同じで

問二　傍線部2「甲斐国」とは現在のどのあたりを指すか。適当なものを次のページから選び、記号をマークせよ。

※１ 僥倖…思いがけないしあわせ。偶然の幸運。

問一 [A] に入る語として最も適切なものを次のア～エのなかから一つ選び、記号をマークせよ。

〔解答番号は [11] 。〕

ア そこで　イ だから　ウ しかし　エ したがって

問二 傍線部①「ゴウゴウ」に用いられている表現技法として最も適切なものを次のア～エのなかから一つ選び、記号をマークせよ。

〔解答番号は [12] 。〕

ア 擬人法　イ 擬音語　ウ 直喩　エ 隠喩（暗喩）

問三 傍線部②「――全く白装束の女、――」の「――」の役割として最も適切なものを次のア～エのなかから一つ選び、記号をマークせよ。

〔解答番号は [13] 。〕

ア 時間的な間を作る　イ 後の内容を省略する

ウ 他の内容を引用する　エ 補足説明をする

問四 傍線部③「ひとりの人」とは誰のことか。最も適切なものを次のア～エのなかから一つ選び、記号をマークせよ。

〔解答番号は [14] 。〕

ア 巳之吉　イ 渡し守　ウ 母さん　エ 茂作

問五 [B] に入る文として最も適切なものを次のア～エのなかから一つ選び、記号をマークせよ。

〔解答番号は [15] 。〕

ア 茂作は氷漬けにされていた

イ 茂作は固くなって死んでいた

ウ 茂作はぐっすりと眠っていた

エ 茂作は今にも死にそうだった

問六 傍線部④「彼は白衣の女の現れた事については何も云わなかった」のはなぜか。その理由として最も適切なものを次のア～エのなかから一つ選び、記号をマークせよ。

〔解答番号は [16] 。〕

ア 雪女の言うことを信じたから

イ 雪女への恋心を知られたくなかったから

ウ 雪女と戦う決心をしたから

エ 雪女にもう一度会いたいと思ったから

問七 二重傍線部ａ「達者」の本文中における意味として最も適切なものを次のア～エのなかから一つ選び、記号をマークせよ。

〔解答番号は [17] 。〕

ア 健康なさま　イ 巧みなさま

ウ 自信のあるさま　エ したたかなさま

問八 傍線部⑤「約束」とは具体的に何を指すか。最も適切なものを次のア～エのなかから一つ選び、記号をマークせよ。

〔解答番号は [18] 。〕

ア 秘密　イ 計画　ウ 将来の夢　エ 婚約

問九 二重傍線部ｂ「はにかんで」の本文中における意味として最も適切なものを次のア～エのなかから一つ選び、記号をマークせよ。

〔解答番号は [19] 。〕

ア 怪しがって　イ 考え込んで

ウ 遠慮して　エ 恥ずかしがって

見た。しばらく彼女は彼を見続けていた、――それから彼女は微笑《びしょう》した、そしてささやいた、――「私は今③ひとりの人のように、あなたをしようかと思った。しかし、あなたを気の毒だと思わずにはいられない、――あなたは若いのだから。……あなたは美少年ね、巳之吉さん、もう私はあなたを害しはしません。しかし、もしあなたが今夜見た事を誰かに――あなたの母さんにでも――云《い》ったら、私に分ります、そして私、あなたを殺します。……覚えていらっしゃい、私の云う事を」

そう云って、向き直って、彼女は戸口から出て行った。その時、彼は自分の動ける事を知って、飛び起きて、外を見た。しかし、女はどこにも見えなかった。そして、雪は小屋の中へ烈《はげ》しく吹きつけていた。巳之吉は戸をしめて、それに木の棒をいくつか立てかけてそれを支えた。彼は風が戸を吹きとばしたのかと思ってみた、――彼はただ夢を見ていたかもしれないと思った。それで入口の雪あかりの閃《ひらめ》きを、白い女の形と思い違いしたのかもしれないと思った。しかもそれもたしかではなかった。彼は茂作を呼んでみた。そして、老人が返事をしなかったので驚いた。彼は暗がりへ手をやって茂作の顔にさわってみた。そして、それが氷である事が分った。

［B］。

あけ方になって吹雪は止んだ。そして日の出の後少ししてから、渡し守がその小屋に戻って来た時、茂作の凍えた死体の側に、巳之吉が知覚を失うて倒れているのを発見した。巳之吉は直ちに介抱《かいほう》された、そして、すぐに正気に帰った、しかし、彼はその恐ろしい夜の寒さの結果、長い間病んでいた。彼はまた老人の死によってひどく驚かされた。しかし、④彼は白衣の女の現れた事については何も云わなかった。再び、a達者になるとすぐに、彼の職業に帰った、――毎朝、独りで森へ行き、夕方、木の束をもって帰った。彼の母は彼を助けてそれを売った。

翌年の冬のある晩、家に帰る途中、偶然同じ途《みち》を旅している一人の若い女に追いついた。彼女は背の高い、ほっそりした少女で、大層綺麗であった。そして巳之吉の挨拶に答えた彼女の声は歌う鳥の声のように、彼の耳に愉快であった。それから、彼は彼女と並んで歩いた、そして話をし出した。少女は名は「お雪」であると云った。それからこの頃両親共なくなった事、それから江戸へ行くつもりである事、そこに何軒か貧しい親類のある事、その人達は女中としての地位を見つけてくれるだろうと云う事など。巳之吉はすぐにこの知らない少女になつかしさを感じて来た、そして見れば見るほど彼女が一層綺麗に見えた。彼は彼女に約束の夫があるかと聞いた、彼女は笑いながら何の約束もないと答えた。それから、今度は、彼女の方で巳之吉は結婚しているか、あるいは⑤約束があるかと尋ねた、彼は彼女に、養うべき母が一人あるが、お嫁の問題は、まだ自分が若いから、考えに上った事はないと答えた。……こんな打明け話のあとで、彼等は長い間ものを云わないで歩いた、しかし諺《ことわざ》にある通り『気があれば眼も口ほどにものを云い』であった。村に着く頃までに、彼等はお互に大層気に入っていた。そして、その時巳之吉はしばらく自分の家で休むようにとお雪に云った。彼女はしばらくbはにかんでためらっていたが、彼と共にそこへ行った。そして彼の母は彼女を歓迎して、彼女のために暖かい食事を用意した。お雪の立居振舞《たちいふるまい》は、そんなによかったので、巳之吉の母は急に好きになって、彼女に江戸への旅を延ばすように勧《すす》めた。そして自然の成行きとして、⑥お雪は江戸へは遂に行かなかった。

（小泉八雲『雪女』より）

び、記号をマークせよ。

〔解答番号は 9 。〕

● 生きものの細胞でできている材料には、コンピューターには乗らない神秘な一面が含まれているはずである。

ア (a)　イ (b)　ウ (c)　エ (d)

問八　本文の内容として最もふさわしいものを次の中から選び、記号をマークせよ。

〔解答番号は 10 。〕

ア　一度に多くの柱を使ったり、見た目の美しさを求める日本人の家屋に合っているのは輸入したヒノキである。

イ　すしのタネの魚として、日本近海で獲れた魚は美味しい。木もまた日本の木のほうが家には向いている。

ウ　国産材はやはり日本という風土に合っており、国内のどこの家屋にも適している。

エ　環境に適応しながら育った地元の木は見た目にはよくないが、育った年数分の良さがしだいにわかってくる。

〔二〕　次の文章は小泉八雲の『雪女』の一部分である。文章を読んで、後の設問に答えよ。

武蔵《むさし》の国のある村に茂作、巳之吉と云う二人の木こりがいた。この話のあった時分には、茂作は老人であった。そして、彼の年季奉公人であった巳之吉は、十八の少年であった。毎日、彼等は村から約二里離れた森へ一緒に出かけた。その森へ行く道に、越さねばならない大きな河がある。そして、渡し船がある。渡しのある処にたびたび、橋が架けられたが、その橋は洪水のあるたびごとに流された。河の溢《あふ》れる時には、普通の橋では、その急流を防ぐ事はできない。

茂作と巳之吉はある大層寒い晩、帰り途で大吹雪に遇った。渡し場に着いた、渡し守は船を河の向う側に残したままで、帰った事が分った。泳がれるような日ではなかった。それで木こりは渡し守の小屋に避難した――避難処の見つかった事を※1僥倖《ぎょうこう》に思いながら。小屋には火鉢はなかった。火をたくべき場処《ばしょ》もなかった。窓のない一方口の、二畳敷《にじょうじき》の小屋であった。茂作と巳之吉は戸をしめて、蓑《みの》をきて、休息するために横になった。初めのうちはさほど寒いとも感じなかった。そして、嵐はじきに止むと思った。

老人はじきに眠りについた。 A 、少年巳之吉は長い間、目をさましていて、恐ろしい風や戸にあたる雪のたえない音を聴いていた。河は①ゴウゴウと鳴っていた。小屋は海上の和船のようにゆれて、ミシミシ音がした。恐ろしい大吹雪であった。空気は一刻一刻、寒くなって来た、そして、巳之吉は蓑の下でふるえていた。しかし、とうとう寒さにも拘らず、彼もまた寝込んだ。

彼は顔に夕立のように雪がかかるので眼がさめた。小屋の戸は無理押しに開かれていた。そして雪明かりで、部屋のうちに女、②全く白装束の女、――を見た。その女は茂作の上に屈《かが》んで、彼に彼女の息をふきかけていた、――そして彼女の息はあかるい白い煙のようであった。ほとんど同時に巳之吉の方へ振り向いて、彼の上に屈んだ。彼は叫ぼうとしたが何の音も発する事ができなかった。白衣の女は、彼の上に段々低く屈んで、しまいに彼女の顔はほとんど彼にふれるようになった、そして彼は――彼女の眼は恐ろしかったが――彼女が大層綺麗である事を

き残った木の細胞の中には、地元の風土に合ったなんらかの仕組みが入っていると考えてよかろう。（c）

それを考慮に入れない限り、木の本当の評価は理解できないであろう。このように考えてくると、西岡棟梁のこの直感は、ずしりとした重みを持ってくることになる。（d）

輸入材は大木から木取るから、木目が通っているし節もない。地元産の材は細いから節もあろうし、木目も銘木の薄板を貼ったような綺麗さはない。だが慣れてくると、その綺麗でない曲がった木目や節に、なんとなく愛情が湧いてくる。私は地元の木で家を建てる案に、賛成したいと思う。

（小原二郎『木の文化をさぐる』より）

※1　棟梁…大工職をたばねる長、親方のこと。

問一　傍線部1「近ごろ、地元の木を使って家を建てようとする人が増えてきた」とあるが、筆者が、このこととかかわりが深いと考えているものとして最も適当なものを次の中から選び、記号をマークせよ。

〔解答番号は [1] 。〕

ア　その土地に住む人々を取り囲む環境
イ　日本の国土の地理的環境
ウ　家屋の間取りに関する日本人の感覚
エ　建築様式に対する日本人のこだわり

問二　傍線部2「いわゆる科学的と称する物の見方」として適当でないものを次の中から選び、記号をマークせよ。

〔解答番号は [2] 。〕

ア　変化しつつも長年育まれた自然環境を見ること
イ　物理的・化学的に木の特性を判断すること
ウ　大きくなるまで育った木の産地・立地条件を考慮すること
エ　節や曲がりをその木の持つ特性として見ること

問三　[A] 、[C] 、[D] に入る語として適当なものを次の中から選び、記号をマークせよ。

〔解答番号はA [3] ・C [4] ・D [5] 。〕

A … ア　そして　イ　ところが
　　ウ　たとえば　エ　だから
C … ア　しかし　イ　そして
　　ウ　しかも　エ　だから
D … ア　そして　イ　しかも
　　ウ　しかし　エ　だから

問四　[B] に入る語として適当なものを次の中から選び、記号をマークせよ。

〔解答番号は [6] 。〕

ア　生活的　イ　感覚的　ウ　統計的　エ　客観的

問五　傍線部3「ハカった」のカタカナに該当する漢字を次の中から選び、記号をマークせよ。

〔解答番号は [7] 。〕

ア　図　イ　測　ウ　計　エ　量

問六　[E] に入る語として適当なものを次の中から選び、記号をマークせよ。

〔解答番号は [8] 。〕

ア　実用性　イ　価格　ウ　風格　エ　生産性

問七　次のページの一文は（a）～（d）のどこに入るか。後の中から選

【国　語】（五〇分）〈満点：一〇〇点〉

〔一〕　次の文章を読んで、後の設問に答えよ。

1近ごろ、地元の木を使って家を建てようとする人が増えてきた。全国的な運動もあるという。現在のところ日本で使われている木材の八割は輸入に頼っている。戦後に植えたスギがようやく育ってきたが、輸入材に押されて間伐《かんばつ》などの手入れが行き届かないために、建築の用材には使えないという嘆きを聞く。

そういう折だからこれは嬉しい話である。そのためでもあろうが、国産材と輸入材はどちらが長もちするかという質問をよく受ける。それについて書いてみよう。

故西岡常一※1棟梁《とうりょう》は、「一〇〇〇年かかって育った木は一〇〇〇年しかもたないが、五〇〇年かかって育った木は五〇〇年もつ」、また「奈良で育った木は奈良で使ったときが一番丈夫だ。木曽のヒノキは奈良には向かない」と私に教えてくれた。

現在の木材工学の常識からいうと、その表現は必ずしも正確とはいえないが、私はこの言葉の中に、2いわゆる科学的と称する物の見方の欠けている一面を、鋭く突くなにかが含まれているように思う。

木は同じ種類のものでも、産地により立地によって材質が少しずつ違う。例えばヒノキ属には世界に六つの種があるが、日本のヒノキが一番優れていて、なかでも木曽のヒノキは最高だといったような評価である。

[A]一般に木材工学の分野で有用している木の評価の試験方法は、材質の中からいくつかの特性を取りあげて、それを物理的、化学的な方法で3ハカった試験成績によって良否を判断する。

だから上述のような長期にわたる体験的評価や、風合いといったような[B]判断は抜けている。たとえていえば人間の評価を、数科目の入学試験だけで決めて順序づけするのと似ている。以上の疑問は食べ物に例を取って説明すると、もう少しはっきりする。

すしはアメリカに行っても食べることができる。タネになる魚は大きくて安い。[C]、どうも大味で日本のすしのようなコクがない。日本でとれる魚は小さいが、味はこまやかだからすしとしては最高だ、というのが大方の評価であろう。

すしはやはり日本で生まれたものだから、それなりの背景を持っている。[D]日本という風土の中で食ったときが一番美味しいというが、それが自然であろう。さらに健康は食べ物のカロリーの多寡《たか》だけでなく、その土地に生えた物を食うかどうかによって左右されるともいう。そうした話にはなんとなく納得できるものがあるように思う。（a）

同じことは、木についてもいえるのではないだろうか。日本のヒノキは生長が遅いが木目がつまっているから、材としての[E]は高い。だからこそ白木の建築が生まれたわけだが、それは日本という風土の中に置かれたとき、一番しっくり合うのである。

つきつめていくと、木曽のヒノキは木曽で使われたとき、奈良のヒノキは奈良で使われたときが、一番長もちするのではないかということになろう。（b）

私がそのようにいう理由は次のようである。自然の中で生きてきたものは、気の遠くなるほどの長い歳月の間に少しずつ変化して、環境にあったものだけが生き残って、合わないものは滅びて消えた。だから生

第1回

2023年度

解　答　と　解　説

《2023年度の配点は解答欄に掲載してあります。》

＜数学解答＞

$\boxed{1}$ (ア) $\boxed{1}$ －　$\boxed{2}$ 8　(イ) $\boxed{3}$ 5　$\boxed{4}$ 3　$\boxed{5}$ 3　$\boxed{6}$ 8
(ウ) $\boxed{7}$ 2　$\boxed{8}$ 1　$\boxed{9}$ 4　(エ) $\boxed{10}$ 6　$\boxed{11}$ 0　$\boxed{12}$ 0
(オ) $\boxed{13}$ 4　$\boxed{14}$ 5　(カ) $\boxed{15}$ －　$\boxed{16}$ 8
(キ) $\boxed{17}$ －　$\boxed{18}$ 7　$\boxed{19}$ 1　$\boxed{20}$ 5

$\boxed{2}$ (ク) $\boxed{21}$ －　$\boxed{22}$ 4　$\boxed{23}$ 3　(ケ) $\boxed{24}$ 6
(コ) $\boxed{25}$ 2　$\boxed{26}$ 2　$\boxed{27}$ 0　(サ) $\boxed{28}$ 1
(シ) $\boxed{29}$ 2　$\boxed{30}$ 2　$\boxed{31}$ 0　$\boxed{32}$ 0　(ス) $\boxed{33}$ 5　(セ) $\boxed{34}$ 3

$\boxed{3}$ (ソ) $\boxed{35}$ 1　$\boxed{36}$ 3　$\boxed{37}$ 1　(タ) $\boxed{38}$ 3　$\boxed{39}$ 3
(チ) $\boxed{40}$ 2　$\boxed{41}$ 5　$\boxed{42}$ 2　$\boxed{43}$ 2　$\boxed{44}$ 5

$\boxed{4}$ (ツ) $\boxed{45}$ 3　(テ) $\boxed{46}$ 1　$\boxed{47}$ 2　$\boxed{48}$ 7
(ト) $\boxed{49}$ 2　$\boxed{50}$ 5　$\boxed{51}$ 1　$\boxed{52}$ 8

$\boxed{5}$ (ナ) $\boxed{53}$ 1　$\boxed{54}$ 3　(ニ) $\boxed{55}$ 1　$\boxed{56}$ 3

$\boxed{6}$ (ヌ) $\boxed{57}$ 2　(ネ) $\boxed{58}$ 1　$\boxed{59}$ 1　$\boxed{60}$ 0　(ノ) $\boxed{61}$ 1　$\boxed{62}$ 0　$\boxed{63}$ 0

○推定配点○

各4点×25　　計100点

＜数学解説＞

$\boxed{1}$ （数・式・平方根の計算）

(ア) $-(-3)\div(-6)\times4+18\div(-3)=3\div(-6)\times4+(-6)=-2+(-6)=-8$

(イ) $3.14\div0.1=3.14\times10=31.4$　$1.14\times3.14\div0.1+0.56\times3.14\div0.1=1.14\times31.4+0.56\times31.4=31.4\times(1.14+0.56)=31.4\times1.7=53.38$

(ウ) $\frac{3}{5}\div\left(-\frac{4}{5}\right)-\left(-\frac{2}{3}\right)\times9=\frac{3}{5}\times\left(-\frac{5}{4}\right)-(-6)=-\frac{3}{4}+\frac{24}{4}=\frac{21}{4}$

(エ) $50^2=(2\times5^2)^2=2^2\times5^4$　$30^4=(2\times3\times5)^4=2^4\times3^4\times5^4$　$150^3=(2\times3\times5^2)^3=2^3\times3^3\times5^6$
$50^2\times30^4\div150^3=(2^2\times5^4)\times(2^4\times3^4\times5^4)\div(2^3\times3^3\times5^6)=\frac{2^6\times3^4\times5^8}{2^3\times3^3\times5^6}=2^3\times3\times5^2=8\times3\times25=600$

(オ) $(1+\sqrt{5})^2-(1-\sqrt{5})^2=\{(1+\sqrt{5})+(1-\sqrt{5})\}\{(1+\sqrt{5})-(1-\sqrt{5})\}=2\times(2\sqrt{5})=4\sqrt{5}$

(カ) $9ab^4\div\left(-\frac{3a}{b}\right)^3\times3a^2b=3^2ab^4\div\left(-\frac{3^3a^3}{b^3}\right)\times3a^2b=3^2ab^4\times\left(-\frac{b^3}{3^3a^3}\right)\times3a^2b=-\frac{3^3a^3b^8}{3^3a^3}=-b^8$

(キ) $\frac{3x-4y}{5}-\frac{2x-y}{3}=\frac{3(3x-4y)-5(2x-y)}{15}=\frac{(9-10)x+(-12+5)y}{15}=\frac{-x-7y}{15}$

$\boxed{2}$ （連立方程式，二次方程式の解，中央値，一次関数の変域，一次方程式の文章題，正誤判定，式の値）

(ク) $4(x+1)+7y=9$　$4x+7y=5\cdots$①　$\frac{x}{5}+\frac{y}{6}=-\frac{3}{10}$　$6x+5y=-9\cdots$②　①×5－②×

7から，$-22x=88$　$x=-4$　これを①に代入して，$4\times(-4)+7y=5$　$y=3$

(ケ)　$x^2+ax+20=0$の2つの整数解をp，qとすると，解と係数の関係より，$p+q=-a$，$pq=20$　$pq=20$が成り立つ整数p，qの組は，$p>q$とすると，$(p,\ q)=(20,\ 1)$，$(10,\ 2)$，$(5,\ 4)$，$(-1,\ -20)$，$(-2,\ -10)$，$(-4,\ -5)$　したがって，aの値は，$a=-21$，-12，-9，21，12，9の6通り

(コ)　5番目の生徒の測定値を$x$kgとすると，6番目の生徒の測定値は$(x+6)$kg　中央値から，$\frac{1}{2}\{x+(x+6)\}=25.0$　$2x=44.0$　$x=22.0$

(サ)　直線$y=-2x+3a$の傾きが負であるから，グラフは，$x=-1$のとき$y=5$を通る。よって，$5=-2\times(-1)+3a$　$3a=3$　$a=1$

(シ)　$x\times\left(1-\frac{35}{100}\right)=1430$　$\frac{65}{100}x=1430$　$13x=28600$　$x=2200$

(ス)　正しい…①②④⑥⑦　必ずしも正しくない…③例$1-2=-1$　⑤例$1\div(-1)=-1$　⑧例$(-1)\times(-1)=1$

(セ)　$x^2-4x=x(x-4)=(\sqrt{7}+2)\{(\sqrt{7}+2)-4\}=(\sqrt{7}+2)(\sqrt{7}-2)=(\sqrt{7})^2-2^2=7-4=3$

3 (円周角の定理，面積)

(ソ)　右図のように，円周上の点A～Dを定める。$\angle AOC=180^\circ-32^\circ=148^\circ$　円周角の定理より，$\angle ADC=\frac{1}{2}\angle AOC=\frac{1}{2}\times148^\circ=74^\circ$　三角形の内角と外角の関係から，$x=57^\circ+74^\circ=131^\circ$

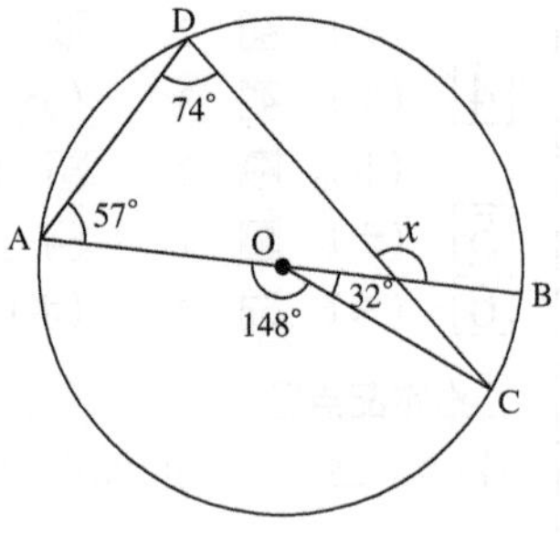

(タ)　右図のように，辺の長さa～dを定める。面積から，$ac=10$…①　$ad=35$…②　$bc=16$…③　$bd=23+x$…④　$\frac{②}{①}$から，$\frac{ad}{ac}=\frac{35}{10}$　$\frac{d}{c}=\frac{7}{2}$…⑤　$\frac{④}{③}$から，$\frac{bd}{bc}=\frac{23+x}{16}$　$\frac{d}{c}=\frac{23+x}{16}$…⑥　⑤=⑥より，$\frac{7}{2}=\frac{23+x}{16}$　$2(23+x)=16\times7$　$x=33$

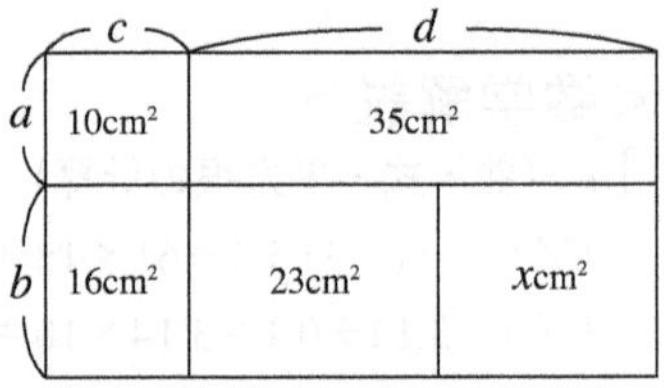

(チ)　S=(おうぎ形OAB)−(おうぎ形OBE)−(△OCE)$=\left(\pi\times10^2\times\frac{90}{360}\right)-\left(\pi\times10^2\times\frac{45}{360}\right)-\left(\frac{1}{2}\times\frac{10}{\sqrt{2}}\times\frac{10}{\sqrt{2}}\right)=\frac{25}{2}\pi-25$

4 (一次関数，投影図，回転体の体積)

(ツ)　$y=-x+a$…①　$y=3x-1$…②　$y=-3x+5$…③　②と③を連立して解くと，$x=1$，$y=2$　これらを①に代入して，$2=-1+a$　$a=3$

(テ)　求める立体は，底面が1辺6cmの正方形で，高さが$\sqrt{7}$cmの正四角錐だから，$V=\frac{1}{3}\times6^2\times\sqrt{7}=12\sqrt{7}$

(ト)　$V=\frac{1}{3}\times\pi\times BC^2\times AC=\frac{1}{3}\times\pi\times\left(\frac{5}{3}\right)^2\times\frac{3}{2}=\frac{25}{18}\pi$

5 (場合の数・確率)

(ナ) (ⅰ)一の位の数が0のとき，10，20，30，40，50の5個　(ⅱ)一の位の数が2または4のとき，十の位の数は0以外のそれぞれ4通りずつあるから$2\times4=8$個　以上より，$5+8=13$個

(ニ) サイコロを2回振るときの目の出方の総数は，$6\times6=36$通り　箱の中に残る赤玉の個数が7個以下になるのは，(1回目，2回目)=(1，6)，(2，6)，(3，6)，(4，4)，(4，6)，(5，6)，(6，1)，(6，2)，(6，3)，(6，4)，(6，5)，(6，6)の12通り　$P=\frac{12}{36}=\frac{1}{3}$

6 (図形と関数・グラフの融合問題)

(ヌ) $y=ax^2$に点Pの座標を代入して，$8=a\times2^2$　$a=2$

(ネ) $A(b,\ 2b^2)$，$B(b,\ 2b-8)$とおく。AB=12より，$2b^2-(2b-8)=12$　$2b^2-2b-4=0$　$b^2-b-2=0$　$(b+1)(b-2)=0$　$b<0$より，$b=-1$　よって，点Bの座標は$B(-1,\ -10)$

(ノ) AB=CD=20のとき，(ネ)と同様にして，A，Bのx座標は-2，C，Dのx座標は3となる。四角形ABCDは平行四辺形だから，$S=20\times5=100$

★ワンポイントアドバイス★

基本問題が並んでいる。速く正確に問題を解く練習を繰り返し行って，高得点を目指そう。

<英語解答>

1 リスニング問題解答省略

2 11 エ　12 ウ　13 ア　14 ウ　15 ウ　16 ウ　17 ア　18 エ　19 イ　20 ウ

3 21 ア　22 ウ　23 イ　24 エ　25 ア　26 イ　27 ア　28 ウ　29 エ　30 ア

4 31 エ　32 ウ　33 ア　34 ウ　35 ア

5 36 ア　37 ア　38 エ　39 イ　40 エ

6 41 イ　42 エ　43 エ　44 ア　45 イ

○推定配点○

1 各2点×10　2 各3点×10　3 各2点×10　4 各2点×5　5 各2点×5　6 各2点×5　計100点

<英語解説>

1 リスニング問題解説省略。

2 (長文読解・物語文：語句補充，英文和訳，語句整序，内容吟味)

(大意) アンソニー・エヴァンズ卿がリストを弾く。劇場の扉の上の語は1m①の高さがあった。数百人の人々が切符売場の外で待っていた。アンソニー卿の80才の誕生日のコンサートで，みんなは切符が欲しかったのだ。私は新聞記者なので特別な切符を持っていた。コンサートの前に，私は有名なそのピアニストと話したかった。私は少し怖かった。私は楽屋の外に着いた。私がノックすると，背の高い男性が扉を開けた。彼にはまっすぐで銀白色の髪がたくさんあった。「私の名前は

サリー・ヒルで…」と私が始めると，年配の男性は私のノートを見て私に微笑みかけた。「言わないで。あなたは記者です。②どの新聞で働いているのですか」「サンデー・タイムズです」「とても良い新聞です。入って座って。質問してください。③われわれは若かったね，リンダ。でももちろんそれはずっと昔だよ」彼は背の高い女性の方を向いたのだが，④その人は角に立っていた。彼女は私に親しげな茶色の目で微笑みかけた。「こちらがエヴァンズ卿夫人ね。なんて良いお顔をしているのかしら。農家の妻のように見えるわ」と私は思った。私はもう怖くなかった。私は座ってノートを開いた。「音楽一家のご出身ですか。モーツァルトのように3歳のときにピアノを始めたのですか」有名なピアニストは微笑んだ。「私は家族で初めての音楽家です。初めてピアノに触ったのは14歳のときでした。コンサートまで少し時間があります。私の話をしましょう。私は13歳で学校を去りました。当時，みんなは私をトニーと呼びました。私は農場で働いて…」それは⑤興奮させるような話で，彼は上手に話した。彼は私に汚い通りの高い壁の向こう側の古い学校について話した。壁のてっぺんには⑥壊されたガラスがあった。彼が話すと，私の頭には絵が浮かんだ。⑦私はトニー・エヴァンズという小さな男の子をみた。古い缶でサッカーをしていて…

問1　エ．high は数量を表す語を伴って「～の高さの」の意味になる。

問2　work for ～ は会社名を示し，「～で働く」の意味。

問3　young「若い」

問4　関係代名詞を選択する問題。he turned to a tall woman と she was standing in the corner をつなげた文を作る。関係代名詞に代わる she は主格なので関係代名詞 who を選ぶのが適切。ここでは先行詞の内容を補足説明する継続用法(非限定用法)で用いられている。

問5　[15]　ア．excite は「興奮させる」の意味の動詞。(×)　イ．excited は「興奮した」の意味の形容詞。(×)　ウ．exciting は「興奮させる(ような)」の意味の形容詞。(○)
エ．excitedly は「興奮して」の意味の副詞。(×)
[16]　glass を分詞が修飾している文。glass は「壊された」ので，過去分詞 broken「壊される」を使うのが適切。

問6　a little boy を修飾する過去分詞 called を使った文。「トニー・エヴァンズという(と呼ばれる)」なので called Tony Evans でひとかたまり。過去分詞 called は単独ではなく関連する語句 Tony Evans を伴っているので boy の直後に置く。

問7　ア．第1段落第4文・第5文参照。切符が欲しくて並んでいたのである。(×)　イ．第2段落第2文参照。少し怖かったのである。(×)　ウ．最後から2番目の段落第6文・第7文参照。「私の話をしましょう」と言っているから，話したかったのである。(×)　エ．第1段落第6文参照。(○)

問8　[19]　「彼にはまっすぐで銀白色の髪がたくさんあった」　ア．「長く」(×)　イ．「まっすぐで」第5段落第4文参照。(○)　ウ．「うねって」(×)　エ．「短く」(×)
[20]　「彼が初めてピアノに触ったのは14歳のときだった」　ア．「3」(×)　イ．「80」(×)
ウ．「14」　最後から2番目の段落第4文参照。(○)　エ．「13」(×)

[3]　(会話文：語句補充)

[21]～[25]　A：／もしもし。[21]こちらはケイトです。ケンはそこにいますか。／B：[22]ごめんなさい，今はここにいません。／A：それでは，[23]彼がいつ戻るか知っていますか。／B：5時までに戻る予定です。／A：[24]わかりました。私が電話した，と彼に言ってください。／B：わかりました。／A：ありがとう。[25]さようなら。

[26]　A：[26]どうしたの。疲れているようよ。／B：具合が良くないの。

[27]　A：あなたのお仕事は何ですか。／B：[27]私は旅行代理店の職員です。　What do you do? は職業を尋ねて「あなたのお仕事は何ですか」の意味。

28　A：[28]あなたは自由時間に何をするの。／B：僕は本を読むよ。

29　A：このごろ暑いな。すぐに雪が降れば良いのに。／B：なぜ雪を望むんだい。／A：[29]より涼しくなるだろう。

30　A：どうしたの。／B：[30]頭痛がするの。

[4]　(語句補充：語彙，文型，不定詞，現在完了，分詞)

基本　1　〈a pair of ＋名詞の複数形〉「(2つからなるものの)1組」

2　〈動詞＋人＋物〉という文型を作るのは tell である。ここでは「物」にあたる部分が〈how to ＋動詞の原形～〉になっている。

重要　3　remember to do は「忘れずに～する」，remember doing は「～したことを覚えている」の意味になる。ここでは tomorrow と未来を示す語があるので不定詞 to mail を使う。

4　〈have[has]＋動詞の過去分詞形〉の形をとる現在完了の文。「ずっと～している」の意味の継続用法で「～以来」というときは since を用いる。

やや難　5　the book を「世界で最も読まれる」が修飾する，分詞を使った文。read は read の過去分詞形。the book は「読まれている」と受動の意味を持つので過去分詞 read を使うのが適切。

[5]　(書き換え：語彙，命令文，受動態，比較，助動詞)

[36]　make up one's mind ＝ decide の書き換え。ともに「～を決心する」の意味。

[37]　if you don't ～「もし～しないと」の文から，〈命令文, or ＋肯定文～〉「～しなさい，さもないと～」への書き換え。

[38]　birthday is ～「誕生日は～だ」から was born on ～「～に生まれた」への書き換え。「生まれる」は「～される」という意味なので〈be動詞＋動詞の過去分詞形〉の形の受動態の文にする。

[39]　「1番～だ」の意味の最上級の文から「他のどの―(名詞)も…より～ではない」の意味の〈no other ＋名詞の単数形＋比較級＋ than …〉の形への書き換え。

[40]　「～しましょう」の意味の Let's ～. から Shall we ～? への書き換え。

[6]　(語句整序：命令文，関係代名詞，疑問詞，現在完了，感嘆文，受動態，前置詞，不定詞)

やや難　[41]　Look at that house whose roof is red(.)　「～しなさい」と命令する命令文は，主語のない動詞の原形で表す。look at ～ で「～を見る」の意味。関係代名詞 whose を使った文。look at that house と its roof is red をつなげた文を作る。its は所有格なので所有格の関係代名詞 whose に代わる。

[42]　How many times have you been to America(?)　「何回」と経験回数を尋ねる疑問文は現在完了の経験用法を用いた〈How many times have[has]＋主語＋動詞の過去分詞形～？〉の形にする。経験を表す「～へ行ったことがある」の意味には have[has] been to ～ を使う。

[43]　What a good tennis player he is(!)　what を使った感嘆文は〈What(a／an)＋形容詞＋名詞＋主語＋動詞！〉の形。

[44]　Were teachers satisfied with his report on science(?)　satisfy は「満足させる」の意味。「満足する」の意味を表すときは「満足させられる」と考えるから，〈be動詞＋動詞の過去分詞形〉の形をとる受動態にする。疑問文ではbe動詞を主語の前に出す。satisfy の過去分詞形は satisfied である。be satisfied with ～ で「～に満足する」の意味。ここでの on は関連を表し「～について」の意味。

[45]　He was very glad to hear the news(.)　be glad to ～ は「～してうれしい」という意味の不定詞の副詞的用法。不定詞は〈to ＋動詞の原形〉の形をとる。

★ワンポイントアドバイス★
疑問詞の用法や，疑問詞を使った重要表現を確認しよう。紛らわしいものはまとめて覚えよう。疑問詞に対する答え方も押さえておこう。

<国語解答>

［一］ 問一 【Ⅰ】 ア 【Ⅱ】 ウ 問二 ウ 問三 A ウ B イ C イ
問四 イ 問五 エ 問六 イ 問七 ウ

［二］ 問一 イ 問二 ア 問三 ア 問四 イ 問五 イ 問六 ウ
問七 ア 問八 ア 問九 エ 問十 ウ

［三］ 問一 ウ 問二 ア 問三 エ 問四 ウ 問五 イ 問六 エ
問七 イ 問八 ア 問九 ウ 問十 ウ

［四］ 1 ア 2 エ 3 ア 4 ウ 5 エ

○推定配点○
〔一〕 問一・問三 各2点×5 他 各4点×5 〔二〕 各4点×10 〔三〕 各2点×10
〔四〕 各2点×5 計100点

<国語解説>

［一］ **（論説文―大意・要旨，内容吟味，接続語の問題，脱文・脱語補充，語句の意味，ことわざ・慣用句）**

問一 【Ⅰ】 「たかをくくる」は，たいしたことはないと見くびるという意味。 【Ⅱ】 ア「揺れそうだ」，イ「大雨が降るだろう」，エ「二時間はかかるだろう」は，見くびっていない。

問二 挿入文は「見当をつける」ことと「地図」について述べている。(c)の直前の「見当がつく」から，直後の文の「地図」につなげる内容として適当なので，(c)に入る。他は，「見当をつける」ことと「地図」の関係を述べる一文は入らない。

問三 A 「だいたいのことはわかります」という前に対して，後で「見当がつけられなくなる」と相反する内容を述べているので，逆接の意味を表す語が入る。 B 前の「正しく見当をつけることの大切さ」について説明するために，後で「何かの仕事を抱え込んだ時」の例を挙げているので，例示の意味を表す語が入る。 C 前の「授業全体の知識」を，後で「面の知識」と言い換えているので，説明の意味を表す語が入る。

重要 問四 傍線部2「見当づけ」について，直後の段落で「見当をつける，というのは扱っている問題を一度手元から離して，遠い距離から眺め，他の問題とのかかわりがどうなっているのかという大枠を知ること」と説明しており，この内容を言い換えているイが適当。他の選択肢は，この説明に適当ではない。

問五 直前の文の「一度手元から離して，遠い距離から眺め，他の問題とのかかわりがどうなっているのかという大枠を知ること」で，「掴むこと」ができるものは何か。物事の全体の様子という意味を表す語が入る。

やや難 問六 直前の文の「木を見て森を見ず」は，直後の文の「細部にこだわって見当をつけられない愚かな状態」を意味しており，［E］の一つ後の文の「部分的な，狭い知識だけでは全体がどうなっているのかは判断出来ません」は，イの「井の中の蛙大海を知らず」を意味している。アは利益を追うことに熱中している人は他のことは顧みなくなる，エは身近な状況はかえって気づきにくいという意味。ウは「木を見て森を見ず」と間違えている。

重要 問七　最終段落の「部分的な，狭い知識だけでは全体がどうなっているのかは判断出来ません。大きな立場から見ると，それまで見えていなかったことが見え，わからないこともわかるようになります」にウが適当。

〔二〕（小説―情景・心情，文脈把握，指示語の問題，脱文・脱語補充，語句の意味）

問一　「申し合わせる」は相談して取り決めるという意味で，エの「いつも通り」という意味はない。主語が「二人は」で，述語が「起きました」なので，アとウは適当ではない。

問二　直前の「老人のほうがずっと強くて」に着目する。「駒を落とす」は，将棋で実力が上位の人が下位の人と勝負する時に，最初に何枚かの駒をとり除いてハンディキャップを与えることを言う。青年が老人に将棋を教わりながら，二人で将棋を楽しんでいることを読み取る。

問三　直前の「将棋盤の上で争っても」の「ても」は，後で相反する内容へ続くという意味を表すので，イとウは適当ではない。前に「二人はいっしょうけんめい」とあるので，エも合わない。

問四　直後の「老人は……大きな口を開けて笑いました」という様子から，「ほんとうの戦争」でなくてよかったと安心した気持ちが読み取れる。老人は「ほんとうの戦争だったら」と言っているので，アは適当ではない。ウの「不安な気持ち」やエの「怠ける気持ち」は読み取れない。

基本 問五　同じ文の「それ」は，直前の文の「これまで毎日，仲むつまじく，暮らしていた二人は，敵，味方の間柄になった」ことを指し示している。この内容を述べているイが適当。

重要 問六　直前の「私はこんなに老いぼれていても少佐だから，私の首を持ってゆけば，あなたは出世ができる」という言葉からは，自分を犠牲にしても青年の役に立ちたいという老人の優しさや，青年に対する「信頼」が感じられる。自分はもう老人だからという「諦め」も感じられるが，青年に対する嫉妬の気持ちは読み取れないので，ウの「妬み」はふさわしくない。

問七　「ぼうぜん」と読む。

問八　老人はいつから「青年の身の上を案じ」るようになったのか。同じ段落の冒頭に「青年のいなくなった日」とあるのに着目する。

基本 問九　直前の文の「目がさめました」にふさわしい語句が入る。

問十　脱落している文の内容から，前には「冬」以外の季節について書かれており，後には「冬」の季節について書かれているとわかる。【ウ】の前に「小鳥はこずえの上で……ばらの花からは，よい香りを送ってきました」とあり，後に「寒くなると」とあるので，【ウ】に補う。他の場所の前後は，季節について書かれていないので，ふさわしくない。

〔三〕（古文―漢字の読み書き，語句の意味，文と文節，品詞・用法，口語訳，文学史）

やや難 問一　「いみじ」は，程度がはなはだしい，という意味。直後の「盗人の大将軍」を修飾するのにふさわしいものが入る。「大将軍」なので，ウの「腕の立つ」を選ぶ。

基本 問二　「十月」の異名は「神無月」。イは「皐月」で五月，ウは「師走」で十二月，エは「睦月」で一月。

問三　付属語で活用がないので，エの「助詞」。

問四　傍線部4の「狩衣」は，「かりぎぬ」と読み，貴族が狩りの時などに着用した略服。

問五　「あやし」は不思議に思う，という意味。「あやしく」「覚えければ」と続く。

重要 問六　係り結びの法則が働いている。「たり」という終止形となるところを，前の「こそ」という係助詞を受けて，「たれ」と已然形で結ばれている。

やや難 問七　傍線部7「気色」には，物事の様子という意味がある。「現代語訳」の二つ目の B の直前の「笛を吹きながらこちらを振り返って見た」に，エの「気配」は適当ではない。

問八　盗人が，笛を吹きながら歩いている「ぬし」の「衣を剥がん」としている場面である。「ぬし」に「走り寄」ったのは，アの「盗人」。

やや難　問九　「ぬし」の衣を奪おうとしていた盗人が，「急いで逃げ去った」のはなぜか。傍線部9の「取りかかるべく」は襲いかかれそうには，「覚えざりければ」は思えなかったので，という意味になる。

問十　『宇治拾遺物語(うじしゅういものがたり)』は，鎌倉時代の説話集で，ウの『鼻』の題材となっている。アは太宰治，イは森鷗外，エは夏目漱石の作品。

〔四〕（熟語）

1は「せんざいいちぐう」，2は「じごうじとく」，3は「がりょうてんせい」，4は「ききいっぱつ」，5は「きょうみしんしん」と読む。

★ワンポイントアドバイス★

古文の基本的知識が多く問われている。便覧などを用いて，正確な知識の定着を図ろう。

第2回

2023年度

解　答　と　解　説

《2023年度の配点は解答欄に掲載してあります。》

＜数学解答＞

[1]　(ア) [1] 2　[2] 1　(イ) [3] 2　[4] 7　[5] 3　(ウ) [6] 4
(エ) [7] −　[8] 1　[9] 6　(オ) [10] 3　[11] 2　[12] 3
(カ) [13] −　[14] 3　[15] 4　[16] 3　[17] 3
(キ) [18] −　[19] 5　[20] 4　[21] 1　[22] 2

[2]　(ク) [23] 1　[24] 3　[25] 1　[26] 7　(ケ) [27] 7　[28] 8　[29] 0
(コ) [30] 2　(サ) [31] −　[32] 2　(シ) [33] 5　[34] 0　(ス) [35] 8
(セ) [36] 1　[37] 2

[3]　(ソ) [38] 2　[39] 4　[40] 0　(タ) [41] 3　[42] 2　[43] 3
(チ) [44] 3　[45] 6

[4]　(ツ) [46] 4　[47] 5　(テ) [48] 5　[49] 2　(ト) [50] 2

[5]　(ナ) [51] 1　[52] 2　(ニ) [53] 1　[54] 3

[6]　(ヌ) [55] −　[56] 2　[57] 8　(ネ) [58] 2　[59] 7
(ノ) [60] −　[61] 3　[62] 2　[63] 8

○推定配点○

各4点×25　　計100点

＜数学解説＞

[1]　(数・式・平方根の計算，循環小数)

(ア)　$17-2\times(-4)^2\div(-2)^3=17-2\times16\div(-8)=17+4=21$

(イ)　$1.3\times2.1\times3.3+1.3\times2.1\times6.7=1.3\times2.1\times(3.3+6.7)=1.3\times2.1\times10=27.3$

(ウ)　$x=0.121212\cdots$①　$100x=12.121212\cdots$②　②−①から，$99x=12$　$x=\frac{12}{99}=\frac{4}{33}$

(エ)　$0.2^2=\left(\frac{1}{5}\right)^2=\frac{1}{25}$　$(-5)^2\times(-4^2)\times0.2^2=25\times(-16)\times\frac{1}{25}=-16$

(オ)　$(\sqrt{8}-\sqrt{3})(\sqrt{6}+3)=\sqrt{48}+3\sqrt{8}-\sqrt{18}-3\sqrt{3}=4\sqrt{3}+6\sqrt{2}-3\sqrt{2}-3\sqrt{3}=3\sqrt{2}+\sqrt{3}$

(カ)　$-3b^4\times(-a^2b)^2\div4ab^3=-3b^4\times a^4b^2\times\frac{1}{4ab^3}=-\frac{3a^4b^6}{4ab^3}=-\frac{3}{4}a^3b^3$

(キ)　$\frac{a+b}{2}-\frac{2a+b}{3}-\frac{a+2b}{4}=\frac{6(a+b)-4(2a+b)-3(a+2b)}{12}=\frac{(6-8-3)a+(6-4-6)b}{12}=$
$\frac{-5a-4b}{12}$

[2]　(連立方程式，式の値，データの分析，二次関数の変域，割合の文章題，正多角形と外角の和)

(ク)　$x-\frac{3}{4}y=\frac{1}{4}$　$4x-3y=1\cdots$①　$3x-2y=5\cdots$②　①×2−②×3から，$-x=-13$
$x=13$　これを①に代入して，$4\times13-3y=1$　$y=17$

(ケ)　$16x^2-y^2=(4x+y)(4x-y)=(4\times11+34)(4\times11-34)=78\times10=780$

(コ)　①平均値は$\dfrac{(1\times8)+(2\times10)+(3\times6)+(5\times4)+(7\times4)+(8\times6)+(9\times2)}{40}=4.0$冊…(誤り)

②最頻値は2冊…(誤り)　③$\dfrac{(4+6+2)}{40}\times100=30\%$…(正しい)　④範囲は9−1=8冊…(誤り)

⑤中央値は20番目と21番目の冊数の平均であるから3冊…(正しい)

(サ)　$x=3$のとき$y=-18$を通る。$y=ax^2$に代入して，$-18=a\times3^2$　$9a=-18$　$a=-2$

(シ)　(売価)−(仕入れ値)=(利益)より，$200\times\left(1-\dfrac{30}{100}\right)-90=50$円

(ス)　正n角形の外角の和は360°だから，$360°\div45°=8$　よって，$n=8$

(セ)　$\sqrt{2a}<5$　$\sqrt{2a}<\sqrt{25}$　これを満たす自然数aの値は，$a=1$，2，3，4，5，6，7，8，9，10，11，12の12個

3 (角度，面積，相似な図形)

(ソ)　折り返した角だから，$\angle A=\angle EDF=70°$　平行線の同位角より，$\angle AEF=\angle EBD=a°$　よって，$\angle AFE=\angle EFD=(110-a)°$　したがって，$\angle DFC=180°-2(110-a)°=(2a-40)°$

(タ)　AとCを結び，1辺8cmの正三角形が2つあると考えて，

$S=\dfrac{\sqrt{3}}{4}\times8^2\times2=32\sqrt{3}$

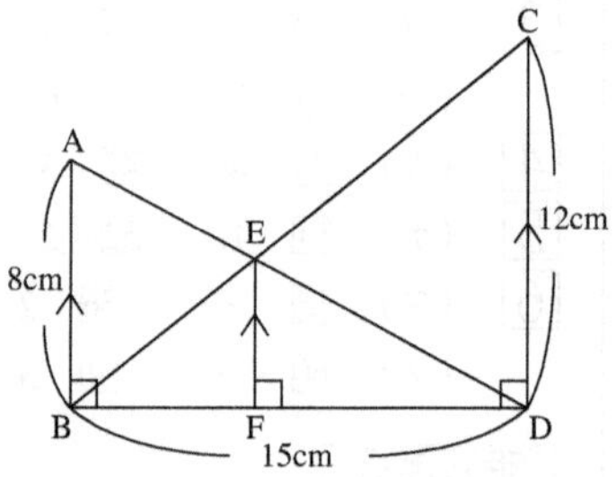

(チ)　右図のように，頂点A～Fを定める。AB//CD//EFより，△ABE∽△DCE　よって，BE：EC=2：3　△BEF∽△BCDより，BE：BC=EF：CD　2：5=EF：12　EF=$\dfrac{24}{5}$　$S=\dfrac{1}{2}\times BD\times EF=\dfrac{1}{2}\times15\times\dfrac{24}{5}=36$

4 (方程式の文章題，動点)

(ツ)　母の年齢をx歳とすると，父は$(x+3)$歳，子は$\dfrac{x}{3}$歳と表せる。年齢の合計から，$(x+3)+x+\dfrac{x}{3}=108$　$\dfrac{7}{3}x=105$　$7x=105\times3$　$x=45$

(テ)　10試合中Aチームがx回勝ち，y回引き分けたとすると，Bチームは$(10-x-y)$回勝ったことになる。ポイントの合計から，$3x+y=18$…①　$3(10-x-y)+y=9$…②　①②を連立して解くと，$x=5$，$y=3$となる。よって，Aチームは5回勝ち，Bチームは$(10-5-3)=2$回勝ったことになる。

(ト)　点P，Qが出発してからt秒後の△PBQの面積は，$\dfrac{1}{2}\times BQ\times PB=\dfrac{1}{2}\times2t\times(12-2t)=t(12-2t)$　この値が16であるから，$t(12-2t)=16$　$2t^2-12t+16=0$　$t^2-6t+8=0$　$(t-2)(t-4)=0$　したがって，初めて16cm²になるのは，2秒後

5 (規則性，確率)

(ナ)　各段の右端の数に着目すると，1段目から2段目は2，2段目から3段目は3，3段目から4段目は4だけ増えている。このような規則性から，72は12段目に現れる。

(ニ)　できる2けたの整数の総数は$3\times4=12$通り　このうち3の倍数は，21，36，39，48の4通り　求める確率は，$\dfrac{4}{12}=\dfrac{1}{3}$

6 (図形と関数・グラフの融合問題)

(ヌ)　A(−4, 16)，B(2, 4)　直線ABの傾きは$\dfrac{4-16}{2-(-4)}=-\dfrac{12}{6}=-2$　直線ABの式を$y=-2x+$

bとして点Bの座標を代入すると，$4=-2\times2+b$　$b=8$　したがって，$y=-2x+8$

(ネ)　P$(-1, 1)$　点Pを通り，y軸に平行な直線と直線ABとの交点をQとすると点Qの座標は，Q$(-1, 10)$　よって，PQ＝9　したがって，$S=\frac{1}{2}\times$PQ×(点A，Bのx座標の差)$=\frac{1}{2}\times9\times6=27$

(ノ)　P(t, t^2)，Q$(t, -2t+8)$とおく。△ABP$=\frac{1}{2}\times$PQ×(点A，Bのx座標の差)$=\frac{1}{2}\times\{(-2t+8)-t^2\}\times6=3(-t^2-2t+8)=-3(t^2+2t-8)$

★ワンポイントアドバイス★

基本問題が並んでいる。速く正確に問題を解く練習を繰り返し行って，高得点を目指そう。

＜英語解答＞

1	リスニング問題解答省略							
2	11 エ	12 ウ	13 ア	14 エ	15 ア	16 イ	17 ウ	18 イ
	19 ア	20 ア						
3	21 イ	22 イ	23 ウ	24 イ	25 エ	26 ア	27 ア	28 ウ
	29 エ	30 イ						
4	31 エ	32 ア	33 ウ	34 ア	35 イ			
5	36 エ	37 ウ	38 イ	39 イ	40 エ			
6	41 イ	42 ア	43 エ	44 オ	45 エ			

○推定配点○

1　各2点×10　2　各3点×10　3　各2点×10　4　各2点×5　5　各2点×5
6　各2点×5　計100点

＜英語解説＞

1　リスニング問題解説省略。

2　**(長文読解・物語文：語句補充，内容吟味，英文和訳，語彙)**

(大意)　リサは彼女を学校に迎えに来る母(A)を待っていた。雪や雨が降っていてとても寒かった。リサはウエスト先生に言った。「きっと車がまた動かなくなったのだと断言します」リサは正しかった。①ようやく，②母はタクシーで到着した。「遅くなってごめん。車がまた動かなかったの。それは寒いのが好きではないのよ。もっと良いのを買う時期ね」と彼女は言った。「だめよ。私は私たちの車が好きなの。家族の一部よ。私かジョーンを売るようなものよ」とリサは言った。ジョーンはリサの兄弟だ。その夜，母は「本当に新しい車を買わなくてはいけないわ。仕事に必要なの」と言った。リサの母は看護師だった。彼女はしばしば緊急のために呼び出された。「③あなたの車には何も問題がない。あなたが(B)手入れをしないだけだよ」とジョーンは言った。しかし，母は④決心してしまった。その週末，ジョーンと母，リサは車のショールームへ行った。あらゆる形や大きさ，色の車があった。「私は⑤決められそうもないわ」と母は言った。それから母はそれを見た。「あれよ。あれが私が買いたかった車よ。私が探していた物よ」と母は言った。「でも，屋根がないわ」

とリサが言った。「いいえ，あるわ。折り畳み式の屋根なのよ」と母は言った。彼女はショールームに入っていき，すぐにそれを買った。「⑥古いのをとっておけるかい」とジョーンは尋ねた。「ええ」と母は言った。「誰もそれを欲しがらないわ」母は新しい車をとても(C)誇りに思った。塗装部分が鏡のように輝くまで，彼女はそれを磨いた。リサは彼女を手伝った。ジョーンは古い車に取り組んだ。彼はエンジンを修理するのに長い時間を費やし，さびついた部分を応急で直して新しい塗装をした。⑦その古い車は新品同様に見えるとリサは思った。

問1　①　ア．「ところで」(×)　イ．「言い換えれば」(×)　ウ．「最初は」(×)　エ．「ようやく」(○)

問2　第2段落第4文・第5文参照。「寒いのが好きではない」から「車がまた動かなかった」のである。

問3　There is nothing wrong with ～ で「～には調子が悪いところがない」の意味。

問4　make up one's mind「～を決心する」

問5　ア．「古いのをとっておけるかい」「あなたの車には何も問題がない」(下線部③)と言っていることから，ジョーンは古い車を手放すことに反対であったことがわかる。新しい車を買った後，古い車を手放さなくてもすむかどうかが心配であったための発言であると考えられる。(○)
イ．「あなたは僕にこの車を運転してほしいのかい」(×)　ウ．「僕はどこでその勘定を払ったらいいのかい」(×)　エ．「誰がこの新しい車を欲しがるのか，あなたは知っているのかい」(×)

問6　ア．「～よりも悪く」(×)　イ．「～と同じくらい良く」「新品同様」，つまり「新品と同じくらい良く見える」である。(○)　ウ．「～と同じくらい多く」(×)　エ．「～の中で最も良く」(×)

問7　(A)　wait for ～「～を待つ」　(B)　look after ～「～の世話をする」　(C)　be proud of ～「～を誇りに思う」

問8　「リサの母は看護師だった」(第3段落第4文)のだから，「病院」で働いていると考えるのが適切。

問9　ア．第2段落第3文・第4文参照。(○)　イ．第2段落第6文～第8文参照。反対だったのである。(×)　ウ．第7段落参照。母が探していた車があったから買ったのである。(×)　エ．「壊れている」という記述はない。(×)

問10　ア．「母の新しい車」　筆者の最も言いたいこと，つまりキーワードは本文中に何度も出てくるものである。ここではcar「車」がそれである。(○)　イ．「リサの家族」(×)　ウ．「車のショールーム」(×)　エ．「大問題」(×)

3　(会話文：語句補充)

21～25　A：こんにちは，ケン。夏休みの間に沖縄の那覇を訪れた，と聞いたよ。どうだった。／B：良かったよ。沖縄での滞在の間に，21僕は飛行機で与那国島へ旅行したんだ。／A：那覇から与那国島までどれくらいかかるんだい。／B：22 1時間半かかったよ。遠くないんだ。／A：与那国で23君は何をしたんだい。／B：たくさんの写真を撮った。24写真帳を作りたいんだ。／A：25すてきだな。

26　A：山村高校へはどのように行くことができますか。／B：26その角を右に曲がってください。左に見えますよ。

27　A：もしもし。マコトです。タロウと話したいのですが。／B：27私です。

28　A：このコンピューターを使ってもよいですか。／B：28ごめんなさい，使えません。私が使っています。

29　A：誰がこの机を作ったのですか。／B：29タロウです。

「誰が～ですか」のように疑問詞が主語になった疑問文に答えるときは，〈主語(「誰が」に対する答え)＋do[／does／did／助動詞／be動詞]〉の形をとる。

30　A：マユミから手紙をもらったの。彼女は今，ニューヨークに住んでいるわ。30彼女は来週，日本へ来る，と書いてある。／B：良さそうね。

4　**(語句補充：語彙，付加疑問文，比較，疑問詞)**

1　be afraid of ～「～を恐れる」

2　Let's ～. の文の付加疑問文は〈Let's ＋動詞の原形～, shall we?〉の形で「～しましょうよね」という意味。

基本　3　通常，最上級を使った文では，後に名詞の単数形が来る比較の範囲を言う場合 in を，後に名詞の複数形が来る比較の相手を言う場合 of を使う。

4「何回～ですか」と頻度を尋ねるときは How many times ～? または How often ～? を用いる。

5　否定文で「～も」というときは too ではなく either を用いる。

5　**(書き換え：接続詞，不定詞，現在完了，疑問詞)**

36「AがBだがCがD」の意味の〈主語A＋動詞B＋ but ＋主語C＋動詞D〉から〈Though ＋主語A＋動詞B，主語C＋動詞D〉への書き換え。

重要　37　〈so ～ that ＋主語＋ can't[couldn't]＋動詞の原形〉の文から「～すぎて…できない」の意味の〈too ～ to ＋動詞の原形〉への書き換え。

38　過去の文＋現在の文から現在完了の継続用法「彼女は過去3年間日本にいる」への書き換え。現在完了は〈have[has]＋動詞の過去分詞形〉の形。継続用法で「ずっと～にいる」は have[has] been in ～ を使う。been は be の過去分詞形。

39　What do you think of ～?「～はどう思いますか」から，感想を尋ねる How do you like ～?「～はどうですか」への書き換え。

40　a drink「飲み物」，つまり「飲むための物」である。nothing は「何も～ない」の意味。－thing という代名詞を使った不定詞の形容詞的用法の文では〈－thing(＋形容詞)＋ to ＋動詞の原形〉の語順になる。

6　**(語句整序：助動詞，文型，疑問詞，不定詞，現在完了，比較，分詞，動名詞)**

41　Will you tell me which train to take(?)　〈Will you ＋動詞の原形～？〉で「～してくれませんか」の意味。tell は〈tell ＋人＋物〉という文型を作る。ここでは「物」にあたる部分が〈which ＋ to ＋動詞の原形〉「どちらを～する(べき)か」になっている。疑問詞 which は名詞を伴うことができるので which train「どの電車」とする。

42　This is the hottest summer we have ever had(.)「これは私たちが今までに経験した最も暑い夏だ」の意味にする。ever「今までに」は〈have[has]＋動詞の過去分詞形〉の形をとる，現在完了の経験用法で動詞の過去分詞形の直前に置いて用いる。「～の中で一番…だ」という意味になるのは〈(the)＋形容詞[副詞]の最上級＋ in[of]～〉の形の最上級の文。関係代名詞 which を省略した文。this is the hottest summer と we have ever had をつなげた文を作る。it が which に代わり，省略されている。

やや難　43　The boy playing soccer there is my brother(.)　the boy を修飾する現在分詞 playing を使った文。「あそこでサッカーをしている」なので playing soccer there でひとかたまり。現在分詞 playing は単独ではなく関連する語句 soccer there を伴っているので the boy の直後に置く。

44　Have you already finished cleaning your room(?)　〈have[has]＋動詞の過去分詞形〉の形

をとる，現在完了の文。already は「もう」の意味で現在完了の完了用法の平叙文で動詞の直前に置いて使う。finish —ing で「～し終える」の意味。

やや難 ㊺ I love the mountain range covered with grass and trees(.)　the mountain range を修飾する過去分詞 covered を使った文。「草や木で覆われた」なので covered with grass and trees でひとかたまり。過去分詞 covered は単独ではなく関連する語句 with grass and trees を伴っているので range の直後に置く。

★ワンポイントアドバイス★

日本語訳のついた語句整序問題では，日本語訳をしっかりと活用しよう。主語・述語の関係や，動詞の語形などにも注目しよう。

＜国語解答＞

［一］　問一　ア　　問二　エ　　問三　A　ウ　　C　ア　　D　エ　　問四　イ　　問五　イ
　　　問六　ウ　　問七　ウ　　問八　エ

［二］　問一　ウ　　問二　イ　　問三　エ　　問四　エ　　問五　イ　　問六　ア
　　　問七　ア　　問八　エ　　問九　エ　　問十　エ

［三］　問一　イ　　問二　ウ　　問三　イ　　問四　エ　　問五　ア　　問六　ウ
　　　問七　エ　　問八　イ　　問九　(1)　イ　　(2)　ア

［四］　1　ア　　2　ウ　　3　ア　　4　ア　　5　イ

○推定配点○

〔一〕　問三　各2点×3　　他　各4点×7　　〔二〕　問七・問九　各2点×2　　他　各4点×8
〔三〕　各2点×10　　〔四〕　各2点×5　　計100点

＜国語解説＞

［一］（論説文―大意・要旨，内容吟味，文脈把握，接続語の問題，脱文・脱語補充，漢字の読み書き）

やや難 問一　傍線部1の「地元の木を使って家を建て」ることについて，最終段落で「地元産の材は……慣れてくると，その綺麗でない曲がった木目や節に，なんとなく愛情が湧いてくる」とある。「地元産の材」の「綺麗でない曲がった木目や節」について，「私がそのように」で始まる段落で「自然の中で……生き残った木の細胞の中には，地元の風土に合ったなんらかの仕組みが入っている」と説明している。この「地元の風土」を「その土地に住む人々を取り囲む環境」と言い換えているアが最も適当。イの「日本の国土の地理的環境」やウの「家屋の間取り」，エの「建築様式」に通じる内容は書かれていない。

問二　筆者は，西岡常一棟梁の言葉を挙げ，木材工学において「科学的と称する物の見方の欠けている一面を，鋭く突くなにか」について論じている。最終段落で，筆者は「綺麗でない曲がった木目や節に，なんとなく愛情が湧いてくる」と述べており，この内容が傍線部2を含む「科学的と称する物の見方の欠けている一面を，鋭く突くなにか」に通じる。アの「自然環境を見る」，イの「物理的・化学的に木の特性を判断する」，ウの「木の産地・立地条件を考慮すること」は科学的な物の見方である。

問三　A　直前の段落で述べた木の「評価」について，後で「木の評価の試験方法」の具体的な例を挙げているので，例示の意味を表す語が入る。　C「大きくて安い」という前に対して，後で「どうも大味で……コクがない」と相反する内容を述べているので，逆接の意味を表す語が入る。D「すしはやはり日本で生まれたものだから，それなりの背景を持っている」という前から当然予想される内容が，後に「日本という風土の中で食ったときが一番美味しいというが，それが自然であろう」と続いているので，順接の意味を表す語が入る。

問四　直前の「風合(ふうあ)い」は手触りや外観から受ける感じという意味なので，イの「感覚的」が適当。他の選択肢は，「風合い」の意味にそぐわない。

問五　直前に「物理的，化学的な方法で」とあるので，傍線部3「ハカった」で測定したという意味の漢字が該当する。

やや難　問六　直前の「生長が遅いが木目がつまっている」日本のヒノキが「高い」とされているものは何か。直後の文に「だからこそ白木の建築が生まれた」とあり，「白木の建築」から感じられるのはウの「風格」。「白木の建築」とアの「実用性」は関係がない。イの「価格」やエの「生産性」に通じる内容は書かれていない。

問七　挿入文の内容から，「生きものの細胞」について述べている部分を探す。(c)の前で「生き残った木の細胞」について述べているので，挿入文は(c)に入る。

重要　問八　最終段落の「地元産の材は……その綺麗でない曲がった木目や節に，なんとなく愛情が湧いてくる」の「綺麗でない曲がった木目や節」を「見た目は良くない」に，「愛情が湧いてくる」を「良さが次第にわかってくる」と言い換えているエが最もふさわしい。「同じことは」で始まる段落の内容に，アはふさわしくない。また，日本の家には日本の木が向いていると読み取れるが，イの「日本の木のほうが家には向いている」とは読み取れない。「つきつめていくと」で始まる段落の内容に，「国内のどこの家屋にも適している」とあるウはふさわしくない。

〔二〕（小説一内容吟味，文脈把握，接続語の問題，脱文・脱語補充，語句の意味，文と文節，表現技法）

問一　「老人はじきに眠りについた」という前に対して，後で「少年は……目をさましていて」と相反する内容を述べているので，逆接の意味を表す語が入る。

基本　問二　傍線部①「ゴウゴウ」は，「河」の音を言語でまねて表しているので，イの「擬音語」が用いられている。アの「擬人法」は，物事の様子を人に見立てて表す表現技法。

問三　傍線部②の「全く白装束の女」は，前の「女」を具体的に説明している。

問四　「小屋」にいるのは，茂作と巳之吉の二人である。「女」が話しかけているのは巳之吉なので，「ひとりの人」は茂作のことだとわかる。

重要　問五　直前の文の「茂作の顔」が「氷である」が意味する内容を読み取る。直後の段落の「茂作の凍えた死体」に着目する。「氷」という表現に，エの「今にも死にそう」はそぐわない。

やや難　問六　「白衣の女」の正体は雪女である。雪女は巳之吉に「巳之吉さん，もう私はあなたを害しはしません。しかし，もしあなたが今夜見た事を誰かに……云ったら，私に分ります，そして私，あなたを殺します」と言っており，巳之吉は雪女の言うことを信じたから「何も云わなかった」とわかる。巳之吉は，茂作を殺した雪女に恐怖を感じているので，イの「恋心」やエの「もう一度会いたい」は適切ではない。ウの「戦う決心」が読み取れる描写もない。

問七　「たっしゃ」と読む。

問八　直前の「結婚しているか」という問いに続くことや，後に「お嫁の問題」とあることから，具体的には「結婚」の「約束」を指す。

基本　問九　「はにかむ」は，恥ずかしがるという意味。

問十　傍線部⑥の直前に「自然の成行きとして」とある。同じ段落に「彼等はお互に大層気に入っていた」とあり，お互いに大層気に入っていたお雪と巳之助が「自然の成行き」に従うとどうなるのかを考える。アの「女中として」やイの「世話係」は，二人の間の好意をふまえていない。ウの「江戸に行くのが面倒」と読み取れる描写はない。

〔三〕（古文ー指示語の問題，脱文・脱語補充，語句の意味，品詞・用法，仮名遣い，口語訳，文学史）

問一　傍線部1「今は昔」は，説話や物語の語り出しに用いられる表現。

問二　アは武蔵(むさし)，イは駿河(するが)，遠江(とおとうみ)，エは越後(えちご)。

基本　問三　語頭以外のハ行はワ行に直すので，aは「い」，cは「わ」，dは「う」に直す。語頭ではないbの「ひ」は表記が変わらない。

問四　付属語で活用がないので，助詞。

問五　「侍」は前で「狐の腰に」矢を「射当て」たとある。「射んとすれば」は射ようとすると，「失せる」は消えるという意味であることから判断する。直後の段落以降に「狐」が登場しているので，「死んでしまった」とあるイやウ，「気を失ってしまった」とあるエは適当ではない。

重要　問六　三つの[X]の前後の文脈から，狐が口にくわえて家につけようとしたものは何かを考える。同じ段落の最後に「家焼けにけり」とあるので，ウの「火」が入る。

重要　問七　係り結びの法則が働いている。「けり」という終止形となるところを，前の「こそ」という係助詞を受けて，「けれ」と已然形で結ばれている。

問八　同じ文の「仇を報ふ」は，恨みに思って仕返しをするという意味。「侍」に射られた狐が，「侍」の家を燃やしたという内容から，「仇を報ふ」のは何かを判断する。

問九　(1)『宇治拾遺物語(うじしゅういものがたり)』は，鎌倉時代の説話集。　(2)『宇治拾遺物語』と同年代の作品はアの方丈記。他は全て平安時代の作品。

〔四〕（熟語）

1は「いちにちせんしゅう(いちじつせんしゅう)」，2は「ちょうさんぼし」，3は「ゆうゆうじてき」，4は「むがむちゅう」，5は「たいきばんせい」と読む。

★ワンポイントアドバイス★

知識問題は，いずれも知識の正確さが求められている。ふだんから漢字や意味があやふやな語句は辞書を使って確認する習慣をつけよう。

2022年度

★★★★★★★★★★★★★★★★★★★★★★★

入　試　問　題

2022年度

山村国際高等学校入試問題（第１回）

【数　学】（50分）〈満点：100点〉

1　次の各式を計算し，$\boxed{1}$から$\boxed{22}$に適する数または符号を解答用紙の該当欄にマークしなさい。

（ア）　$50-\{16+4\div(3-5)\}=\boxed{1}\boxed{2}$

（イ）　$1.6\times1.7\times6.3-1.6\times1.7\times(-3.7)=\boxed{3}\boxed{4}.\boxed{5}$

（ウ）　$\dfrac{7}{2}\div\dfrac{14}{3}-\left(-\dfrac{2}{3}\right)\times\dfrac{5}{4}=\dfrac{\boxed{6}\boxed{7}}{\boxed{8}\boxed{9}}$

（エ）　$(-3a^3)^2\div6a^3\times(-2a^4)=\boxed{10}\boxed{11}a^{\boxed{12}}$

（オ）　$(1+\sqrt{2})^2+(1-\sqrt{2})^2=\boxed{13}$

（カ）　$2^{2020}+2^{2021}+2^{2022}=\boxed{14}\times2^{\boxed{15}\boxed{16}\boxed{17}\boxed{18}}$

（キ）　$\dfrac{2a-b}{3}-\dfrac{2a+b}{2}=\dfrac{\boxed{19}\boxed{20}a-\boxed{21}b}{\boxed{22}}$

2　次の各問いに答え，$\boxed{23}$から$\boxed{35}$に適する数または符号を解答用紙の該当欄にマークしなさい。

（ク）　濃度５％の食塩水と濃度２％の食塩水を混ぜて，濃度４％の食塩水を300 g作りたい。濃度５％の食塩水は$\boxed{23}\boxed{24}\boxed{25}$ g必要である。

（ケ）　連立方程式 $\begin{cases}3x+4y=18\\7x=6y-4\end{cases}$ の解は　$x=\boxed{26}$，$y=\boxed{27}$　である。

（コ）　２次方程式　$x^2+ax+8=0$　の２つの解がともに整数になるaの値のうち，一番大きい整数は　$a=\boxed{28}$である。

（サ）　$\sqrt{10}<n<\sqrt{50}$　を満たす自然数nの個数は$\boxed{29}$個である。

（シ）　関数$y=ax^2$について，xの値が-4から１まで増加するときの変化の割合が15であった。このとき，aの値は$\boxed{30}\boxed{31}$である。

（ス）　右の表は，あるクラスの生徒35人が受けた小テストの得点をまとめたものである。このクラスの得点の平均点は$\boxed{32}.\boxed{33}$である。

得点（点）	1	2	3	4	5	計
人数（人）	2	6	9	12	6	35

（セ）　内角の和が1800°になる多角形の頂点の個数は$\boxed{34}\boxed{35}$である。

3 次の各問いに答え，$\boxed{36}$から$\boxed{44}$に適する数または符号を解答用紙の該当欄にマークしなさい。

（ソ） 右の図において，∠Bの二等分線と辺ACとの交点をE，∠Cの二等分線と辺ABとの交点をD，線分BEと線分CDとの交点をFとする。
∠BFC＝125°のとき，∠xの大きさを求めなさい。

$\angle x = \boxed{36}\boxed{37}^\circ$

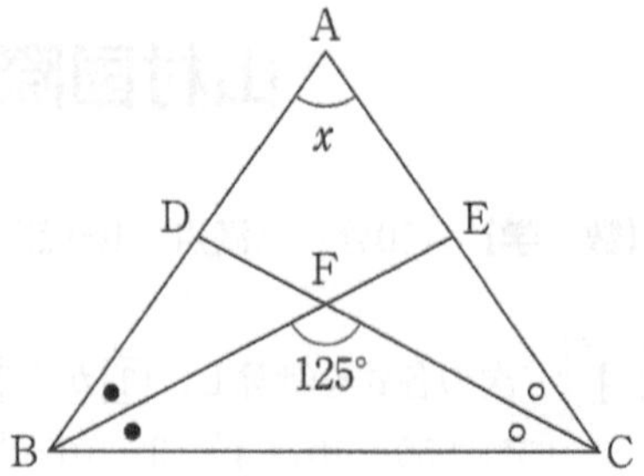

（タ） 右の図は，半径6 cmで中心角90°のおうぎ形OABで，中心Oが$\overset{\frown}{AB}$上の点Dと重なるように折り返したものである。
このとき，図のかげ［ ］をつけた部分の面積Sを求めなさい。
ただし，円周率はπとする。

$S = \boxed{38}\pi - \boxed{39}\boxed{40}\sqrt{\boxed{41}}\,(\text{cm}^2)$

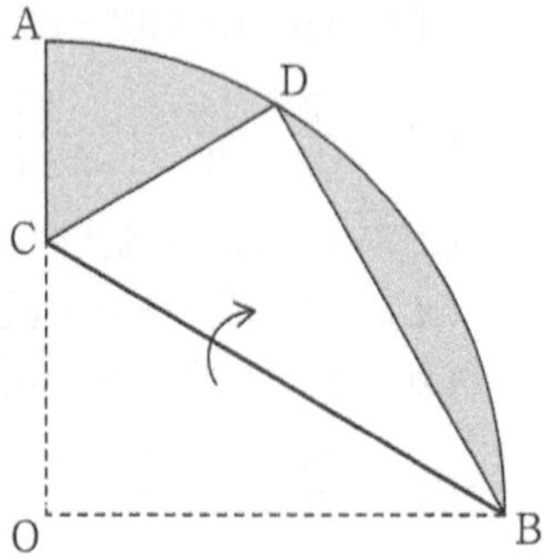

（チ） 右の図のようにAB＝6 cm，BC＝4 cmの△ABCがある。2辺AB，BC上に，AD＝BEとなるように，それぞれ点D，Eをとる。
DE∥ACとなるとき，ADの長さを求めなさい。

$\text{AD} = \dfrac{\boxed{42}\boxed{43}}{\boxed{44}}\,(\text{cm})$

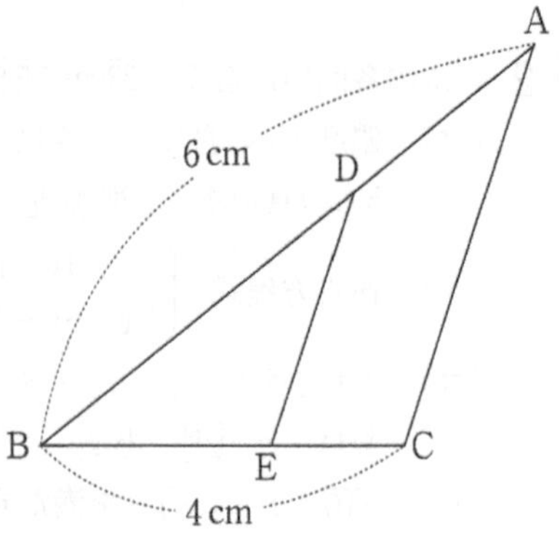

4 次の各問いに答え，$\boxed{45}$から$\boxed{48}$に適する数または符号を解答用紙の該当欄にマークしなさい。

（ツ） 右の図は，OH＝4 cm，OA＝5 cmの正四角すいOABCDである。
この正四角すいの体積Vを求めなさい。

$V = \boxed{45}\boxed{46}\,(\text{cm}^3)$

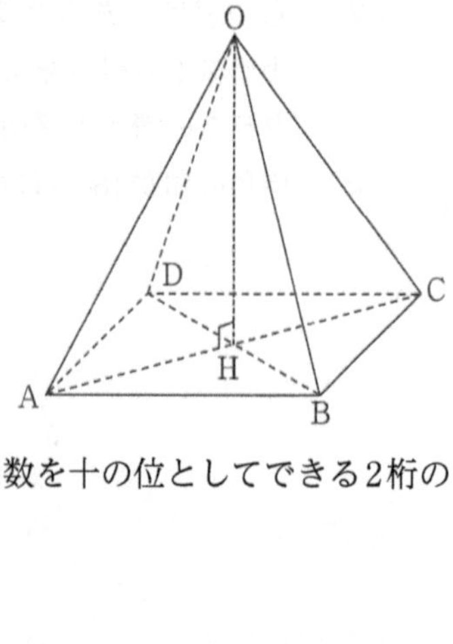

（テ） ある自然数xに1を加えた数を一の位とし，xを2で割った数を十の位としてできる2桁の数は，xから1を引いた数の2乗に等しくなるという。
xの値を求めなさい。

$x = \boxed{47}$

（ト）　右の図は正八面体の展開図である。このとき，点Bと重なる点の組合せとして正しい番号は[48]である。

①　JとD　　②　JとE
③　EとG　　④　EとH
⑤　FとH　　⑥　FとG

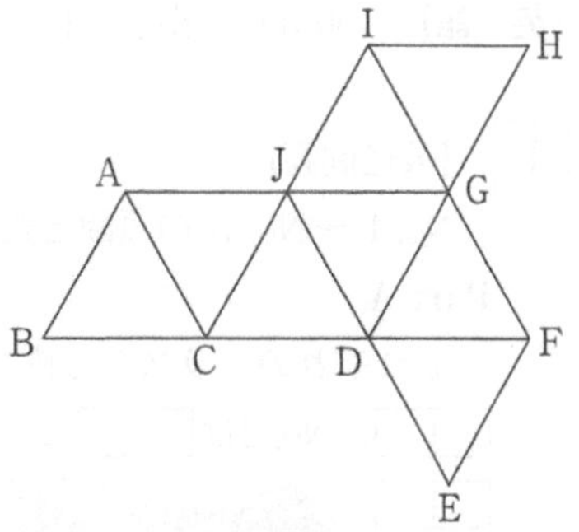

5　次の各問いに答え，[49]から[54]に適する数または符号を解答用紙の該当欄にマークしなさい。

（ナ）　次のルールで，ゲームを行う。

ルール

1. 右の図のSからスタートして，Gにちょうど止まったらゴールとし，ゲームを終了する。
2. サイコロを投げて，出た目の数だけ右回りにコマを進める。
3. ちょうどGに止まらなかった場合は，そのままコマを右回りに進める。

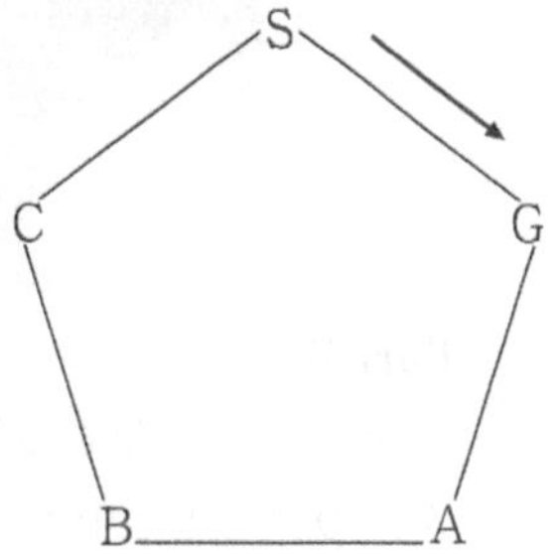

このルールのもと，サイコロを2回投げたときにゲームが終了する確率Pを求めなさい。

$$P=\frac{[49]}{[50][51]}$$

（ニ）　[2]，[3]，[5]，[7]，[11]と書かれたタイルがどれもたくさんある。このタイルを下の図のように[2]，[3]，[5]，[7]，[11]の順にくり返して一列に並べた。一列に並べたタイルの数字を足したところ，577になった。このとき，何枚のタイルを並べたか求めなさい。

[2][3][5][7][11][2][3][5][7][11][2]　····

並べたタイル：[52][53][54]（枚）

6　次の各問いに答え，[55]から[63]に適する数または符号を解答用紙の該当欄にマークしなさい。

右の図のように関数$y=kx^2$$(k>0)$と直線$m$の交点をそれぞれA，B，直線$m$と$x$軸との交点をCとする。点A，B，Cの$x$座標は，8，$b$，$-4$である。AB：BC＝8：1のとき，次の問いに答えなさい。

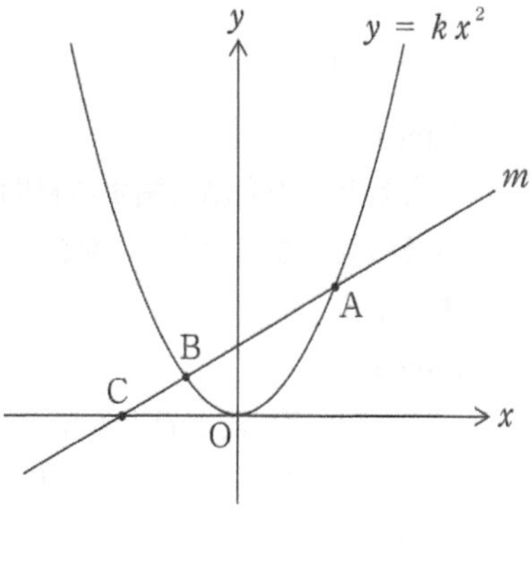

（ヌ）　△OACの面積Sを，kを用いて表しなさい。

$$S=[55][56][57]k$$

（ネ）　bの値を求めなさい。

$$b=-\frac{[58]}{[59]}$$

（ノ）　△OABの面積が48のとき，kの値を求めなさい。

$$k=\frac{[60][61]}{[62][63]}$$

【英　語】（50分）〈満点：100点〉

1 【放送問題】

No. 1 ～ No. 10の質問と選択肢は１回ずつ読まれます。

Part A

それぞれのイラストの内容について，ア～エの中から，最も適当なものを１つ選び，No. 1は [1]，No. 2は [2] にマークしなさい。英文は１回読まれます。

[1]

[2]

Part B

ポスターに関する質問が2つあります。No. 3は会話と質問を聞き，最も適当な位置をポスターのア～エの中から1つ選び，[3] にマークしなさい。No. 4は質問と答えを聞き，ア～エの中から最も適当なものを1つ選び，[4] にマークしなさい。英文は1回読まれます。

[3]

[4]

Part C

会話とその会話に関する質問が2つ流れます。順番に質問，会話，答えを聞き，ア～エの中から最も適当なものを1つ選び，No. 5は [5]，No. 6は [6] にマークしなさい。英文は1回読まれます。

Part D

No. 7は短い話と質問が流れます。順番に質問，短い話，答えを聞き，ア～エの中から最も適当なものを1つ選び，[7] にマークしなさい。英文は1回読まれます。

Part E

No. 8は英文が読まれます。質問と答えは書いてあります。No. 8は話を聞き，ア～エの中から最も適当なものを1つ選び，[8] にマークしなさい。英文は1回読まれます。

[8] What animals are these?

ア．Pumas.　　イ．Peacocks.　　ウ．Chameleons.　　エ．Parrots.

No. 9, No. 10は，やや長めの英文が読まれます。質問に対する答えとして最も適当なものをア～エの中から1つ選び，No. 9は[9]，No. 10は[10]にマークしなさい。英文は1回読まれます。

[9] How many sisters did Jack have?

ア．One.　　イ．Two.　　ウ．Three.　　エ．Four.

[10] Why did Jack cut his brothers' clothes?

ア．They laughed at him.　　イ．He wanted new clothes.

ウ．He was jealous of them.　　エ．His sisters asked him to cut them.

※リスニングテストの放送台本は非公表です。

2 次の英文を読んで，後の問いに答えなさい。解答は[11]～[20]にマークしなさい。

Ken is a junior high school student. He has a sister. Her name is Mai. She is studying science at a university in America. She came back home on vacation.

One night at the dinner table, Mai asked Ken, "What subject do you like the best?" Ken answered, "I think science is the most interesting, but it's not so easy for me now." "Don't worry, Ken. ①(for / the important thing / to find / interesting / you / something / is) and study it," said Mai. Their father said, "Your sister is right, Ken. Science may not be an easy subject, but it is very *useful in our life."

After dinner, Mai said, "Ken, I'll (1) you some science books I bought in America." Ken began to look at them. "Oh, I haven't seen such large *telescopes," said Ken. "Japan also made a large telescope on the top of a high mountain in Hawaii. It is larger than these," said Mai. Ken said, "When did they finish ②(　　　) it?" Mai said, "Well, they finished it in 1998. Some other countries helped our country. It is wonderful for scientists from different countries to study together with that telescope. Don't you think so, Ken?" Ken said, "Yes, I do."

The next day, at school, Ken told his friends about the large Japanese telescope in Hawaii. Akira, one of his friends, said to Ken, "Let's go to the library and study about the telescope. Our group will be able to *give a good presentation about it in the next science class." Ken said, "That's a good idea."

After school, Ken and his friends went to the library and learned ③many things. One thing they learned is that the mountain in Hawaii is one of the best places for watching stars. Another thing is that some other countries also made a very large telescope there.

That night, after dinner, Ken and his sister were looking up at the sky in the garden. Mai said to Ken, "Through the large telescopes, scientists try to find how stars are born. I hope we will be able to (2) how the *universe started." "That's exciting," said Ken. "Some scientists say that the science in the future may be different from the science of today," said Mai. Then their father came up to them and said, "Well, studying science is a big challenge for us to understand the *unknown world." "④You're right, Father. I will study science harder," said Ken.

＊useful：役に立つ　＊telescope：望遠鏡　＊give a presentation：発表する
＊universe：宇宙　＊unknown：未知の

問1　下線部①の（　）内の語句を次の日本語に合うように並べかえたとき，3番目と5番目に来る語句の組み合わせを次のア～エの中から1つ選び，[11]にマークしなさい。ただし，文頭に来るべき語も小文字にしてあります。

「あなたにとって重要なことは何か興味あることを見つけることです」

ア．3番目 something ―― 5番目 interesting
イ．3番目 interesting ―― 5番目 the important thing
ウ．3番目 is ―――― 5番目 for
エ．3番目 you ―――― 5番目 to find

問2　下線部②の（　）内に入れるものとして最も適当なものを次のア～エの中から1つ選び，[12]にマークしなさい。

ア．make　イ．to make　ウ．making　エ．made

問3　下線部③の内容として最も適当なものを次のア～エの中から1つ選び，[13]にマークしなさい。

ア．ハワイの山が星を見るには最適であるということと日本以外にはこのような大きな望遠鏡を作っている国はないということ。
イ．ハワイの山が星を見るには最適であるということと他の国々もそこに大きな望遠鏡を作っているということ。
ウ．日本が星を見るには最適であるということと他の国々もハワイに大きな望遠鏡を作っているということ。
エ．日本が星を見るには最適であるということと日本以外にはこのような大きな望遠鏡を作っている国はないということ。

問4　（　1　）と（　2　）に当てはまる最も適当なものを次のア～エの中から1つずつ選び，（　1　）は[14]に，（　2　）は[15]にマークしなさい。

ア．make　イ．know　ウ．take　エ．show

問5　下線部④の内容として最も適当なものを次のア～エの中から1つ選び，[16]にマークしなさい。

ア．将来の科学は今日のものとは異なっているということ。
イ．望遠鏡を使って星を見ることは素晴らしいということ。
ウ．科学を勉強することは知らないことへの挑戦だということ。
エ．科学は難しいので一生懸命勉強することが大切であるということ。

問6　次の英文は，Kenの理科の授業での発表の内容です。（　A　）～（　D　）に当てはまる最も適当なものを次のア～エの中から1つずつ選び，[17]～[20]にマークしなさい。

Hello, everyone, do you know much about the universe? Many scientists in the world help（　A　）other and study about the universe.（　B　）are many things we don't know about the universe. For, example, we don't know how（　C　）are born. But we will be able to know that soon. Some countries made large telescopes in Hawaii. Japan is one of those countries. We will be able to watch things we can't see now（　D　）those telescopes.

In the future, our science will open the door to unknown worlds.

17	A	ア．one	イ．each	ウ．the	エ．an
18	B	ア．They	イ．We	ウ．Those	エ．There
19	C	ア．the universe	イ．stars	ウ．scientists	エ．some countries
20	D	ア．on	イ．at	ウ．in	エ．through

3 次の対話文の空欄に最も適するものをア～エの中から選び，21～30 にマークしなさい。

A：How do you go to your high school?
B：［ 21 ］
ア．It's a very nice school.　イ．By bus.
ウ．It's far from the station.　エ．In Tokyo.

A：May I use the bathroom?
B：［ 22 ］
ア．Thank you very much.　イ．Yes, I'm full.
ウ．Small or large?　エ．Sure. It's near the front door.

A：Hurry up, ［ 23 ］
B：OK. We should leave now.
ア．and we'll get up early.　イ．so we couldn't get on that bus.
ウ．but we can see you tomorrow.　エ．or we'll miss the next bus.

A：This question is too difficult for me to answer.
B：［ 24 ］ Let's ask our teacher to help us.
ア．I know the answer.　イ．I can answer it, too.
ウ．Oh, wonderful!　エ．It is for me, too.

A：Good morning. How are you feeling?
B：［ 25 ］ But I still have a fever.
ア．Certainly.　イ．Of course not.
ウ．Much better.　エ．I'm afraid not.

A：What's your favorite sport?
B：［ 26 ］
A：That's interesting.
ア．Swimming is.　イ．I don't watch sports.
ウ．I'm not good at skiing.　エ．Soccer is very popular among young People.

A：When are you going to return the DVD?
B：［ 27 ］
A：OK. Please enjoy the movie.
ア．You won't return it tomorrow.
イ．I'll return it.
ウ．I'm going to return it the day after tomorrow.
エ．I have already seen it.

A：You look pale.

B：[28]

A：You'd better sit down and take a break for a while.

ア．I have no money with me.　　イ．I have been to the station.

ウ．I have a headache.　　エ．I have painted the hospital's wall.

A：How long does it take from Hawaii to Japan?

B：[29]

A：Really? It's farther than I thought.

ア．It takes about 9 hours with a direct flight.

イ．It's 9 o'clock.

ウ．It's the first time for me.

エ．I'd like to go to Hawaii this summer.

A：Excuse me, may I speak to Audrey?

B：[30]

A：Well, can I leave a message for her?

ア．OK. Just a moment, please.　　イ．I'm sorry, but she is out now.

ウ．You're welcome.　　エ．Yes, she wants to get a message.

4 次のそれぞれの英文の空所に入る適切なものをア～エの中から選び，[31]～[35]にマークしなさい。

1　I have a [31] of apples in my basket.

（ア．many　　イ．fully　　ウ．lot　　エ．cup）

2　He asked me [32] lunch for his little brother.

（ア．make　　イ．making　　ウ．to making　　エ．to make）

3　Please give me [33] drink.

（ア．cold to some　　イ．any cold to

ウ．something cold to　　エ．cold something to）

4　Charlie [34] a nice present by Lucy.

（ア．gives　　イ．gave　　ウ．was given　　エ．was giving）

5　I saw either dogs [35] foxes in the dark.

（ア．nor　　イ．or　　ウ．and　　エ．but）

5 次の各文がほぼ同じ意味になるように空所を補うとき，適切なものを次のア～エの中から選び，[36]～[40]にマークしなさい。

Sleeping well is good for your health.

It is good for your health [36].

（ア．sleep　　イ．good at sleep　　ウ．to sleep well　　エ．sleep well）

Don't swim in this river.

You [37] swim in this river.

（ア．aren't able to　　イ．won't　　ウ．must not　　エ．don't have to）

Shall I close the window?
Do you want me [38] close the window?

（ア．for　　イ．be　　ウ．to　　エ．that）

The Shinano River is the longest river in Japan.
The Shinano River is longer than [39] river in Japan.

（ア．some　　イ．any　　ウ．some other　　エ．any other）

I have never seen such a beautiful sight before.
This is the most beautiful sight that I have [40] seen.

（ア．ever　　イ．never　　ウ．been　　エ．not）

6 次の（　　）内の語句を並べ替えて正しい英文にする時，文頭から数えて３番目と５番目になる語句の正しい組み合わせをア～オの中から選び，[41]～[45] にマークしなさい。（文頭になる語も小文字で表記してあります。）

[41]　私の弟は１人で買い物に行けるくらいの年齢だ。

（① is　　② shopping　　③ my younger brother　　④ go
⑤ enough　　⑥ old　　⑦ to）alone.

ア．①－④　　イ．⑤－④　　ウ．②－④　　エ．③－⑤　　オ．⑥－⑦

[42]　私の夢は魔女になることだ。

（① my　　② to　　③ is　　④ be
⑤ dream　　⑥ witch　　⑦ a）.

ア．①－⑤　　イ．⑥－⑦　　ウ．③－④　　エ．⑤－②　　オ．①－②

[43]　妻が帰った時，息子は寝ているだろう。

（① my　　② asleep　　③ when　　④ son
⑤ be　　⑥ my wife　　⑦ will）comes home.

ア．⑦－③　　イ．①－②　　ウ．④－⑦　　エ．⑦－②　　オ．④－⑥

[44]　りえは二日間何も食べていない。

（① anything　　② has　　③ eaten　　④ Rie
⑤ not　　⑥ for　　⑦ two）days.

ア．①－②　　イ．⑤－①　　ウ．③－②　　エ．④－⑤　　オ．⑥－⑦

[45]　もし明日雨が降っていたら，私たちはテニスをすることが出来ないだろう。

If it is rainy tomorrow,（① won't　　② able　　③ we
④ to　　⑤ be　　⑥ tennis　　⑦ play）.

ア．⑤－④　　イ．②－③　　ウ．②－⑦　　エ．①－④　　オ．④－⑤

〔四〕 次の（1）～（5）の傍線部と同じ漢字を含むものを、それぞれ次のア～エより選び、記号をマークせよ。
〔解答番号は（1）21・（2）22・（3）23・（4）24・（5）25。〕

（1） 洗濯にヒョウハクザイを使う
ア トウヒョウに出かける
イ 無人島にヒョウチャクする
ウ ショウヒョウを登録する
エ 感情をヒョウシュツする

（2） 思いが伝わるようにヨクヨウをつけて話す
ア 民衆をヨクアツする
イ ショクヨクをそそる料理
ウ ヨクジツは休日です
エ ヨクソウの深い風呂

（3） 全員に注意をカンキする
ア 関係者を法廷にショウカンする
イ 行政機関からカンコクを受ける
ウ カンキのあまりに涙を流す
エ ジュンカン型社会の実現を目指す

（4） 退屈をマギらわすために外出する
ア 財布をフンシツする
イ 試合でフントウする
ウ フンイキのいいお店
エ 議論がフンシュツする

（5） デパートで物産展がモヨオされている
ア 法令のサイソクを定める
イ 雑誌に記事がケイサイされる
ウ 競技大会がカイサイされる
エ サイセイ可能エネルギー

〔五〕 次の四字熟語の中で（　）内に漢数字が入らないものを選び、記号をマークせよ。
〔解答番号は 26。〕
ア 一期（　）会
イ 一騎当（　）
ウ 一意（　）心
エ （　）花繚乱

〔六〕 次の三つの慣用句の（　）内に共通して入る漢字を後より選び、記号をマークせよ。
〔解答番号は 27。〕
・（　）を抱える
・（　）が立つ
・（　）を割る

ア 胸　イ 口　ウ 腕　エ 腹

果を手に入れることができた様子が丁寧に描かれている。

エ　極限的な状況を乗り越えて、仲間とともに一位という結果を得られたことで、自信をもつことができた姿が描かれている。

〔三〕　次の文章を読んで、後の設問に答えよ。

折節[※1]の移り変わるこそ、ものごとにあはれなれ。「もののあはれは秋こそまされ」と人ごとに言ふ[a]めれど、それもさるものにて、今ひときは[b]心も浮きたつものは、春の景色にこそあめれ。鳥の声なども[1]ことの外《ほか》に春めきて、のどやかなる日かげに、垣根《かきね》の草萌え出づる頃より、やや春ふかく霞みわたりて、花[2]もやうやう[※2]気色《けしき》だつほど[c]こそあれ、折しも雨風うちつづきて、心あわたたしく散りすぎぬ。青葉になり行くまで、[3]よろづにただ心をのみぞ悩ます。花橘《はなたちばな》は名[※3]にこそ負へれ、なほ、梅の匂ひにぞ、いにしへ[d]の事も立ちかへり恋しう思ひ出でらるる。山吹《やまぶき》の清げに、藤のおぼつかなきさましたる、すべて、思ひ捨てがたきこと多し。

（兼好法師『徒然草』より）

※１　折節…季節
※２　気色だつ…咲きそうな様子になる
※３　名にこそ負へれ…有名である

問一　二重傍線部ａ～ｄのなかで、現代仮名遣いに直しても表記が変わらないものはどれか。次から選び、記号をマークせよ。
〔解答番号は 16 。〕
ア　ａ　イ　ｂ　ウ　ｃ　エ　ｄ

問二　傍線部１の意味として適当なものを、次から選び、記号をマークせよ。
〔解答番号は 17 。〕
ア　それ以外に　イ　予想に反して
ウ　格別に　エ　都の外で

問三　傍線部２は何の花を指すか。次から選び、記号をマークせよ。
〔解答番号は 18 。〕
ア　桃　イ　桜　ウ　椿　エ　梅

問四　傍線部３の品詞は何か。次から選び、記号をマークせよ。
〔解答番号は 19 。〕
ア　副詞　イ　接続詞　ウ　感動詞　エ　動詞

問五　本文ではいくつかの部分に和歌を踏まえた表現が用いられている。次の中で本文と関連がないと思われる和歌はどれか、次から選び、記号をマークせよ。
〔解答番号は 20 。〕
ア　さつき待つ花たちばなの香をかげば昔の人の袖の香ぞする
イ　ひさかたの光のどけき春の日にしづ心なく花の散るらむ
ウ　春はただ花のひとへに咲くばかりもののあはれは秋ぞまされる
エ　東風吹かばにほひをこせよ梅の花あるじなしとて春を忘るな

〔解答番号は 11 。〕

ア　長年組んだペアを解消し、一年生の恵梨香と組んで練習に励み、まだまだ落ち着かない気持ちが表れている。

イ　長年組んだペアを解消し、一年生の恵梨香と組んで練習に励み、すっかりそれが当たり前になっている安心した気持ちが表れている。

ウ　長年一人でカヌーに取り組んできた恵梨香の鍛えられた背中を見つめ、自分は恵梨香のスピードについていけるのだろうかと不安に思っている気持ちを表している。

エ　大事な大会に、これまで共にレースに臨んできた天神千帆ではない後輩とペアを組むことに、まだ違和感を残しつつ集中しようという気持ちが表れている。

問２　傍線部２「不敵な顔」とありますが、どのような顔ですか。説明として最も適切なものを次から選び、記号をマークせよ。

〔解答番号は 12 。〕

ア　誰も近づけないような、孤独な気持ちを含んだ顔。

イ　誰も近づけないような、ふてぶてしさを含んだ顔。

ウ　気持ちが大胆になり、早くレースが始まらないかと落ち着かない様子の顔。

エ　気持ちが大胆になり、自信を秘めた顔。

問３　本文の表現について述べたものとして、適切でないものを次から選び、記号をマークせよ。

〔解答番号は 13 。〕

ア　前半にテンポの良い会話文を取り入れて、読み手にレース直前のリアルな緊張感が伝わるようにしている。

イ　「光」、「太陽」、「水面」、「風」のように自然を表す言葉を多く用いて、今登場人物がいる風景をイメージしやすくしている。

ウ　もともとのペアだった同級生の千帆と、現在のペアである下級生の恵梨香について、細かな描写を多く取り入れ、希衣の不安な気持ちを、読み手に伝わりやすくしている。

エ　後半に身体に関する描写を多く取り入れて、登場人物の心情をより丁寧に表現している。

問４　本文中には【舟が、加速する。】という一文が入る。挿入する部分として最も適切な箇所を【　A　】～【　D　】から選び、記号をマークせよ。

〔解答番号は 14 。〕

ア　A　　イ　B　　ウ　C　　エ　D

問５　この文章で描かれている内容について説明した文として、適切でないものを次から選び、記号をマークせよ。

〔解答番号は 15 。〕

ア　カヌーに熱心に取り組む女子高生が、悩みながらも努力し、インターハイ出場を目指す姿が描かれている。

イ　実力はあるが気弱で慎重な性格の希衣と、彼女たちを応援する周囲の人たちに文章全体を通して焦点を当て、感動的に描いている。

ウ　初めての大会出場を前に、ペアとしての関係に悩んでいた恵梨香だったが、自分の力を信じて出場し、望んでいた結染み付いた感覚が、勝手に身体を動かす。パドルが滑らかに水面を押し上げ、水の塊を波打った。せーの、と横から聞こえた掛け声は、一瞬の内に後ろへ遠ざかった。

恵梨香と乗る時の水は軽い。彼女の圧倒的なパワーに引きずられて、流れが作られるのが分かる。

ドン、ドン、と彼女がキックする度に舟が震える。尾骶骨《びていこつ》に伝わる振動を、希衣は余すことなく受け止める。生み出された力を最大限に活かす。それが、希衣の役割だ。

残り三〇〇メートル。

〈 中略 〉

―勝ちたい！

【 A 】

「二人で行こう、上へ！」

「はいっ」

全神経を恵梨香へ集中させる。彼女の息遣い、腕、上半身、脚、全ての動き。その何もかもに合わせて、自分の身体を無我夢中に動かす。二人の動きがピタリとシンクロして、妨げるものがなくなった。

【 B 】

風と一体化したような、凄まじい快感だった。パドルを一掻《ひとか》きする度に面白いように前へと進む。

亜美たちの身体に追いつき、そして追い越す。ゴールラインはすぐそこだった。

「ああああああ！」

何もかもがむしゃらだった。これまで溜《た》め込んできた勝利への渇望《かつぼう》が、喉奥から沸き上がった。

叫んでいるのが自分なのか恵梨香なのか、それすら判断できない。

【 C 】

【 D 】

渾身《こんしん》の力でパドルを回す。前へ、前へ！

舟がゴールラインを越えた。一番に誰よりも速く。

「勝ちました、先輩！」

振り返った恵梨香の言葉が、最初耳から擦り抜けた。その直後に、亜美たちの舟がゴールしたのが見えた。

一着。それは即《すなわ》ち、インターハイ出場の権利を得たことを意味している。

「ながとろサイコーッ」

聞こえた声に顔を上げれば、岸の方で千帆がタオルを振り回していた。檜原に抱きつく舞奈に、サムズアップする芦田。

「本当に勝ったんだ……」

実感した瞬間、身体から力が抜けた。手が震える。熱くなる目頭を押さえることすら億劫《おっくう》で希衣はそのまま顔を伏せた。

「湧別さん、ありがとう」

君と漕ぐ。その選択を正しいものにしてくれて。

（武田綾乃『君と漕ぐ　ながとろ高校、カヌー部』より）

問１　傍線部１「いつの間にか見慣れてしまった背中だ」とありますが、ここでは希衣のどんな気持ちが表れていますか。最も適切なものを次から選び、記号をマークせよ。

隣のレーンには亜美がいる。シングル、ペア、フォアの全ての競技に出場している彼女は、既に先ほど行われたフォアの決勝でインハイの出場枠を勝ち取っていた。

「第五レーン、ながとろ高校、鶴見、湧別ペア」

「はい、お願いします」

希衣と恵梨香はパドルを上げて返事をする。ゼッケンの張り付いた赤と黒のライフジャケットが至近距離に存在している。1いつの間にか見慣れてしまった背中だ。キャップから零《こぼ》れる黒髪を、希衣は自然と目で追う。

「発艇、一分前。発艇、一分前。各艇は発艇線に艇をつけてください」

線を越えぬよう、各艇がそろそろと動き出す。まだ不慣れなのか、第七レーンの艇が不安定に揺れている。多分、昨日の自分たちもあんな風だった。競技用カヌーは繊細さの求められる乗り物だから、少しのズレが大きな揺れを生む。

「鶴見先輩、天神先輩とペアの時は掛け声とかしてたんですか？」

振り返らぬまま、恵梨香が問う。

「あんまり意識したことない。普通に漕いでたよ」

「そんなものですか」

「うん。まあ、湧別さんがしたいならそういうのやってもいいけど」

「いや別に、そういう意味じゃないです。確認で聞いただけなので」

「ああ、そう」

周りのレーンでは、選手たちが互いに発破を掛け合っている。本当は先輩らしい助言をすべき状況なのかもしれない。だが、こうした少し抜けた会話を交わす方が自分たちらしいような気もする。

「第一レーン、もう少し下がって」

アナウンスの指示に従い、カヌーの位置を動かす。第一レーン、第二レーン……と順に調整が進む中、希衣は恵梨香の黒髪を見つめている。二つくくりではない、真っすぐな彼女の髪を。

「私、これから湧別さんと漕ぐんだ」

しみじみと、噛《か》み締めるような言葉が口を衝《つ》いた。それまで空想だったものが唐突に現れたような、どっしりとした感慨が自身の胸に注ぎ込まれる。「そうですよ」と恵梨香は前を向いたまま言った。「鶴見先輩と私は、二人で漕ぐんです」

「途中でへばったりしないでよ？」

「先輩こそ」

きっと2不敵な顔をしているんだろうな、と希衣は想像する。後ろからでは彼女の表情は見えない。それでも、当たっているだろうという確信はあった。

息を吸い込む。光ごと、たっぷりと。高い位置にある太陽が、全てを照らし出している。硝子《ガラス》の破片を撒《ま》いたように、水面に反射する光は鋭い。

何もかもが眩しくて、綺麗《きれい》だ。

「Ready」

水上にアナウンスが響き渡る。声が耳に入った瞬間、身体が勝手に反応した。パドルを構え、前を見る。

「set」

恵梨香が呼吸する音が聞こえた。心臓がトキンと高く跳ねる。

「go!」

〔解答番号は 7 。〕

ア　自分たちが行った大量生産・大量消費を引き続き継続させて、次の世代の利益を上げようとする構造。

イ　自分たちが行った大量生産・大量消費を取りやめて、次の世代への注意喚起をしようとする構造。

ウ　自分たちが大量生産・大量消費をしたことによって起きた問題を、次の世代へと押し付けていく構造。

エ　大量生産・大量消費によって生じた様々な問題を、次の世代に必ず引き継いでいかせようという構造。

問四　【　Ｃ　】に入れるべき最も適切な語句を、次から選び、記号をマークせよ。

〔解答番号は 8 。〕

ア　人間の倫理に合っていない

イ　自然の感性に合っていない

ウ　人間の理性に合っていない

エ　自然の論理に合っていない

問五　傍線部２「経済論理が、科学技術の中身を決めてきた」とあるがそれはどのようなことか。最も適切なものを、次から選び、記号をマークせよ。

〔解答番号は 9 。〕

ア　科学技術を高めることで、安く大量生産ができるようになれば、自然にやさしくなれるということ。

イ　生産効率を上げ、大量生産ができるようになれば、多くの働き手を雇用することができるということ。

ウ　どうすれば安く大量に生産することができるかということが、科学を発展させてきたということ。

エ　生産効率を上げ、大量生産をすることによって、科学技術を発展させ、成功に導いたということ。

問六　本文全体の内容や表現を通して、最も適切だと思われるものを、次から選び、記号をマークせよ。

〔解答番号は 10 。〕

ア　一般的な例を用いながら、接続詞などで話の筋道を誰にでもたどれるようになっている。

イ　比喩を多く取り入れることで、誰にでもわかりやすく文章をたどれるようになっている。

ウ　特殊な具体例を用いて、誰にでも話の内容に深く切り込むことができるようになっている。

エ　専門用語を多用することで、この場でしか表現できないような内容を中心に説明されている。

〔二〕　次の文章を読んで、後の設問に答えよ。

水上を漂いながら、アナウンスの声を聞く。

「只今より第二十一レース、女子、ＷＫ－２決勝の確認を行います」

今回の大会でペアに出場するのは七艇。その内三艇が越井戸高校のものだ。今回出場している四校の中で、越井戸は最も人数は多い。その分、選手層も厚いのだろう。

「第四レーン、越井戸高校、宍戸、園田ペア」

「よろしくお願いします」

ができるのでしょうか。たぶん、答えは、そんな知恵のない単純なものではないと思います。なすべきことは、現在の私たちの生き方を振り返り、いかなる価値観の変更が必要で、そのためには、科学がいかなる役目を果たすべきかを考えることではないでしょうか。

　環境問題を引き起こした原因の一つは、現在の生産様式が【　C　】ことにあります。ある意味で、かんたんで楽なやり方しか採用してこなかったのです。

　例えば、現在の生産方式の多くは、工場（プラント）を集中化し、巨大化した設備で大量生産を続けるという方法がとられています。その方が、生産効率が高く、省力化できる、つまり安上がりで大量に生産ができるという経済論理が優先されているのです。そのために、政府が基盤整備に投資を行い、それに合わせて輸送手段を集中し、都市へ人を集めるというふうに、社会構造まで含めて巨大化・集中化に邁進《まいしん》しています。その結果、少量ならば自然の力で浄化できるのに、大量に工業排出物を放出するため、海や空気の汚染を深刻化させたのです。

　工場を分散させ、小規模施設とすることが、まず第一歩です。それでは生産力が落ちると反論されそうですが、小規模でも同じ生産力を保つ研究が必要なのです。そのヒントは、科学の技術化は、一通りだけではないという点にあります。むしろ、今までは大規模生産しか考えず、それに適した技術しか開発してこなかったといえるかもしれません。[2]もうけるという経済論理が、科学技術の中身を決めてきた可能性があります。「自然にやさしい科学」とは、従来とは異なった、小規模でも高い生産性をもつ原理や技術の発見という意味を込めています。

（池内了『科学の考え方・学び方』より）

※1　カタストロフィー…終局・破局

問一　（ 1 ）〜（ 5 ）に入れるべき最も適切な語を、それぞれ選び、記号をマークせよ。

〔解答番号は（1）［1］・（2）［2］・（3）［3］・（4）［4］・（5）［5］。〕

（1）ア　確かに　イ　逆に　ウ　もっとも　エ　まさに

（2）ア　なぜなら　イ　ところで　ウ　おそらく　エ　ただ

（3）ア　つまり　イ　しかし　ウ　そして　エ　しかも

（4）ア　しかし　イ　そして　ウ　だから　エ　また

（5）ア　なぜ　イ　たとえ　ウ　はたして　エ　もちろん

問二　【 A 】・【 B 】に入れるべき最も適切な語の組み合わせを、次から選び、記号をマークせよ。

〔解答番号は［6］。〕

ア　人間 ― 科学　イ　科学 ― 人工

ウ　人工 ― 自然　エ　自然 ― 人工

問三　傍線部1「環境問題は、すべてこのような構造をもっています」とあるが、「このような構造」とはどのような「構造」か。最も適切と思われるものを、次から選び、記号をマークせよ。

【国　語】（五〇分）〈満点：一〇〇点〉

〔一〕次の文章を読んで、後の設問に答えよ。

　現在、環境問題がさまざまに議論されています。一口に環境問題といっても、地球温暖化・オゾン層の破壊・熱帯林の減少・酸性雨・有機化合物や有毒金属による地球汚染など、多くの問題にわたっており、対策も個々の問題に応じて異なっています。（　1　）、原因はただ一つです。人間の諸活動が、環境問題を引き起こしているからです。地上に人類が現れて以来、地球環境は汚染され続けてきたと極論を言う人もいます。実際、人類の手で多くの種が絶滅させられました。しかし、人類も自然に生まれてきた生物の一つですから、その活動が環境に影響を与えるのは必然なのかもしれません。

　（　2　）、人類は生産活動を行うという点で他の生物とは異なった存在であり、自然では作り得ない物質を生産し、その大量消費を行うようになったのも事実です。その結果、人類の活動が地球の環境が許容できる能力と匹敵するほどのレベルに達しており、【　A　】では浄化しきれない【　B　】化合物があふれ、新しい生命体を作る試みすらし始めています。人類は、意識しているかどうかは別として、環境を根本的に変えかねない事態を招いているのです。

　かつては、「環境は無限」と考えられていました。（　3　）、環境の容量は人類の活動に比べて圧倒的に大きく、すべてを吸収処理してくれると思ってきたのです。だから、廃棄物を平気で海や空に捨て、森林を切り、海や湖を埋立て、ダムを造ってきました。しかし、環境が無限でないことを、さまざまな公害によって学んできました。（　4　）、陸にも海にも砂漠化が進み〈海にも砂漠化が進み、海藻が枯れています〉、自然の生産力が落ち始めています。確かに、このままの消費生活を続けると、地球の許容能力を越え、カタストロフィー[※1]が起こるかもしれません。人類の未来は、環境問題の危機をいかに乗り切るかにかかっていると言っても過言ではないでしょう。二一世紀は、まさにこの課題に直面する時代となるに違いありません。

　この環境問題の原因は、無責任に大量生産・大量消費の社会構造にしてしまった私たちの世代の責任であると考えています。自分たちは優雅で便利な生活を送りながら、その「借金」を子孫に押しつけているのですから。借金の最大の象徴は、原子力発電所から出る大量の放射性廃棄物でしょう。電気を使って生活を楽しんでいるのは私たちですが、害にしかならない放射性廃棄物を一万年にわたって管理し続けねばならないのは、私たちの子孫なのです。あるいは、熱帯林を切って大量の安い紙を使っているのは私たちであり、表土が流されて不毛の地となってしまった大陸や島に生きねばならないのは子孫たちなのです。[1]環境問題は、すべてこのような構造をもっています。この点を考えれば、せめて子孫たちの負担を少しでも軽くするような手だてを打っていかねばなりません。

　この地球環境の危機に対し、「原始時代のような生活に戻れ」という主張をする人がいます。大量消費が原因なのですから、それをやめればいいという単純な発想です。しかし、それは正しいのでしょうか。いったん獲得した知識や能力を捨てて、原始時代の不安な生活に戻れるものなのでしょうか。生産力の低い生活に戻れば、どれほど多くの餓死者が出ることでしょう。（　5　）誰が、それを命じること

MEMO

大切なことはメモしておこうネ！

2022年度

山村国際高等学校入試問題（第2回）

【数　学】（50分）〈満点：100点〉

1　次の各式を計算し，$\boxed{1}$から$\boxed{23}$に適する数または符号を解答用紙の該当欄にマークしなさい。

（ア）　$-13-5\div 3\times(-6)=\boxed{1}\boxed{2}$

（イ）　$1.8\div\frac{3}{5}-\frac{(-3)^2+7^2}{2}=\boxed{3}\boxed{4}\boxed{5}$

（ウ）　$\frac{1}{3}\times 11+\frac{1}{4}\times 11+\frac{1}{5}\times 11=\frac{\boxed{6}\boxed{7}\boxed{8}}{\boxed{9}\boxed{10}}$

（エ）　$8a^3b^3\div\left(\frac{4a}{b^2}\right)^3\times a^2b=\frac{\boxed{11}}{\boxed{12}}a^{\boxed{13}}b^{\boxed{14}\boxed{15}}$

（オ）　$\sqrt{0.08}+\sqrt{0.18}=\frac{\sqrt{\boxed{16}}}{\boxed{17}}$

（カ）　$0.24\times 0.52\div 0.12=\boxed{18}.\boxed{19}\boxed{20}$

（キ）　$\frac{5a-b}{9}-\frac{a-2b}{3}=\frac{\boxed{21}a+\boxed{22}b}{\boxed{23}}$

2　次の各問いに答え，$\boxed{24}$から$\boxed{38}$に適する数または符号を解答用紙の該当欄にマークしなさい。

（ク）　ある本を１日目に全ページの$\frac{1}{2}$を読み，２日目に残ったページの$\frac{2}{5}$を読んだが，まだ33ページ残っている。この本の全ページ数は$\boxed{24}\boxed{25}\boxed{26}$ページである。

（ケ）　連立方程式 $\begin{cases}\frac{x}{2}-\frac{y+1}{4}=-2\\ x+4y=10\end{cases}$ の解は　$x=\boxed{27}\boxed{28}$，$y=\boxed{29}$　である。

（コ）　2次方程式　$x^2-2x-15=0$　の2つの解をa，$b\,(a<b)$とするとき，$3a+b^2$　の値は$\boxed{30}\boxed{31}$である。

（サ）　$\sqrt{3}=1.73$として，$\frac{2}{\sqrt{3}}$の値を小数第2位を四捨五入して小数第1位まで求めると$\boxed{32}.\boxed{33}$である。

（シ）　関数$y=ax^2$でxの変域が$-1\leqq x\leqq 2$のとき，yの変域は$0\leqq y\leqq 3$である。このとき，aの値は$\frac{\boxed{34}}{\boxed{35}}$である。

（ス）　下の表はある高校生8人についてボール投げの記録を表したものである。

出席番号	1	2	3	4	5	6	7	8
距離（m）	18	25	15	17	28	24	15	26

このデータに関する記述について**誤っている**番号は[36]である。

① 平均値は21である。　② 中央値は20である。
③ 範囲は13である。　④ 最頻値は15である。
⑤ 最大値は28である。　⑥ 最小値は15である。

（セ） 右の図で，$\angle x$の大きさは$x=$[37][38]°である。

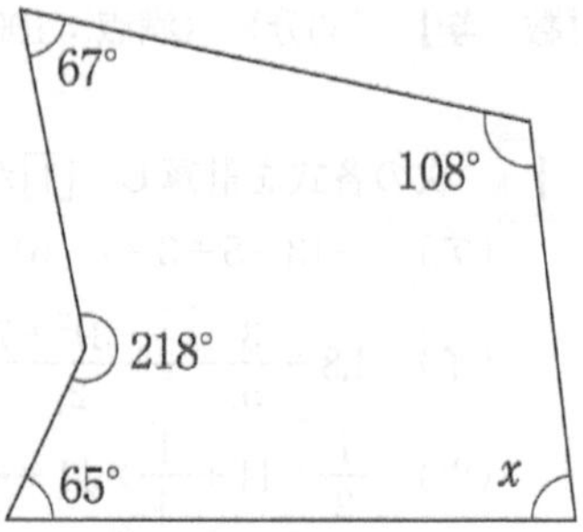

3 次の各問いに答え，[39]から[45]に適する数または符号を解答用紙の該当欄にマークしなさい。

（ソ） 右の図で，∠DAE＝80°，
AD＝BD，AE＝CEのとき，
∠BACの大きさを求めなさい。
∠BAC＝[39][40][41]°

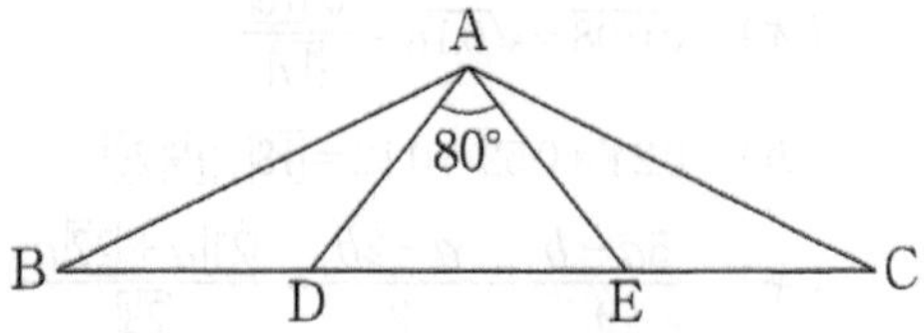

（タ） 右の図は，∠A＝∠B＝90°の台形ABCDである。点Dから辺BCに下ろした垂線の足を点Eとする。線分ACとDEの交点をFとする。AB＝BE＝15，DF＝9であるとき，斜線部分の面積Sを求めなさい。
$S=$[42][43]

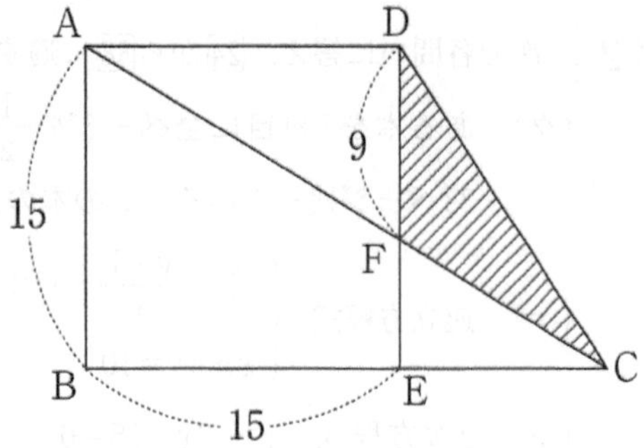

（チ） 右の図は円すいの展開図である。
円Oの半径が9 cm，おうぎ形の中心角が270°のとき，おうぎ形の半径の長さを求めなさい。
おうぎ形の半径：[44][45](cm)

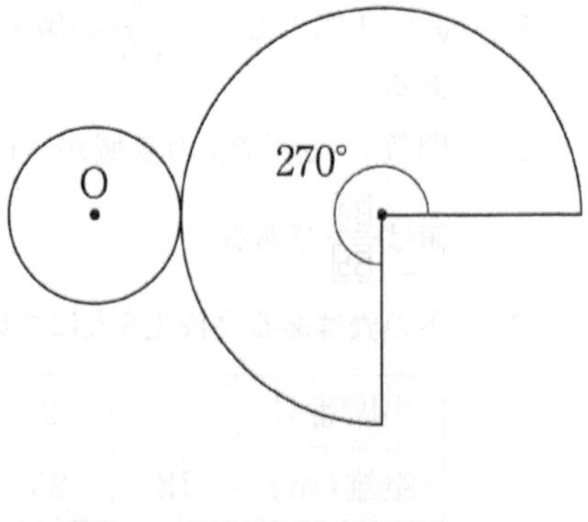

4 次の各問いに答え，$\boxed{46}$から$\boxed{53}$に適する数または符号を解答用紙の該当欄にマークしなさい。

（ツ） ある三角すいを展開すると，右の図のように１辺の長さが8 cmの正方形になった。
この三角すいの体積Vを求めなさい。

$V=\dfrac{\boxed{46}\boxed{47}}{\boxed{48}}$(cm^3)

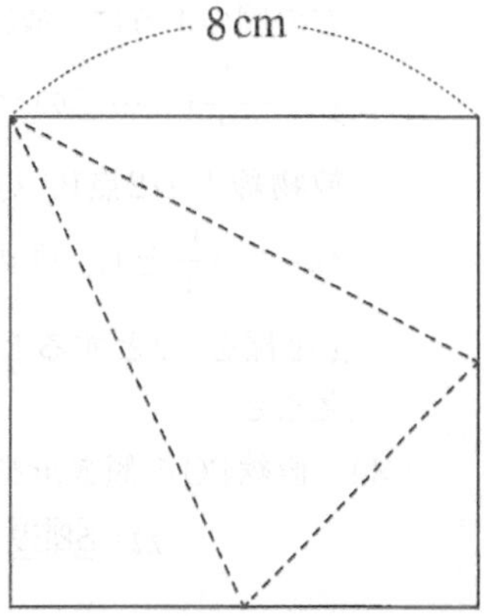

（テ） A，B，Cの３人が20点満点のテストを受けた。A，B，Cの合計点は30点であった。BとCの点数の和はAの点数に等しい。また，Bの点数の2倍は，AとCの点数の和より3点少ない。このとき，B，Cの点数を求めなさい。

Bの点数：$\boxed{49}$(点)

Cの点数：$\boxed{50}$(点)

（ト） 縦5 cm，横3 cmの直方体ABCD－EFGHがある。直方体の対角線が$\sqrt{83}$ cmであるとき，直方体の体積Vを求めなさい。

$V=\boxed{51}\boxed{52}\boxed{53}$(cm^3)

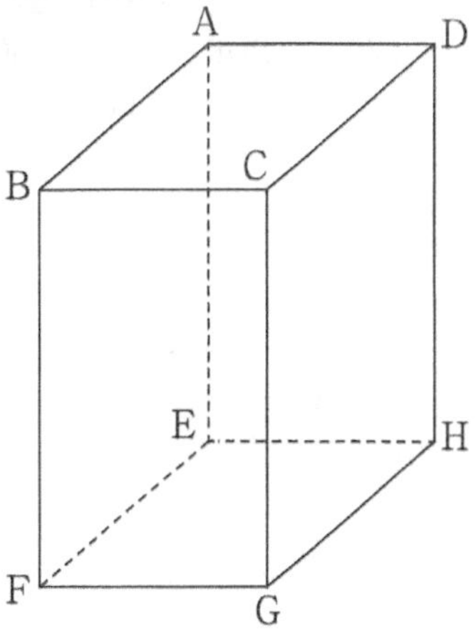

5 次の各問いに答え，$\boxed{54}$から$\boxed{57}$に適する数または符号を解答用紙の該当欄にマークしなさい。

１辺1 cmの白いタイルと黒いタイルを下の図のように並べるとき，次の問いに答えなさい。

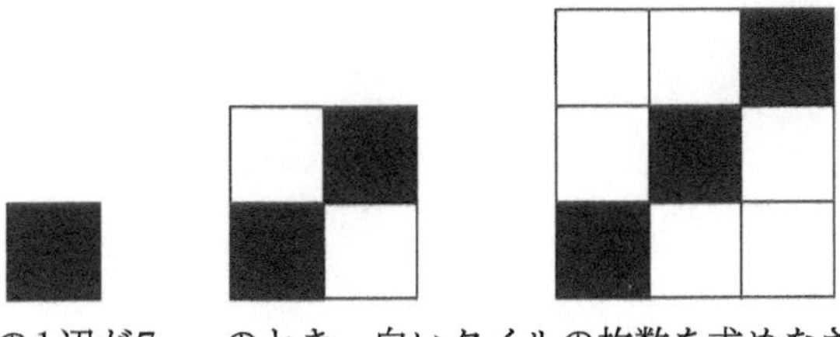

（ナ） できた正方形の１辺が7 cmのとき，白いタイルの枚数を求めなさい。

白いタイルの枚数：$\boxed{54}\boxed{55}$(枚)

（ニ） 白いタイルが272枚になるとき，できた正方形の１辺は何cmか求めなさい。

できた正方形の１辺：$\boxed{56}\boxed{57}$(cm)

6 次の各問いに答え，[58]から[63]に適する数または符号を解答用紙の該当欄にマークしなさい。

右の図のように，放物線 $y=3x^2$ …①，$y=-\frac{1}{2}x^2$ …②のグラフがある。①の放物線上の2点P，Qの x 座標をそれぞれ -1，$\frac{1}{3}$ とし，②の放物線上の点Rの x 座標を -2 とするとき，次の問いに答えなさい。

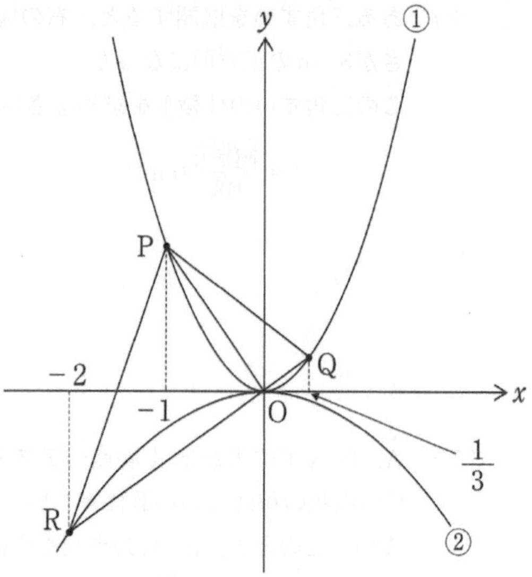

（ヌ） 直線PQの傾き m を求めなさい。

$m=$ [58][59]

（ネ） 点Rを通り，直線PQに平行な直線と y 軸との交点の y 座標を求めなさい。

y 座標：[60][61]

（ノ） △PORと△POQの面積の比を，最も簡単な正の整数の比で表しなさい。

△POR：△POQ＝[62]：[63]

【英　語】（50分）〈満点：100点〉

[1] 【放送問題】

No. 1 ～ No. 10の質問と選択肢は1回ずつ読まれます。

Part A

それぞれのイラストの内容について，ア～エの中から，最も適当なものを1つ選び，No. 1は [1]，No. 2は [2] にマークしなさい。英文は1回読まれます。

[1]

[2]

Part B

ポスターに関する質問が2つあります。No. 3は会話と質問を聞き，最も適当な位置をポスターのア～エの中から１つ選び，[3] にマークしなさい。No. 4は質問と答えを聞き，ア～エの中から最も適当なものを１つ選び，[4] にマークしなさい。英文は１回読まれます。

[3]

[4]

Part C

会話とその会話に関する質問が2つ流れます。順番に質問，会話，答えを聞き，ア～エの中から最も適当なものを1つ選び，No. 5は [5]，No. 6は [6] にマークしなさい。英文は1回読まれます。

Part D

No. 7は短い話と質問が流れます。順番に質問，短い話，答えを聞き，ア～エの中から最も適当なものを1つ選び，[7] にマークしなさい。英文は1回読まれます。

Part E

No. 8は英文が読まれます。質問と答えは書いてあります。No. 8は話を聞き，ア～エの中から最も適当なものを1つ選び，[8] にマークしなさい。英文は1回読まれます。

[8] What animals are these?

ア．Bengal tigers.　　イ．Indian flamingos.

ウ．Chinese dogs.　　エ．Polar bears.

No. 9, No. 10は，やや長めの英文が読まれます。質問に対する答えとして最も適当なものをア～エの中から1つ選び，No. 9は[9]，No. 10は[10]にマークしなさい。英文は1回読まれます。

[9] What could Jack's friends do better than him?

ア．Climb trees.　　イ．Play tennis.　　ウ．Study.　　エ．None of these.

[10] What does Jack want?

ア．Money.　　イ．A house.　　ウ．A child.　　エ．A wheelchair.

※リスニングテストの放送台本は非公表です。

2 次の英文を読んで，後の問いに答えなさい。解答は[11]～[20]にマークしなさい。

There was a god (A) *Prometheus. He put some *soil in his hands and mixed it with water. With this ①mud, he made the first man. The man looked like the gods, but it was much smaller. Prometheus put the man on the earth. Later, there were many (B) on the earth. [あ]

In the beginning, there was no fire on the earth. Fire was kept on Mount Olympus.

On Mount Olympus, Prometheus said to *Zeus, "I want to give fire to the men. There is (C) fire on the earth. Fire is only here on Mount Olympus. They are (D) and need something to keep warm and make tools with."

"You cannot give fire to the men," said Zeus.

"(E)" said Prometheus.

"They will become too powerful if they have fire," said Zeus.

"They are different from the other animals. They can talk. They may become as strong as the gods."

Prometheus asked Zeus many times, but he always said no. At last, Prometheus decided to steal fire from Mount Olympus. Secretly, he put a stick into the fire. Then Prometheus went back to the earth with the stick and fire. [い]

Then Prometheus gave the stick and the fire to the men. ②(to / fire / taught / how / keep / them / he / the). Men made many new things with fire. They made metal coins, tools and weapons. Prometheus was glad.

One day, Zeus saw smoke coming from the earth. Zeus knew that men had fire. He became very angry. "Who gave you fire?" he said to them. "Prometheus," said the men.

Zeus said to Prometheus, "You broke the law of the gods. ③私はお前に人間たちに火を与えないようにいったではないか."

"But I made the men," said Prometheus. "They are my children."

But Zeus was angry because Prometheus broke the promise. Then Zeus decided to punish Prometheus. He told one of the gods to make strong chains.

Prometheus was taken to a big mountain. The chains were put on him and he was fixed to a big rock. Prometheus could not move. [う]

Prometheus tried to break the chains, but they were too strong. Then a *vulture came. The vulture ate some of Prometheus' liver. But the liver grew back again.

Did Prometheus stay on that mountain forever? [え]

＊Prometheus：プロメテウス　＊soil：土　＊Zeus：ゼウス　＊vulture：ハゲワシ

問1　(　A　)と(　B　)にあてはまる最も適当なものを次のア～エの中から1つ選び，[11]にマークしなさい。

ア．(A) name ―― (B) woman

イ．(A) call ―― (B) women

ウ．(A) named ―― (B) men

エ．(A) called ―― (B) man

問2　(　C　)と(　D　)にあてはまる最も適当なものを次のア～エの中から1つ選び，(　C　)は[12]，(　D　)は[13]にマークしなさい。

[12]　ア．small　イ．much　ウ．no　エ．not

[13]　ア．hot　イ．cold　ウ．humid　エ．wet

問3　(　E　)にあてはまる最も適当なものを次のア～エの中から1つ選び，[14]にマークしなさい。

ア．It's dangerous.　イ．Why not?　ウ．OK.　エ．That's a good idea.

問4　文中に次の文を入れる場合，最も適する場所を次のア～エの中から1つ選び，[15]にマークしなさい。

No. Many years later, a strong man named Hercules broke the chains and rescued him.

ア．[あ]　イ．[い]　ウ．[う]　エ．[え]

問5　下線部①の意味として最も適当なものを次のア～エの中から1つ選び，[16]にマークしなさい。

ア．A living creature such as a dog or cat, that is not an insect, plant, bird, fish or person.

イ．Wet earth that has become soft and sticky.

ウ．The surface of the earth.

エ．The planet that we live on.

問6　下線部②が「彼は火を絶やさない方法を彼らに教えました。」という意味に並べ替えたとき，文頭から数えて8番目に来る語を次のア～エの中から1つ選び，[17]にマークしなさい。文頭の語も小文字になっています。

ア．to　イ．keep　ウ．fire　エ．them

問7　下線部③を英文に書き換えるとき，正しい英文を次のア～エの中から1つ選び，[18]にマークしなさい。

ア．I didn't tell you not to give fire to the men.

イ．I told to you not give fire to the men.

ウ．I told you not to give fire to the men.

エ．I told you no to give fire to the men.

問８　本文の内容として正しいものを次のア～エの中から１つ選び，[19]にマークしなさい。

ア．God put some soil in his hands and mixed it with fire.

イ．The first man was Prometheus.

ウ．The man was much smaller than the god.

エ．Prometheus put the man on Mount Olympus.

問９　本文の内容と異なるものを次のア～エの中から１つ選び，[20]にマークしなさい。

ア．Men can't be too powerful if they have fire.

イ．The men made metal coins, tools and weapons. Prometheus was glad.

ウ．Zeus decided to punish Prometheus.

エ．Prometheus was taken to a big mountain.

3

次の対話文の空欄に最も適するものをア～エの中から選び，[21]～[30]にマークしなさい。

A：Why are you here?

B：[21]

ア．Hi, I'm Kenta. Nice to meet you.　　イ．That is the city hall.

ウ．I have a dance lesson on this floor.　　エ．Good for you!

A：Today, I'm too tired to cook.

B：[22]

ア．Why don't we go out to eat?　　イ．Let's go hiking.

ウ．I need some milk.　　エ．OK, let's make some cupcakes!

A：What do you do in your free time?

B：[23]

A：Sounds good.

ア．I like summer.　　イ．I usually watch movies.

ウ．Why not?　　エ．I'm free from about 5 p.m. today.

A：Excuse me. Could I ask how to get to the nearest station?

B：[24]

ア．Sure. It takes about 10 minutes from here.

イ．Sure. Turn right at the first corner and you'll see it on your left.

ウ．Sure. There is the city library.

エ．Sure. I love trains.

A：[25]

B：This hat was made in England.

ア．When did you buy this hat?　　イ．Where did you buy this hat?

ウ．How was this hat made?　　エ．Where was this hat made?

A：How is Kenta doing?

B：He is in New York now. He is [26]

A：That's so cool. He flies around the world.

ア．a pilot.　　イ．the pilot.　　ウ．pilot.　　エ．pilots.

A：I'm so thirsty. [27]

B：Sure. Here you are.

ア. How about you?　イ. Could you pass me the water bottle?

ウ. Do you like chocolate?　エ. Will you drink something?

A：May I help you?

B：Yes. [28]

A：How about this one?

ア. I'm lost.　イ. I'm taking pictures.

ウ. I can help you.　エ. I'm looking for a green scarf.

A：Hi Shelly! [29]

B：It's so nice. I went to Kusatsu Onsen yesterday, and I loved the open-air bath.

ア. How's your trip so far?　イ. Are you ready to order?

ウ. Did you eat okonomiyaki?　エ. Did you get a hair cut?

A：What did you do last night?

B：[30]

ア. I'm looking forward to seeing you.

イ. Long time no see.

ウ. I went to have dinner with my grandparents.

エ. I'll play tennis.

4 次のそれぞれの英文の空所に入る適切なものをア～エの中から選び，[31]～[35]にマークしなさい。

1 According [31] the doctor, Thomas is getting better day by day.
（ア. to　イ. on　ウ. of　エ. as）

2 It was difficult [32] Linus to do his homework alone.
（ア. with　イ. about　ウ. for　エ. of）

3 January is one of the [33] in Japan.
（ア. very cold month　イ. colder month
ウ. coldest month　エ. coldest months）

4 We enjoyed swimming [34] summer vacation.
（ア. when　イ. during　ウ. as　エ. if）

5 She lives in a nice house [35] roof is red.
（ア. who　イ. whose　ウ. which　エ. that）

5 次の各文がほぼ同じ意味になるように空所を補うとき，適切なものを次のア～エの中から選び，[36]～[40]にマークしなさい。

He will buy the guitar tomorrow.
He [36] buy the guitar tomorrow.
（ア. will be　イ. is able to　ウ. is going to　エ. have to）

{ You don't have to tell me the truth now.
{ You [37] tell me the truth now.

（ア．won't need　イ．must not　ウ．don't need to　エ．aren't able to）

{ I lost my watch, and I don't have it now.
{ I [38] my watch.

（ア．never have　イ．am losing　ウ．bought　エ．have lost）

{ My father took me to that restaurant.
{ I [39] to that restaurant by my father.

（ア．am take　イ．took　ウ．was taken　エ．taken）

{ Lucy is a girl who has brown hair.
{ Lucy is a girl [40] brown hair.

（ア．that　イ．has　ウ．in　エ．with）

6 次の（　）内の語句を並べ替えて正しい英文にする時，文頭から数えて3番目と5番目になる語句の正しい組み合わせをア～オの中から選び，[41]～[45]にマークしなさい。（文頭になる語も小文字で表記してあります。）

[41] 私が昨日誰に会ったのか彼は知らない。

（①　does　②　who　③　he　④　know
⑤　not　⑥　met　⑦　I）yesterday.

ア．⑤－②　イ．③－⑤　ウ．⑦－①　エ．④－⑥　オ．①－③

[42] この雑誌は以前のほど面白くはないけれど，絶対に読む価値がある。

（①　magazine　②　although　③　is　④　this　⑤　interesting
⑥　as　⑦　not）as the previous ones, it is definitely worth reading.

ア．⑦－⑥　イ．②－③　ウ．④－⑤　エ．⑤－⑥　オ．①－⑦

[43] バスに乗った時，誰かが名前を呼んだ。

（①　was　②　I　③　on　④　getting
⑤　when　⑥　bus　⑦　the）, someone called my name.

ア．①－③　イ．②－③　ウ．⑤－④　エ．①－⑥　オ．⑤－③

[44] あなたはどこで知らない人に話しかけられましたか。

（①　where　②　spoken　③　by　④　a
⑤　were　⑥　to　⑦　you）stranger?

ア．②－④　イ．①－③　ウ．⑦－②　エ．⑦－⑥　オ．⑤－⑥

[45] そこで働いている人々は全員日本人だ。

（①　working　②　are　③　people　④　all
⑤　there　⑥　the　⑦　Japanese）.

ア．④－②　イ．①－②　ウ．⑦－①　エ．⑤－⑦　オ．①－③

〔六〕　次の文中の傍線部と似たような意味を持つ慣用句を後のア～エより選び、記号をマークせよ。

〔解答番号は 27 。〕

● あの人は石橋をたたいて渡る性格の持ち主だ。

ア　石の上にも三年

イ　念には念を入れよ

ウ　危ない橋を渡る

エ　果報は寝て待て

マークせよ。

〔解答番号は 20 。〕

ア　あれこれ準備などせず、足を踏みとどめたりしてはならないのである。

イ　ちゃんとした準備をしないと、足を止めてしまうことになるのである。

ウ　いろいろと準備することは必要ないが、途中で休むことは必要である。

エ　とにかくしっかりと準備をして、本気で足元を踏みしめることである。

〔四〕　次の（1）～（5）の傍線部と同じ漢字を含むものを、それぞれ次のア～エより選び、記号をマークせよ。

〔解答番号は（1） 21 ・（2） 22 ・（3） 23 ・（4） 24 ・（5） 25 。〕

（1）　善戦もむなしくセキハイする

ア　ショクセキを全うする

イ　外国製品のハイセキ運動

ウ　ギョウセキを上げる

エ　セキベツの気持ちを抱く

（2）　ジョコウ運転で進む

ア　試験の範囲からジョガイする

イ　ジョジョに快方に向かう

ウ　福祉活動をジョセイする

エ　ありのままにジョジュツする

（3）　メイコウの作った作品

ア　歯科ギコウ士を目指す

イ　試験のヨウコウを確認する

ウ　彼の残したコウセキは大きい

エ　コウシュにすぐれた選手

（4）　敵の目をアザムく

ア　シツギの応答に移る

イ　サギ事件が発生する

ウ　大きなギセイを払う

エ　ギジを進行する

（5）　学生時代をカエリみる

ア　特徴をコチョウして表現する

イ　味方をコブする

ウ　コキャクの要望に応える

エ　社員をカイコする

〔五〕　次の四字熟語で、それぞれの（　）内に同じ漢字が入らないものを選び、記号をマークせよ。

〔解答番号は 26 。〕

ア　（　）朝（　）夕

イ　右（　）左（　）

ウ　（　）画（　）賛

エ　日（　）月（　）

〔三〕　次の文章を読んで、後の設問に答えよ。

世に従はん人は、まづ機嫌※1を知るべし。ついで※2悪《あ》しき事は、人の耳にも逆《さか》ひ、心にも違《たが》ひ[a]て、その事成らず、さやう[b]の折節※3を心得べきなり。

【　A　】

ただし、病をうけ、子うみ、死ぬる事のみ、機嫌をはから[c]ず。ついで悪しとて止む事なし。

【　B　】

[1]生・住・異・滅※4の移り変はる[d]、まことの大事は、猛《たけ》き河のみなぎり流るるが如《ごと》し。

【　C　】

されば、真俗※5につけて、[2]かならず果し遂げむと思はんことは、機嫌をいふべからず。

【　D　】

[3]とかくのもよひ※6なく、足を踏みとどむまじきなり。

（兼好法師『徒然草』より）

※1　機嫌…時機
※2　ついで…物事の順番
※3　折節…頃合い、機会
※4　生・住・異・滅…仏教語。発生・存続・変化・滅亡を指す
※5　真俗…仏事（仏道）と俗事（俗世）
※6　もよひ…準備

問一　二重傍線部a～dのなかで、現代仮名遣いに直しても表記が変わらないものはどれか。次から選び、記号をマークせよ。
〔解答番号は 16 。〕

ア　a　　イ　b　　ウ　c　　エ　d

問二　次の一文は本文中の【　A　】～【　D　】のどこに入るのが適当か。次から選び、記号をマークせよ。
〔解答番号は 17 。〕

●　しばしも滞らず、直ちに行ひゆくものなり。

ア　A　　イ　B　　ウ　C　　エ　D

問三　傍線部1と同様の意味を表す四字熟語として適当なものを、次から選び、記号をマークせよ。
〔解答番号は 18 。〕

ア　生生流転　　イ　起死回生
ウ　生老病死　　エ　生者必滅

問四　傍線部2の品詞は何か。次から選び、記号をマークせよ。
〔解答番号は 19 。〕

ア　名詞　　イ　動詞　　ウ　副詞　　エ　感動詞

問五　傍線部3の口語訳として適当なものを、次から選び、記号を

ウ　事実に対してあいまいな情報を排除して流されている
エ　真実に対してなんらかの評価を差し引いて流されている

問三　［　Ｂ　］、［　Ｃ　］に入れるべき最も適切な語の組み合わせを次から選び、記号をマークせよ。

〔解答番号は 7 。〕

ア　Ｂ　相対　―　Ｃ　絶対
イ　Ｂ　独善　―　Ｃ　協調
ウ　Ｂ　客観　―　Ｃ　主観
エ　Ｂ　楽観　―　Ｃ　悲観

問四　傍線部１「意見が対立したときに、誰がどのようにその善し悪しを決めるのか」とあるが、その答えとして最も適切なものを次から選び、記号をマークせよ。

〔解答番号は 8 。〕

ア　様々な意見を持つ国民一人一人に対して、国家がその意見を尊重していこうとすること。
イ　国家の様々な意見に対して、国民一人一人が積極的に政治に参加していこうとすること。
ウ　国家の決定的な意見に対して国民一人一人が考え、賛成の意を唱えていこうとすること。
エ　様々な意見に対して国民一人一人が考え、国民自らの意思を決定していこうとすること。

問五　次の段落は、本文中の【　Ａ　】～【　Ｄ　】のいずれかに入る段落である。入れるべき最も適切な箇所を選び、記号をマークせよ。

〔解答番号は 9 。〕

●　このように何かを表現したい、知りたいという欲求は、もっとも人間らしい、私たちの本質にかかわるものなのです。「その人」らしさという意味では人間の尊厳にかかわるものです。

ア　Ａ　イ　Ｂ　ウ　Ｃ　エ　Ｄ

問六　傍線部２『「表現の自由」を侵害し、人間の尊厳を傷つけるだけでなく、民主主義の本質をつき崩してしまうことになるのです』とあるが、それはなぜか。最も適切なものを次から選び、記号をマークせよ。

〔解答番号は 10 。〕

ア　メディアに対して規制をかけることで、人々の「知る権利」「表現の自由」に歯止めをかけられるから。
イ　権力によって思想や言論を規制することは、「知る権利」「表現の自由」を侵すことになるから。
ウ　権力によって思想や言論を規制することで、「知る権利」「表現の自由」を獲得できるから。
エ　権力が人々の自由を規制することで、「知る権利」「表現の自由」が認められることになるから。

（原田マハ『あなたは、誰かの大切な人』より）

〔二〕

※問題に使用された作品の著作権者が二次使用の許可を出していないため、問題を掲載しておりません。

の発表するものを見たり聞いたりすることで、より幸せになることができます。たとえば、アーティストは自分のつくった楽曲を多くの人に聞いてもらうことで、みずからの才能や役割を確認し、喜びを感じるのだと思います。そして私たちも、好きな曲を自由に聞いて楽しむことで心が豊かになります。もし、「この曲はよくない曲だから聞いてはいけない」と国が決めつけてきたら、みなさんも納得できないでしょう。

【Ｂ】

さらに「表現の自由」「知る権利」は私たちの政治にとって不可欠であり、民主政治にとって重大な意味をもちます。

【Ｃ】

民主政治は一人ひとりの国民がその知りえた事実に基づいて判断した考えを、議論を通じて実現しようとするものです。国民が十分に議論をして何が正しいかをみんなでみつけようとしているときに、「こう考えなければだめだ」と特定の考え方を押しつけられたのでは、民主政治は成り立ちません。

【Ｄ】

（ ５ ）民主主義は、何が正しいかわからないからこそ、みんなで議論しお互いの考えをぶつけ合って、もっともよいものをみつけ出そうとするものです。そこでお互いが自由にものを言えなければ成り立たないのです。

国や政治家が特定の考えをメディアに押しつけることも、メディアの自由な報道に何らかの影響を与えるような行動をとることも許されません。国や政治家などの権力をもつ者は、国民の思想や言論活動といった精神的な営みの領域には立ち入ってはいけないのです。

それは[2]「表現の自由」を侵害し、人間の尊厳を傷つけるだけでなく、民主主義の本質をつき崩してしまうことになるのです。

（伊藤真『中高生のため憲法教室』より）

問一 （ １ ）〜（ ５ ）に入れるべき最も適切な語をそれぞれ選び、記号をマークせよ。

〔解答番号は（1）[1]・（2）[2]・（3）[3]・（4）[4]・（5）[5]。〕

(1) ア そして イ つまり ウ むしろ エ しかし

(2) ア 要するに イ そして ウ また エ たとえば

(3) ア おそらく イ あくまでも ウ まるで エ どうしても

(4) ア また イ しかし ウ つまり エ たとえば

(5) ア おそらく イ 断じて ウ そもそも エ まるで

問二 ［ Ａ ］に入れるべき最も適切な文を次から選び、記号をマークせよ。

〔解答番号は[6]。〕

ア 事実に対してなんらかの評価が加えられて流されている

イ 真実に対して信頼がおけるものとして流されている

【国　語】（五〇分）〈満点：一〇〇点〉

〔一〕次の文章を読んで、後の設問に答えよ。

今回はテレビや新聞などのメディアから発信される情報と、「表現の自由」について考えてみたいと思います。

こうした情報について考えるときに、前提として理解しておかなければならないことがあります。それはメディアから流される情報は、「　　Ａ　　」ということです。そこには評価し、判断する人の考えや価値観が反映されています。

テレビや新聞を見ていると、どうしてもそこに書いてあることだけが「Ｂ」的な真実のような気がしてしまいます。（　１　）、そのニュースは世界中に無数にある事件の中から番組制作者や編集者が選択したものです。どのニュースを報道するかを一定の価値観に基づいて判断した結果です。

テレビならば何分放送するか、どのような映像を流すか、反対の人の意見をどうするかなど、すべて番組制作者の意見や価値観がそこには反映されます。そして、そのような報道を正しくないと考える人がいるかもしれません。けれど、「この番組内容は中立的でないから変更したほうがいい」という批判もまた、ある価値観に基づいた一つの「Ｃ」的意見にすぎないということになります。

問題はこのように1意見が対立したときに、誰がどのようにその善し悪しを決めるのかということです。国や政治家が、「この内容は偏っていてよくないから内容を変更すべきだ」ということを、一方的にメディアに押しつけることができるとしたらどうなるでしょうか。それでは国や政治家の気に入った番組や記事しか流されなくなってしまいます。

（　２　）、アメリカがイラク戦争を始めるときに、「イラクには大量破壊兵器が隠されていてテロリストとつながっている」という情報だけが、政府の影響を受けてメディアから大量に流され、多くのアメリカ国民がそれをもとにイラク戦争賛成という判断をしてしまいました。しかし、その情報はまちがいだったことが今では明らかになっています。何万人もの命を奪う結果になるような、重大な判断材料となる情報が正しく流されず、国民が自由に情報に接することができないと、大きな不幸を招くという一例です。

メディアから流される情報の善し悪しは国や政治家のような権力をもった者が判断するのではなく、（　３　）、情報を受け取る側である国民がみずから判断するべきものなのです。国や政治家はメディアの情報内容に口をさしはさむべきではありません。

私たちには、国の干渉を受けずに自由に表現し、かつ情報を受け取る自由（知る権利）が保障されています。憲法二一条一項は「集会、結社及び言論、出版その他一切の表現の自由は、これを保障する」と規定していますが、これは「表現の自由」とともに国民の「知る権利」を保障したものだと考えられています。表現行為は情報の受け手が存在してはじめて意味をもつものですから、二一条一項は情報が公表されてから受け手が受け取るまで、その過程のすべてを国家権力による干渉から保護しているのです。

【　Ａ　】

私たちは自分の思いや考えを人に知ってもらったり、（　４　）、人

第1回

2022年度

解 答 と 解 説

《2022年度の配点は解答欄に掲載してあります。》

＜数学解答＞ 《学校からの正答の発表はありません。》

1 (ア) [1] 3 [2] 6 (イ) [3] 2 [4] 7 [5] 2
(ウ) [6] 1 [7] 9 [8] 1 [9] 2 (エ) [10] − [11] 3 [12] 7
(オ) [13] 6 (カ) [14] 7 [15] 2 [16] 0 [17] 2 [18] 0
(キ) [19] − [20] 2 [21] 5 [22] 6

2 (ク) [23] 2 [24] 0 [25] 0 (ケ) [26] 2 [27] 3 (コ) [28] 9
(サ) [29] 4 (シ) [30] − [31] 5 (ス) [32] 3 [33] 4
(セ) [34] 1 [35] 2

3 (ソ) [36] 7 [37] 0 (タ) [38] 9 [39] 1 [40] 2 [41] 3
(チ) [42] 1 [43] 2 [44] 5

4 (ツ) [45] 2 [46] 4 (テ) [47] 8 (ト) [48] 5

5 (ナ) [49] 5 [50] 3 [51] 6 (ニ) [52] 1 [53] 0 [54] 4

6 (ヌ) [55] 1 [56] 2 [57] 8 (ネ) [58] 8 [59] 3
(ノ) [60] 2 [61] 7 [62] 6 [63] 4

○推定配点○
各4点×25　　計100点

＜数学解説＞

基本 **1** (数・式の計算，平方根の計算)

(ア) $50-\{16+4\div(3-5)\}=50-\{16+4\div(-2)\}=50-(16-2)=50-14=36$

(イ) $1.6\times1.7\times6.3-1.6\times1.7\times(-3.7)=1.6\times1.7\times(6.3+3.7)=1.6\times1.7\times10=27.2$

(ウ) $\frac{7}{2}\div\frac{14}{3}-\left(-\frac{2}{3}\right)\times\frac{5}{4}=\frac{7}{2}\times\frac{3}{14}+\frac{2}{3}\times\frac{5}{4}=\frac{3}{4}+\frac{5}{6}=\frac{9}{12}+\frac{10}{12}=\frac{19}{12}$

(エ) $(-3a^3)^2\div6a^3\times(-2a^4)=-9a^6\times\frac{1}{6a^3}\times2a^4=-3a^7$

(オ) $(1+\sqrt{2})^2+(1-\sqrt{2})^2=1+2\sqrt{2}+2+1-2\sqrt{2}+2=6$

(カ) $2^{2020}+2^{2021}+2^{2022}=2^{2020}+2\times2^{2020}+2^2\times2^{2020}=(1+2+4)\times2^{2020}=7\times2^{2020}$

(キ) $\frac{2a-b}{3}-\frac{2a+b}{2}=\frac{2(2a-b)-3(2a+b)}{6}=\frac{4a-2b-6a-3b}{6}=\frac{-2a-5b}{6}$

2 (1次方程式の応用問題，連立方程式，2次方程式，平方根の大小，変化の割合，統計，多角形)

(ク) 濃度5%の食塩水の量をxgとすると，濃度2%の食塩水の量は，$300-x$(g)　食塩の量から，方程式を立てると，$x\times\frac{5}{100}+(300-x)\times\frac{2}{100}=300\times\frac{4}{100}$　$5x+600-2x=1200$　$3x=600$　$x=200$

(ケ) $3x+4y=18$…①　$7x=6y-4$　$7x-6y=-4$…②　①×3＋②×2から，$23x=46$　$x=2$　これを①に代入して，$3\times2+4y=18$　$4y=12$　$y=3$

重要 (コ)　$x^2+ax+8=0$の2つの整数解をp, qとすると, $p+q=-a$, $pq=8$　$pq=8$が成り立つ整数p, qの組は, $p>q$とすると, (8, 1), (4, 2), (−1, −8), (−2, −4)　このうち, aが一番大きくなるp, qは, (−1, −8)　よって, 求めるaの値は, $-(-1-8)=9$

(サ)　$\sqrt{10}<n<\sqrt{50}$　$10<n^2<50$　この不等式が成り立つ自然数nは, 4, 5, 6, 7の4個

(シ)　$\dfrac{a\times1^2-a\times(-4)^2}{1-(-4)}=15$　$\dfrac{-15a}{5}=15$　$-3a=15$　$a=-5$

(ス)　$\dfrac{1\times2+2\times6+3\times9+4\times12+5\times6}{35}=\dfrac{119}{35}=3.4$

(セ)　$180°\times(n-2)=1800°$　$n-2=10$　$n=12$　よって, 内角の和が1800°になる多角形は12角形だから, 頂点の個数は12個

3 (平面図形の計量問題一角度, 面積, 三角形の比の定理)

(ソ)　△FBCにおいて内角の和の関係から, ●+○+125°=180°　●+○=55°　△ABCの内角の和の関係から, ∠x+2(●+○)=180°　∠x=180°−2(●+○)=180°−2×55°=180°−110°=70°

重要 (タ)　補助線ODを引くと, OD=OB　△OBC≡△DBCから, DB=OB　よって, △OBDは一辺の長さが6cmの正三角形になる。$\angle CBO=\dfrac{60°}{2}=30°$から, △OBCは∠CBO=30°の直角三角形になるので, $\triangle OBC=\dfrac{1}{2}\times6\times\dfrac{6}{\sqrt{3}}=\dfrac{18}{\sqrt{3}}=\dfrac{18\sqrt{3}}{3}=6\sqrt{3}$　求める面積は, おうぎ形OABの面積から△OBCの面積の2つ分をひいたものになるから, $\pi\times6^2\times\dfrac{90°}{360°}-6\sqrt{3}\times2=9\pi-12\sqrt{3}$ (cm²)

(チ)　AD=$x$cmとする。三角形と比の定理から, AD：DB=CE：EB　$x:(6-x)=(4-x):x$　$x^2=(6-x)(4-x)$　$x^2=24-10x+x^2$　$10x=24$　$x=\dfrac{24}{10}=\dfrac{12}{5}$

4 (空間図形の問題, 2次方程式の応用問題一三平方の定理, 体積, 展開図)

(ツ)　△OAHにおいて三平方の定理を用いると, $AH=\sqrt{OA^2-OH^2}=\sqrt{5^2-4^2}=\sqrt{9}=3$　AC=3×2=6　よって, $V=\dfrac{1}{3}\times\dfrac{1}{2}\times6\times6\times4=24$ (cm³)

(テ)　$10\times\dfrac{x}{2}+(x+1)=(x-1)^2$　$5x+x+1=x^2-2x+1$　$x^2-8x=0$　$x(x-8)=0$　$x\neq0$から, $x=8$

(ト)　点Cと点Eが重なるので, 点Bと点Fが重なる。点Fは点Hと重なる。よって, 点Bは点Fと点Hと重なる。

5 (確率, 規則性)

(ナ)　サイコロの2回の目の出方は全部で, 6×6=36(通り)　そのうち, サイコロを2回投げたときにゲームが終了する場合は, (1回目, 2回目)=(2, 4), (3, 3), (4, 2), (5, 1), (5, 6)の5通り　よって, $P=\dfrac{5}{36}$

(ニ)　2+3+5+7+11=28　577÷28=20あまり17　2+3+5+7=17より, 並べたタイルは, 5×20+4=104(枚)

6 (図形と関数・グラフの融合問題)

(ヌ)　$y=kx^2$に$x=8$を代入すると, $y=k\times8^2=64k$　よって, A(8, 64k)　OC=4　したがって, $S=\dfrac{1}{2}\times4\times64k=128k$

(ネ)　点A，Bからx軸へ垂線AH，BIを引くと，HC＝8−(−4)＝12　HI：IC＝AB：BC＝8：1　$HI=12\times\frac{8}{9}=\frac{32}{3}$　$8-b=\frac{32}{3}$より，$b=8-\frac{32}{3}=-\frac{8}{3}$

重要　(ノ)　△OAB：△OAC＝AB：AC　48：128k＝8：9　128k×8＝48×9　$k=\frac{48\times9}{128\times8}=\frac{27}{64}$

★ワンポイントアドバイス★

3 (タ)は，補助線ODを引くことによって，△OBDが正三角形になることに気づくことがポイントである。

＜英語解答＞《学校からの正答の発表はありません。》

1　リスニング問題解答省略

2　11 エ　12 ウ　13 イ　14 エ　15 イ　16 ウ　17 イ　18 エ　19 イ　20 エ

3　21 イ　22 エ　23 エ　24 エ　25 ウ　26 ア　27 ウ　28 ウ　29 ア　30 イ

4　31 ウ　32 エ　33 ウ　34 ウ　35 イ

5　36 ウ　37 ウ　38 ウ　39 エ　40 ア

6　41 オ　42 ウ　43 エ　44 イ　45 ア

○推定配点○

1　各2点×10　2　各3点×10　3　各2点×10　4　各2点×5　5　各2点×5　6　各2点×5　計100点

＜英語解説＞

1　リスニング問題解説省略。

2　(長文読解・物語文：語句整序，語句補充，内容吟味，語彙)

(大意)　ケンは中学生だ。彼の姉のマイはアメリカの大学で科学を学んでいる。彼女は休暇に家へ帰ってきた。ある夜，夕食の席でケンはマイに「科学が1番面白いと思うけれど，今は僕には簡単ではないんだ」と言った。「心配しないで。①あなたにとって重要なことは何か興味があることを見つけてそれを勉強することよ」とマイは言った。夕食の後，マイは「ケン，私はあなたに私がアメリカで買った科学の本を(1)見せてあげる」と言った。ケンはそれらを見始めて「そんなに大きな望遠鏡を見たことがない」と言った。「日本もハワイにそれらより大きな望遠鏡を作ったのよ」とマイは言った。「いつそれを②作り終わったの」とケンは言い，「1998年よ。他の国々が私たちの国を手伝ったの。様々な国々出身の科学者たちがその望遠鏡で一緒に研究することは素晴らしいと思う」とマイは言った。次の日の放課後，ケンと友達は図書館へ行って，③たくさんのことを学んだ。彼らが学んだ1つは，ハワイの山は星を見るための最も良い場所の1つだ，ということだ。もう1つは，いくつかの他の国々もそこにとても大きな望遠鏡を作った，ということだ。その夜，ケンと姉は庭で空を見上げていた。マイはケンに言った。「大きな望遠鏡を通して，科学者たちは星がどのように生まれたのかを見つけようとするの。私たちが宇宙がどのように始まったのか(2)知ることができたら良いと思うわ。将来の科学は今日のものとは異なっている，という学者もいるの」そのとき，彼らのお父さんが彼らに近づいてきて言った。「科学を研究することは私たちにとって未知の世界を理解するための大きな挑戦だよ」「④その通りだね，お父さん。僕はより一生懸命に科学を勉強するよ」とケンは言った。

やや難 問1 The important thing for you is to find something interesting (and study it.) for you「あなたにとって」は「重要なこと」を修飾しているので thing の直後に置く。不定詞〈to ＋動詞の原形〉の文。ここでは「～すること」という意味の名詞的用法で用いられている。—thing という代名詞は後ろに形容詞をつける。

問2 finish は目的語に動名詞をとり，finish —ing で「～し終える」の意味になる。

問3 下線部③の直後の2文参照。

問4 ア．「～を作る」 イ．「～を知る」 ウ．「～を持っていく」 エ．「～を見せる」

問5 ア．最終段落第5文参照。マイの発言である。(×) イ．そのような記述はない。(×)
ウ．下線部④の直前の1文参照。(○) エ．第2段落第2文～第4文参照。マイの発言である。(×)

問6 「世界のたくさんの科学者たちが，お互いに助け合って宇宙について研究している。宇宙について私たちが知らないことがたくさんある。例えば，私たちは(C)星がどのように生まれたのかを知らない。ハワイに大きな望遠鏡を作っている国々がある。それらの望遠鏡(D)を通して，今はわたしたちが見ることができない物を私たちは見ることができるだろう」 [17] each other「お互いに」 [18] 主語が不特定なもので「…が～にある」という意味を表す場合，〈There ＋be動詞＋数量[a／an]＋名詞＋場所を示す前置詞句〉の形にする。 [19] 第6段落第2文参照。 [20] 第6段落第2文参照。

[3] (会話文：語句補充)

[21] A：あなたはどうやって高校へ行くの。／B：バスで。

[22] A：お手洗いを使ってもいいですか。／B：いいですよ。玄関の近くにあります。

[23] A：急ぎなさい，さもないと私たちは次のバスに乗り遅れるよ。／B：わかった。今，出発するべきだね。

[24] A：この質問は僕には難しすぎて答えられないよ。／B：僕もだよ。先生に手伝ってくれるように頼もう。

[25] A：おはよう。どんな感じだい。／B：(前より)ずっといいよ。でもまだ熱がある。

[26] A：あなたのお気に入りのスポーツは何。／B：水泳よ。／A：面白いわ。

[27] A：君はいつDVDを返すつもりだい。／B：私は明後日，返すつもりよ。／A：わかった。映画を楽しんで。

[28] A：顔色が悪いよ。／B：頭が痛いんだ。／A：座ってしばらく休憩した方が良いよ。

[29] A：ハワイから日本までどのくらいかかるの。／B：直行便で約9時間よ。／A：本当に。私が思ったより遠いわ。

[30] A：すみません，オードリーをお願いします。／B：すみませんが，彼女は今，外出しています。／A：それでは，彼女にメッセージを残しても良いですか。

[4] (語句補充：語彙，不定詞，受動態，接続詞)

基本 1 a lot of ～ で「たくさんの～」の意味。

2 〈ask ＋A＋ to ＋動詞の原形〉で「(A)に～するように頼む」の意味。

重要 3 —thing という代名詞を使った不定詞の形容詞的用法の文では〈—thing ＋形容詞(～)＋ to ＋動詞の原形〉の語順で「何か～なもの」の意味になる。

4 by「～によって」があるから受動態の文にするのが適切。受動態は〈be動詞＋動詞の過去分詞形〉の形。

5　either A or B「AかBのどちらか」

5　**(書き換え：不定詞，助動詞，比較，現在完了)**

36　「(Aにとって[Aが])―するのは～だ」の意味の〈動名詞―ing is ～.〉から不定詞を用いた〈It is ～ (for A) to ―.〉の形への書き換え。

37　禁止の意味を表す否定の命令文〈Don't ＋動詞の原形～〉から，助動詞 must を使った文〈You must not ＋動詞の原形～〉への書き換え。

38　Shall I ～?「～しましょうか」から〈Do you want ＋人＋ to ＋動詞の原形～？〉「人に～してほしいですか」への書き換え。

39　最上級の文「1番～だ」から〈比較級＋ than any other ＋名詞の単数形〉「他のどの…よりも～だ」への書き換え。

40　現在完了を用いた〈主語＋ have[has]＋ never ＋動詞の過去分詞形＋ such ＋冠詞(＋形容詞)＋名詞〉から〈This is the ＋形容詞(最上級)～＋主語＋ have[has]＋ ever ＋動詞の過去分詞形〉「これは今まで…した最も～だ」への書き換え。

6　**(語句整序：不定詞，動名詞，助動詞，接続詞，現在完了)**

41　My younger brother is old enough to go shopping (alone.)　〈形容詞[副詞]＋ enough to ＋動詞の原形〉で「～できるくらい(十分に)…(形容詞／副詞)」の意味。go ―ing「―しに行く」

やや難　42　My dream is to be a witch(.)　「～すること」という意味を表すのは〈to ＋動詞の原形〉の形をとる不定詞の名詞的用法。be はbe動詞の原形。

43　My son will be asleep when my wife (comes home.)　接続詞 when を使った文。〈主語A＋動詞B＋ when ＋主語C＋動詞D〉で「CがDのときAがB」という意味。「～するだろう」と未来の意味を表すのは助動詞 will である。助動詞がある英文では主語に関係なく動詞は原形になる。be動詞の原形は be である。asleep は「眠って」という意味の副詞。

44　Rie has not eaten anything for two (days.)　現在完了の継続用法の文。否定文は〈主語＋ have[has] not ＋動詞の過去分詞形〉の形。〈not ＋ any―〉で「1つ[1人]も～ない」の意味。

45　(If it is rainy tomorrow,) we won't be able to play tennis(.)　won't = will not の短縮形。can = be able to ～ で「～できる」の意味。「～できるだろう」と未来の内容にするときは〈will be able to ＋動詞の原形〉を使う。

★ワンポイントアドバイス★

疑問詞の用法や，疑問詞を使った重要表現を確認しよう。紛らわしいものはまとめて覚えよう。疑問詞に対する答え方もおさえておこう。

＜国語解答＞ 《学校からの正答の発表はありません。》

〔一〕 問一 (1) イ (2) エ (3) ア (4) エ (5) ウ 問二 エ
問三 ウ 問四 エ 問五 ウ 問六 ア

〔二〕 問一 イ 問二 エ 問三 ウ 問四 イ 問五 ウ

〔三〕 問一 ウ 問二 ウ 問三 イ 問四 ア 問五 ア

〔四〕 (1) イ (2) ア (3) ア (4) ア (5) ウ 〔五〕 ウ 〔六〕 エ

○推定配点○

〔一〕 問一 各2点×5 他 各5点×5 〔二〕 問五 6点 他 各5点×4
〔三〕 各5点×5 〔四〕～〔六〕 各2点×7 計100点

＜国語解説＞

〔一〕 (論説文―内容吟味，指示語の問題，接続語の問題，脱文・脱語補充)

問一 (1) 「多くの問題にわたっており，対策も個々の問題に応じて異なっています」という前に対して，後で「原因はただ一つです」と相反する内容を述べているので，逆接の意味を表す語を入れる。 (2) 「人類も自然に生まれてきた生物の一つですから，その活動が環境に影響を与えるのは必然かもしれません」という前に対して，後で「人類は……自然では作り得ない物質を生産し，その大量消費を行うようになったのも事実です」と続けているので，補足して説明する意味を表す語を入れる。 (3) 前の「環境は無限」を，後で「環境の容量は……すべてを吸収処理してくれる」と言い換えているので，説明の意味を表す語を入れる。 (4) 「環境が無限でない」という前に，後で「自然の生産力が落ち始めています」と付け加えているので，添加の意味を表す語を入れる。 (5) 後の「できるのでしょうか」に呼応する語を入れる。下に疑問を表す語を伴って，いったいという意味を表す語が最も適切となる。

問二 「【 A 】では浄化しきれない【 B 】化合物があふれ」を含む文の冒頭に「その結果」とあるので，直前の文に原因が書かれている。直前の文の「人類は……自然では作り得ない物質を生産し」たことが原因なので，【 A 】には「自然」が，【 B 】には「人類」が作ったという意味を表す語を入れる。

問三 傍線部1に「このような」とあるので，前の内容に着目する。「環境問題」について述べている部分を探すと，同じ段落に「この環境問題の原因は，無責任に大量生産・大量消費の社会構造にしてしまった私たちの世代の責任である……自分たちは優雅で便利な生活を送りながら，その『借金』を子孫に押しつけている」とあり，これが「環境問題」が持つ「構造」にあたる。この内容を「自分たちによって起きた問題を，次の世代へと押し付けていく構造」と言い換えているウが適切。アの「次の世代の利益を上げようとする」，イの「次の世代への注意喚起をしようとする」，エの「次の世代に必ず引き継いでいかせようとする」ものではない。

やや難 問四 【 C 】は，同じ文の「環境問題を引き起こした原因」を述べる部分にあたる。「現在の生産様式」が，どういうことに合っていないのかを読み取る。直後の段落の冒頭に「例えば」とあるので，「少量ならば自然の力で浄化できるのに，大量に工業排出物を放出するため，海や空気の汚染を深刻化させた」という例にふさわしい語句を選ぶ。「少量ならば自然の力で浄化できる」という「自然の論理」に対して，「排出物の量が多すぎて浄化しきれない」というのであるから，「自然の論理に合っていない」とあるエを入れる。

やや難 問五 傍線部2を含む「もうけるという経済論理」や，直前の文の「今までは大規模生産しか考えず，それに適した技術しか開発してこなかった」に着目する。安く大量に生産してもうけるために科学技術を発展させてきたということが読み取れ，この内容を述べているウを選ぶ。最終文に「『自然にやさしい科学』とは，従来とは異なった」とあるので，「自然にやさしくなれる」とあるアは適切ではない。イの「多くの働き手を雇用できる」ことは述べていない。「科学技術の中身を決めてきた」は，エの「成功に導いた」とは重ならない。

重要 問六　本文は，「しかし」「だから」などの接続詞を用いて話の筋道を明確にすると同時に，「例えば」で始まる段落のように一般的な例を挙げて説明しているので，アが最も適切。イの「比喩」やウの「特殊な具体例」に相当する部分はない。エの「専門用語」は多用されていない。

〔二〕（小説一主題・表題，情景・心情，文脈把握，脱文・脱語補充，語句の意味）

問一　後で，恵梨香が希衣に「鶴見先輩，天神先輩とペアの時は掛け声とかしてたんですか？」と聞いていることから，希衣は以前は天神とペアを組んでいたが今は恵梨香とペアを組んでいることがわかる。傍線部1の「見慣れてしまった」という表現からは，希衣が恵梨香とペアを組むことに慣れて当たり前になったことが読み取れる。この内容を述べているイが最も適切。「見慣れてしまった」という表現に，アの「まだまだ落ち着かない」やウの「不安」，エの「まだ違和感を残しつつ」という気持ちはそぐわない。

問二　「不敵」の読みは「ふてき」で，大胆でおそれを知らないという意味になる。前の「途中でへばったりしないでよ」という希衣の声かけに対して「先輩こそ」と答える恵梨香の様子に，アの「孤独な気持ち」やウの「落ち着かない様子」はそぐわない。恵梨香は希衣と話しているので，イの「誰も近づけないような」様子は読み取れない。

やや難 問三　「適切でないもの」を選ぶことを確認する。前半の二人の会話は，アにあるようにレース直前のリアルな緊張感が伝わるものである。「息を吸い込む」で始まる段落の「光ごと……水面に反射する光は鋭い」に，イが適切。レースが始まった「水上にアナウンスが響き渡る」以降に，「身体が勝手に反応した」「恵梨香が呼吸する音が聞こえた。心臓がトキンと高く跳ねる」「染み付いた感覚が，勝手に身体を動かす」などの体に関する描写が多く用いられているので，エも適切。文章全体から「希衣の不安な気持ち」は読み取れないので，適切でないものはウ。

やや難 問四　【　B　】の前に「二人の動きがピタリとシンクロして，妨げるものがなくなった」とあり，後に「風と一体化したような，凄まじい快感だった」とあるのに着目する。「妨げるものがなくなった」ので，【舟が，加速】し，その結果「風と一体化したような，凄まじい快感」を得たという流れになるので，一文は【　B　】に挿入する。【　A　】の時点では，まだ「二人の動きがピタリとシンクロして」はいないので，「舟が，加速する」のは不自然。【　C　】の前「喉奥から沸き上がった」と後の「叫んでいる」とはつながっているので，挿入文は入れられない。【　D　】の直後に一着でゴールインをしているので，舟はもっと前に加速していなければならないので，【　D　】に挿入するのも適切ではない。

重要 問五　「適切でないもの」を選ぶ。文章は，希衣が下級生の恵梨香とペアを組み，インターハイ出場の権利を得た様子を描くものである。文章の前半に「第七レーンの艇が不安定に揺れている。多分，昨日の自分たちもあんな風だった」とあるように，二人が悩みながらも努力をして決勝のレースに臨む様子やレース中の極限的な状況に，アとエは適切。「『ながとろサイコーッ』……岸の方で千帆がタオルを振り回していた。檜原に抱きつく舞奈に，サムズアップする芦田」に，イが適切。「ペアとしての関係に悩んでいた恵梨香」の描写はないので，適切でないものはウ。

〔三〕（古文・和歌一内容吟味，語句の意味，品詞・用法，仮名遣い）

〈口語訳〉　季節が移り変わるのは，なにごとにつけても趣深いものである。

「ものの情緒は秋がとくにまさっている」と誰もが言うようだが，それももっともなことであるが，いま一段と心が浮き立つものは，春の景色であるようだ。鳥の声なども格別春めいて，のどかな日の光に，垣根の草が芽を出す頃から，だんだん春が深まり一面にかすみがかかって，桜の花もだんだん咲きそうな様子になる，その折に雨風が続いて，気ぜわしく散り過ぎてしまう。(花が散り)青葉になってゆくまで，何事につけても気をもむことばかりだ。橘の花は(昔から人を思い出させるものとして)有名であるが，しかし，梅の香によって，昔のこともその当時にたちかえって恋しく思い出されるものである。山吹が美しく，藤の花がぼんやりと見える様子など，すべて，思い捨てられないことが多い。

基本 問一　現代仮名遣いでは，二重傍線部aは「う」，bは「わ」，dは「え」に直す。

問二　傍線部1「ことのほか」は漢字に直すと「殊の外」で，予想外に，格別に，という意味。ここでは「鳥の声」が春めいている様子を修飾しているので，ウの「格別に」が適当。

問三　平安時代中期以降「花」といえば，イの「桜」を意味することが多い。それ以前は「花」といえば，梅を意味することが多い。

問四　傍線部3「よろづに」は何事につけても，という意味で，「悩ます」を修飾している。自立語で活用がなく，用言を修飾しているので，アの「副詞」。

やや難 問五　「のどやかなる日かげに……花もやうやう気色だつほどこそあれ，折しも雨風うちつづきて，心あわただしく散りすぎぬ」はイを，「もののあはれは秋こそまされ」はウを，「梅の匂ひにぞ，いにしへの事も立ちかへり恋しう思ひ出でらるる」はエを踏まえた表現となっている。

［四］(漢字の読み書き)

(1)　漂白剤　　ア　投票　　イ　漂着　　ウ　商標　　エ　表出
(2)　抑揚　　ア　抑圧　　イ　食欲　　ウ　翌日　　エ　浴槽
(3)　喚起　　ア　召喚　　イ　勧告　　ウ　歓喜　　エ　循環
(4)　紛らわす　　ア　紛失　　イ　奮闘　　ウ　雰囲気　　エ　噴出
(5)　催されて　　ア　細目　　イ　掲載　　ウ　開催　　エ　再生

［五］(熟語)

アは「いちごいちえ」，イは「いっきとうせん」，ウは「いちいせんしん」，エは「ひゃっかりょうらん」と読む。

基本 ［六］(ことわざ・慣用句)

「(　)を抱える」で大笑いをする，「(　)が立つ」で怒る，「(　)を割る」で本心を打ち明ける，という意味になる。

★ワンポイントアドバイス★

選択肢には紛らわしいものが含まれている。また，設問に「適切でないもの」を選ぶという指示があるので，注意が必要だ。

第2回

2022年度

解　答　と　解　説

《2022年度の配点は解答欄に掲載してあります。》

<数学解答> 《学校からの正答の発表はありません。》

$\boxed{1}$ (ア) $\boxed{1}$ －　$\boxed{2}$ 3　(イ) $\boxed{3}$ －　$\boxed{4}$ 2　$\boxed{5}$ 6　(ウ) $\boxed{6}$ 5　$\boxed{7}$ 1
$\boxed{8}$ 7　$\boxed{9}$ 6　$\boxed{10}$ 0　(エ) $\boxed{11}$ 1　$\boxed{12}$ 8　$\boxed{13}$ 2　$\boxed{14}$ 1　$\boxed{15}$ 0
(オ) $\boxed{16}$ 2　$\boxed{17}$ 2　(カ) $\boxed{18}$ 1　$\boxed{19}$ 0　$\boxed{20}$ 4
(キ) $\boxed{21}$ 2　$\boxed{22}$ 5　$\boxed{23}$ 9

$\boxed{2}$ (ク) $\boxed{24}$ 1　$\boxed{25}$ 1　$\boxed{26}$ 0　(ケ) $\boxed{27}$ －　$\boxed{28}$ 2　$\boxed{29}$ 3
(コ) $\boxed{30}$ 1　$\boxed{31}$ 6　(サ) $\boxed{32}$ 1　$\boxed{33}$ 2　(シ) $\boxed{34}$ 3　$\boxed{35}$ 4
(ス) $\boxed{36}$ 2　(セ) $\boxed{37}$ 8　$\boxed{38}$ 2

$\boxed{3}$ (ソ) $\boxed{39}$ 1　$\boxed{40}$ 3　$\boxed{41}$ 0　(タ) $\boxed{42}$ 4　$\boxed{43}$ 5　(チ) $\boxed{44}$ 1　$\boxed{45}$ 2

$\boxed{4}$ (ツ) $\boxed{46}$ 6　$\boxed{47}$ 4　$\boxed{48}$ 3　(テ) $\boxed{49}$ 9　$\boxed{50}$ 6
(ト) $\boxed{51}$ 1　$\boxed{52}$ 0　$\boxed{53}$ 5

$\boxed{5}$ (ナ) $\boxed{54}$ 4　$\boxed{55}$ 2　(ニ) $\boxed{56}$ 1　$\boxed{57}$ 7

$\boxed{6}$ (ヌ) $\boxed{58}$ －　$\boxed{59}$ 2　(ネ) $\boxed{60}$ －　$\boxed{61}$ 6　(ノ) $\boxed{62}$ 6　$\boxed{63}$ 1

○推定配点○
各4点×25　　計100点

<数学解説>

基本 $\boxed{1}$ (数・式の計算，平方根の計算)

(ア) $-13-5\div3\times(-6)=-13+\frac{5\times6}{3}=-13+10=-3$

(イ) $1.8\div\frac{3}{5}-\frac{(-3)^2+7^2}{2}=\frac{18}{10}\times\frac{5}{3}-\frac{9+49}{2}=3-\frac{58}{2}=3-29=-26$

(ウ) $\frac{1}{3}\times11+\frac{1}{4}\times11+\frac{1}{5}\times11=\left(\frac{1}{3}+\frac{1}{4}+\frac{1}{5}\right)\times11=\frac{20+15+12}{60}\times11=\frac{47}{60}\times11=\frac{517}{60}$

(エ) $8a^3b^3\div\left(\frac{4a}{b^2}\right)^3\times a^2b=8a^3b^3\times\frac{b^6}{64a^3}\times a^2b=\frac{1}{8}a^2b^{10}$

(オ) $\sqrt{0.08}+\sqrt{0.18}=\sqrt{\frac{8}{100}}+\sqrt{\frac{18}{100}}=\frac{\sqrt{8}}{\sqrt{100}}+\frac{\sqrt{18}}{\sqrt{100}}=\frac{2\sqrt{2}}{10}+\frac{3\sqrt{2}}{10}=\frac{5\sqrt{2}}{10}=\frac{\sqrt{2}}{2}$

(カ) $0.24\times0.52\div0.12=\frac{24}{100}\times\frac{52}{100}\times\frac{100}{12}=\frac{104}{100}=1.04$

(キ) $\frac{5a-b}{9}-\frac{a-2b}{3}=\frac{5a-b-3(a-2b)}{9}=\frac{5a-b-3a+6b}{9}=\frac{2a+5b}{9}$

$\boxed{2}$ (1次方程式の応用問題，連立方程式，式の値，平方根，2乗に比例する関数，統計，角度)

(ク) この本の全ページ数をxページとすると，仮定から，$x-\frac{1}{2}x-\frac{1}{2}x\times\frac{2}{5}=33$　$\left(1-\frac{1}{2}-\frac{1}{5}\right)x=33$　$\frac{10-5-2}{10}x=33$　$\frac{3}{10}x=33$　$x=33\times\frac{10}{3}=110$

(ケ) $\frac{x}{2}-\frac{y+1}{4}=-2$ 両辺を4倍して，$2x-y-1=-8$ $2x-y=-7$…① $x+4y=10$…②
①×4＋②から，$9x=-18$ $x=-2$ これを①に代入して，$2\times(-2)-y=-7$ $y=-4+7=3$

(コ) $x^2-2x-15=0$ $(x+3)(x-5)=0$ $x=-3,\ 5$ $a<b$より，$a=-3,\ b=5$ $3a+b^2=3\times(-3)+5^2=-9+25=16$

(サ) $\frac{2}{\sqrt{3}}=\frac{2\sqrt{3}}{3}=2\times1.73\div3=1.15\cdots$より，1.2

(シ) $y=ax^2$は$x=2$のとき最大値3になるから，$3=a\times2^2$ $4a=3$ $a=\frac{3}{4}$

(ス) 平均値は，$\frac{18+25+15+17+28+24+15+26}{8}=21$ 距離が短い順に並べると，15，15，17，18，24，25，26，28 中央値は$\frac{18+24}{2}=21$ 範囲は$28-15=13$ 最頻値は15 最大値は28 最小値は15 よって，誤っているのは，②

(セ) 五角形の内角の和は，$180^\circ\times(5-2)=180^\circ\times3=540^\circ$ $\angle x=540^\circ-(67^\circ+218^\circ+65^\circ+108^\circ)=540^\circ-458^\circ=82^\circ$

3 (平面図形の計量問題―角度，三角形の比の定理，面積，おうぎ形の半径)

(ソ) $\angle$BAD$=a$，$\angle$CAE$=b$とすると，△ABDと△ACEは二等辺三角形だから，$\angle$ADE$=2a$，$\angle$AED$=2b$ △ADEの内角の和の関係から，$80^\circ+2a+2b=180^\circ$ $2(a+b)=100^\circ$ $a+b=50^\circ$ $\angle$BAC$=\angle$BAD$+80^\circ+\angle$CAE$=80^\circ+a+b=80^\circ+50^\circ=130^\circ$

(タ) CE$=x$とすると，三角形と比の定理から，CE：CB＝FE：AB $x:(x+15)=(15-9):15$ $15x=6(x+15)$ $9x=90$ $x=10$ よって，$\mathrm{S}=\frac{1}{2}\times9\times10=45$

(チ) おうぎ形の半径の長さを$r$cmとすると，$2\pi r:2\pi\times9=360^\circ:270^\circ$ $r:9=4:3$ $3r=36$ $r=12$

4 (空間図形の計量問題，連立方程式の応用問題―体積，三平方の定理)

(ツ) 底面が，直角を挟む2辺の長さが4の直角二等辺三角形で，高さが8の三角すいになるから，$\mathrm{V}=\frac{1}{3}\times\frac{1}{2}\times4\times4\times8=\frac{64}{3}$(cm^3)

(テ) Bの点数をx点，Cの点数をy点とすると，Aの点数は，$(x+y)$点 $(x+y)+x+y=30$ $2(x+y)=30$ $x+y=15$…① $2x=(x+y)+y-3$ $x=2y-3$…② ②を①に代入して，$2y-3+y=15$ $3y=18$ $y=6$ これを①に代入して，$x+6=15$ $x=9$

(ト) 直方体の高さを$x$cmとすると，対角線の長さから，$\sqrt{5^2+3^2+x^2}=\sqrt{83}$ $25+9+x^2=83$ $x^2=49$ $x>0$から，$x=7$ よって，$\mathrm{V}=5\times3\times7=105$(cm^3)

5 (規則性―2次方程式)

(ナ) $7^2-7=49-7=42$(枚)

(ニ) できた正方形の1辺の長さを$x$cmとすると，$x^2-x=272$ $x^2-x-272=0$ $(x+16)(x-17)=0$ $x>0$から，$x=17$

6 (図形と関数・グラフの融合問題)

(ヌ) ①に$x=-1$，$\frac{1}{3}$を代入すると，$y=3\times(-1)^2=3$，$y=3\times\left(\frac{1}{3}\right)^2=\frac{1}{3}$ よって，P$(-1,\ 3)$，Q$\left(\frac{1}{3},\ \frac{1}{3}\right)$ したがって，$m=\left(\frac{1}{3}-3\right)\div\left\{\frac{1}{3}-(-1)\right\}=\left(-\frac{8}{3}\right)\div\frac{4}{3}=\left(-\frac{8}{3}\right)\times\frac{3}{4}=-2$

(ネ) ②に$x=-2$を代入すると，$y=-\frac{1}{2}\times(-2)^2=-2$　よって，R$(-2,\ -2)$　直線PQに平行な直線を$y=-2x+b$として点Rの座標を代入すると，$-2=-2\times(-2)+b$　$b=-6$　よって，求めるy座標は，-6

重要 (ノ) 座標から，点Qと点Rは$y=x$上にある。△POR：△POQ＝OR：OQ＝$2:\frac{1}{3}=6:1$

★ワンポイントアドバイス★

6 (ノ)で，△PORと△POQの共通な辺POを高さとすると，面積比は底辺の比と等しくなり，底辺の比は点RとQのy座標の絶対値と等しくなる。

＜英語解答＞ 《学校からの正答の発表はありません。》

1　リスニング問題解答省略

2　11 ウ　12 ウ　13 イ　14 イ　15 エ　16 イ　17 ウ　18 ウ　19 ウ　20 ア

3　21 ウ　22 ア　23 イ　24 イ　25 エ　26 ア　27 イ　28 エ　29 ア　30 ウ

4　31 ア　32 ウ　33 エ　34 イ　35 イ

5　36 ウ　37 ウ　38 エ　39 ウ　40 エ

6　41 ア　42 オ　43 ア　44 エ　45 イ

○推定配点○

1 各2点×10　2 各3点×10　3 各2点×10　4 各2点×5　5 各2点×5　6 各2点×5　計100点

＜英語解説＞

1　リスニング問題解説省略。

2　**(長文読解・物語文：語句補充，脱文補充，語句解釈，語句整序，内容吟味)**

(大意)　プロメテウス(A)と名づけられた神がいた。彼は彼の手にいくらかの土をとり，それを水と混ぜた。この①泥で，彼は最初の人間を作った。その人間は神のように見えたが，ずっと小さかった。プロメテウスはその人間を地上に置いた。後に地上にはたくさんの(B)人間たちがいた。最初は，地上に火が(C)なく，火はオリンパス山に保存された。オリンパス山で，プロメテウスはゼウスに言った。「人間に火を与えたいです。彼らは(D)寒くて火を保存したり道具を作ったりするものを必要としています」「人間に火を与えてはいけない」とゼウスは言った。「(E)なぜいけないのですか」とプロメテウスは言った。「もし彼らが火を持てば，強力になりすぎるだろう」とゼウスは言った。プロメテウスはゼウスに何度も頼んだが，いけないと言われた。ついに，プロメテウスはオリンパス山から火を盗むと地上へ戻った。それから，プロメテウスは人間に火を与えた。②彼は火を絶やさない方法を彼らに教えた。人間は火でたくさんの新しい物を作った。彼らは金属の硬貨や道具，武器を作った。プロメテウスはうれしかった。ある日，地上からの煙を見て，人間が火を持っていると知り，ゼウスは怒った。ゼウスはプロメテウスに「③私はお前に人間たちに火を与えないようにいったではないか」と言った。ゼウスはプロメテウスを罰することを決めたので彼は神の

1人に強い鎖を作るように言った。プロメテウスは大きな山へ連れていかれた。その鎖で彼は大きな岩に固定された。プロメテウスは動くことができなかった。プロメテウスは永遠にその山の上にいたか。えいいえ。何年も後で，ヘラクレスと名づけられた強い人間が鎖を壊して彼を救った。

問1　(A)　a god を分詞以下が修飾している文。a god は「(プロメテウスと)名づけられた」ので，過去分詞 named「名づけられる」を使うのが適切。　(B)　空欄Bの直前の1文に man を用いて「人間を地上に置いた」とあるから，空欄Bでも man が使われていると考えられる。直前に many「たくさんの」があるから，複数形の men を入れるのが適切。

問2　[12]　ウ.「なく」(○)「人間に火を与えたい」(空欄Cの直前の1文)ということは，その時点では火がなかったのだと考えられる。　[13]　イ.「寒い」(○)「火を保存」「するものを必要としてい」るのだから，「寒い」のだと考えるのが適切。

問3　ア.「それは危険です」(×)　イ.「なぜいけないのですか」(○)　ゼウスは直前の発言で「いけない」と言っていて，直後の発言で「強力になりすぎる」と理由を述べているから，プロメテウスはいけない理由をたずねたのだと考えられる。　ウ.「わかりました」(×)　エ.「それは良い考えです」(×)

問4　「いいえ。何年も後で，ヘラクレスと名づけられた強い人間が鎖を壊して彼を救った」「いいえ」とあることから，直前には問いかけがあるのだと考えられる。空欄えの直前の1文には「いたか」という疑問文が用いられている。

問5　ア.「イヌやネコのような生き物で，それは昆虫や植物，鳥，人間ではない」(×)　イ.「柔らかくべとべとになってしまった土」(○)「土をとり，それを水と混ぜ」(下線部①の直前の1文)ているのだから，「泥」のことである。　ウ.「地球の表面」(×)　エ.「私たちが住んでいる惑星」(×)

問6　He taught them how to keep the fire(.)　taught は teach の過去形。teach は〈主語＋teach ＋A＋B〉という文型を作り，「(主語)がAにBを教える」の意味。Aに代名詞が来る場合，目的格になる。ここではBにあたる部分が「～する方法」の意味の〈how to ＋動詞の原形～〉になっている。

問7　〈tell ＋人＋ to ＋動詞の原形〉で「(人)に～するように言う」の意味。told は tell の過去形。to 不定詞の内容を否定するときは〈tell ＋人＋ not to ＋動詞の原形〉の形にし「(人)に～しないように言う」の意味。

問8　ア.「神は手に土を置き，それを火で混ぜた」(×)　第1段落第2文参照。土を使ったのはプロメテウスで，火は使っていない。　イ.「最初の人間はプロメテウスだった」(×)　第1段落第1文参照。プロメテウスは神である。　ウ.「人間は神よりもずっと小さかった」(○)　第1段落第4文参照。　エ.「プロメテウスはオリンパス山の上に人間を置いた」(×)　そのような記述はない。

問9　ア.「もし人間が火を持てば，とても強力にはなり得ない」　そのような記述はない。
イ.「人間は金属の硬貨や道具，武器を作った。プロメテウスはうれしかった」　下線部②の段落第3文～最終文参照。　ウ.「ゼウスはプロメテウスを罰した」　下線部③の段落最後から4文目参照。　エ.「プロメテウスは大きな山へ連れていかれた」　空欄うの段落第1文参照。

[3]　(会話文：語句補充)

[21]　A：あなたはなぜここにいるの。／B：私はこの階でダンスの練習があるのよ。

[22]　A：今日，私は疲れすぎて料理ができないわ。／B：僕らは外食するのはどうだい。

[23]　A：君は暇な時間に何をするんだい。／B：私は普通は映画を見るの。／A：よさそうだね。

[24]　A：すみません。最も近い駅への行き方をたずねてもよろしいですか。／B：いいですよ。最

初の角で右に曲がると，左に見えます。

25　A：この帽子はどこで作られたの。／B：この帽子はイングランドで作られたのよ。

26　A：ケンタはどうしているんだい。／B：今，ニューヨークにいるよ。彼はパイロットなんだ。／A：それはすごく格好いいね。彼は世界中を飛ぶんだな。主語が単数を表す he「彼は」なのだから，補語である「パイロット」も単数形である。pilot「パイロット」は可算名詞だから，単数なら a をつける。定冠詞 the は特に1度出てきた名詞につける。この会話では pilot はここにしか出てこないから，the は適切ではない。

27　A：僕はとてものどが渇いています。僕に水のボトルを渡してくださいますか。／B：良いですよ。はい，どうぞ。

28　A：いらっしゃいませ。／B：私は緑色のスカーフを探しています。／A：これはどうですか。

29　A：やあ，シェリー。今までのところでは，君の旅行はどうだい。／B：とても良いわ。昨日は草津温泉へ行って，私は露天風呂をとても気に入ったの。

30　A：昨夜，君は何をしたんだい。／B：私は祖父と夕食をとりに行ったの。

4　(語句補充：語い，不定詞，比較，前置詞，関係代名詞)

1　according to ～「～によれば」

2　〈It is ～ for A to ….〉で「Aにとって[Aが]…するのは～だ」という意味。

3　〈one of the ＋最上級＋名詞の複数形〉で「最も～なうちの1つ」の意味。cold「寒い」の最上級は coldest である。

4　前置詞 during は特定期間について「～の間」を表す。when「～するとき」，as「～するとき」，if「もし～なら」は接続詞で，接続詞を使った文では〈接続詞＋主語＋動詞〉で節を作る。

重要　5　関係代名詞を選択する問題。she lives in a nice house と its roof is red をつなげた文である。its は 所有格なので所有格の関係代名詞 whose を選ぶのが適切。

5　(書き換え：助動詞，不定詞，現在完了，受動態，前置詞)

基本　36　「未来」の内容を表す助動詞 will からbe動詞を使った be going to ～ への書き換え。

37　「～する必要はない」という意味の〈don't have to ＋動詞の原形〉から，不定詞を用いた「～する必要がある」の意味の〈need ＋ to ＋動詞の原形〉の否定文への書き換え。

38　「私は腕時計を失くしてしまい，今はそれを持っていない」という「今は～ない」ということを強調した文から，〈have[has]＋動詞の過去分詞形〉の形をとる現在完了の結果の用法「～してしまった」への書き換え。

39　能動態から受動態〈be動詞＋動詞の過去分詞形〉「～される」への書き換え。took を用いた文で時制は過去だから，be動詞は was を使う。take の過去分詞形は taken である。by は「～によって」の意味。

やや難　40　関係代名詞 who has A を使った文から with A「Aを持っている」を使った文への書き換え。

6　(語句整序：間接疑問文，接続詞，比較，進行形，語い，受動態，分詞)

41　He does not know who I met (yesterday.)　He does not know? と Who did I meet? を1つにした間接疑問文にする。疑問詞以降は who I met と平叙文の語順になる。

42　Although this magazine is not as interesting (as previous ones, ～.)　接続詞 although を使った文。〈Although ＋主語A＋動詞B，主語C＋動詞D〉で「AがBだけれども，CがD」という意味。〈not as[so]＋形容詞[副詞]＋ as ～〉で「～ほど…ではない」という意味。

43　When I was getting on the bus (, someone called my name.)　接続詞 when を使った文。〈When ＋主語A＋動詞B, 主語C＋動詞D〉で「AがBのとき，CがD」という意味。〈be動詞＋―ing〉の形で「～している」の意味の進行形になる。get on「(電車・バスなど)に乗る」

㊹ Where were you spoken to by a (stranger?)　speak to は全体で1つの動詞と同じ働きをする動詞句なので，speak to で1つのまとまりにしたまま〈be動詞＋動詞の過去分詞形〉の受動態の形にする。spoken は speak の過去分詞形。受動態では「～に(よって)」を表すのに by ～を用いる。

やや難 ㊺ The people working there are all Japanese(.)　people を修飾する現在分詞 working を使った文。現在分詞 working は単独ではなく関連する語句 there を伴っているので people の直後に置く。

★ワンポイントアドバイス★

日本語訳のついた語句整序問題では，日本語訳をしっかりと活用しよう。主語・述語の関係や，動詞の語形などにも注目しよう。

＜国語解答＞ 《学校からの正答の発表はありません。》

〔一〕 問一　(1) エ　(2) エ　(3) イ　(4) ア　(5) ウ　問二 ア
問三 ウ　問四 エ　問五 イ　問六 イ
〔二〕 問一 ア　問二 エ　問三 イ　問四 イ　問五 エ
〔三〕 問一 ウ　問二 ウ　問三 ウ　問四 ウ　問五 ア
〔四〕 (1) ア　(2) イ　(3) エ　(4) イ　(5) ウ　〔五〕 エ　〔六〕 イ

○推定配点○
〔一〕 問一 各2点×5　他 各5点×5　〔二〕 問五 6点　他 各5点×4
〔三〕 各5点×5　〔四〕～〔六〕 各2点×7　計100点

＜国語解説＞

〔一〕 (論説文―大意・要旨，内容吟味，文脈把握，接続語の問題，脱文・脱語補充)

問一 (1) 「テレビや新聞を見ていると……真実のような気がしてしまいます」という前に対して，後で「そのニュースは……番組制作者や編集者が選択したものです」と相反する内容を述べているので，逆接の意味を表す語を入れる。 (2) 前の「国や政治家の気に入った番組や記事しか流されなくなってしま」う例を，後で「アメリカがイラクと戦争を始めるときに，『イラクには大量破壊兵器が隠されていてテロリストとつながっている』という情報だけが，政府の影響を受けてメディアから大量に流され」と挙げているので，例示の意味を表す語を入れる。 (3) 直後の「情報を受け取る側である国民がみずから判断するべきものなのです」に続くには，例外を排除して，一定の範囲に限定するという意味を表す語を入れる。 (4) 「自分の思いや考えを人に知ってもらったり」という前に，後で「人の発表するものを見たり聞いたり」と付け加えているので，添加の意味を表す語を入れる。 (5) 後で「民主主義は……もっともよいものをみつけ出そうとするものです」と改めて説き起こしているので，いったい，さて，という意味を表す語が最も適切となる。

問二 直前の「メディアから流される情報」はどのようなものか。直後の文の「評価し，判断する人の考えや価値観が反映されています」から，事実に対して「評価が加えられて流されている」とあるアが適切。イの「信頼がおけるもの」やエの「評価を差し引いて」いるものではない。「評価し，判断する人」は，ウの「あいまいな情報を排除」するだけではない。

問三　[　B　]の直後の「真実」を修飾するには，誰もがそうだと認めるという意味を表す語が適切。[　C　]の直前の「ある価値観に基づいた一つの」から，自分ひとりの見方によるという意味を表す語が適切。

問四　傍線部1「意見が対立したときに，誰がどのようにその善し悪しを決めるのか」という問題に対して，直後の段落でイラク戦争の際のアメリカの報道を挙げ，その後の「メディアから」で始まる段落で「メディアから流される情報の善し悪しは国や政治家のような権力をもった者が判断するのではなく……情報を受け取る側である国民がみずから判断するべきもの」と答えを述べている。「国民がみずから判断するべき」を，「国民一人一人が考え，国民自らの意思を決定していこうとする」と言い換えているエが適切。他の選択肢は，「みずから判断」に合わない。

問五　挿入段落の冒頭に「このように」とあるので，「何かを表現したい，知りたいという欲求は，もっとも人間らしい，私たちの本質にかかわるもの」を具体的に述べた後に入る。【　B　】の前の段落に「私たちは自分の思いや考えを人に知ってもらったり……人の発表するものを見たり聞いたりすることで，より幸せになる」とあり，これが「何かを表現したい，知りたいという欲求」に通じるので，挿入段落は【　B　】に入る。他の箇所の前に，「何かを表現したい，知りたいという欲求」については書かれていない。

重要　問六　傍線部2の直前に「それは」とあるので，直前の段落に着目する。「国や政治家が特定の考えをメディアに押しつけることも，メディアの自由な報道に何らかの影響を与えるような行動をとることも許されません。国や政治家などの権力をもつ者は，国民の思想や言論活動といった精神的な営みには立ち入ってはいけない」から理由を読み取る。「国や政治家が特定の考えをメディアに押しつけることも，メディアの自由な報道に何らかの影響を与えるような行動」は，「表現の自由」を侵害するから，という理由を簡潔に述べているイが適切。他の選択肢は，傍線部2の「『表現の自由』を侵害」に適切ではない。

〔二〕（小説－主題・表題，情景・心情，内容吟味，文脈把握，脱文・脱語補充）

問一　直前に「卒業後の進路を自分で決めた」とあるので，「相談した上で職場を決めた」とあるアが適切ではない。同じ段落の「我が家の経済事情はいつも厳しく，それでも名門私立大学に合格を決めたひとり娘のために，母はパートでせっせと働き，家計をやりくりし，親戚に頭を下げて借金をして，どうにか進学させた」から，イが適切。「その娘が，収入の安定した企業の正社員ではなく，何だかよくわからないアートの仕事に就くからと，遠い街へ，しかも非常勤職員として，出ていってしまうとは」から，ウとエが適切。

問二　「私」が「オープンしたばかりの『アートスペース』に就職を決めた」ことへの「父の反応」に対して，「何やら，おかしな気分だった」としている。「おもしろいんじゃないの……たぶん，おもしろいよ。…いや，たぶんじゃなくて，きっとおもしろいよ。」という父の声掛けの内容にふさわしいものを選ぶ。アの父が「ぺらぺらとよく話した」ことに対して，「おかしな気分」を感じているわけではない。父の声掛けの様子は，イの「自信をもって」いるものではなく，また，ウの「反対意見」でもない。

問三　A　一つ目の A の直後「たとえ，一般的には何の価値もなく，無用扱いされているものであっても，自分にとっておもしろいものであれば，それはおもしろいものである。まさにアートとはそういうもの」が，「父」が「語った」内容で，これはアートの「真理」にあたる。二つ目の A の前後の，『茶の本』の一節が「西洋人に日本の美の」何を「教える」のかという文脈からも「真理」が入るとわかる。　B　一つ目の B の前後の文脈から，岡倉天心の『茶の本』には，「厳然とした，日本人の茶の論理」とともに，圧倒的な何があったのかを考える。直後の文の「伝統的な『美』」に通じるものが入る。二つ目の B の後「時代によって変わっていくもの」にもふさわしいので，「美意識」が入る。

やや難 問四　父が所持していた『茶の本』を読んで，「そこには」で始まる段落「そこには，厳然とした，日本人の茶の論理があった……私は，この本の中に語られている伝統的な『美』に対して，もやもやとした興味を覚えた」にアは適切。「私が中学生になってから」で始まる段落の「母は……お父さんは気が弱い，だから出世しない，あんな人と一緒にいてもつまらない，無能な人なんだと，いつも愚痴っていた」と「娘というのは」で始まる段落の「私は，母の愚痴ばかり聞かされ続け，自然と『お父さんはダメな人』というイメージが定着した」から，ウとエが適切。「私」は父の『茶の本』を読み，「都内の美術史教育で知られる私立大学で勉強しようと思い立った」とあるが，イの「父の影響であると思われるのは気に入らなかった」とは書かれていない。したがって，適切でないものはイ。

重要 問五　本文は，「私」の家庭環境とともに「私」が現代美術の道へ進むきっかけを述べている。「娘というのは，多分に，母親の影響を受けるものだと思」いながらも，父が所持していた『茶の本』を読み，「私」は芸術に「もやもやとした興味を覚えた」のである。この内容を述べているエが最も適切。アの「両親への感謝の気持ち」や，ウの「お互いに共通点を持っていた」と感じられる叙述はない。本文の後半に「社会人になってから，私の父に対する印象は，ほんの少し変わった」とあるので，イも適切ではない。

〔三〕（古文―主題・表題，脱文・脱語補充，語句の意味，品詞・用法，仮名遣い）

〈口語訳〉 世に従おうとする人は，まず第一に時機を知らなければならない。物事の順番に合わないことは，人の耳にもさからい，心にもそむいて，そのことが成就しない。そのような機会を心がけるべきである。

ただし，病気になり，子を産み，死ぬことだけは，時機を考えない。物事の順番が悪いからといって，中止になることはない。

生・住・異・滅の移り変わっていく，真の大事は，はげしい川が満ちあふれ流れるようなものだ。少しの間も停滞することなく，たちまち実現してゆくものである。

だから，仏道でも俗世でも，必ずなし遂げようと思うようなことは，時機をいってはならない。あれこれ準備などせず，足を踏みとどめたりしてはならないのである。

基本 問一　現代仮名遣いでは，二重傍線部aは「い」，bは「よ」，dは「わ」に直す。

問二　挿入する文は，少しの間も停滞することなく，たちまち実現してゆくものであるという意味なので，少しの間も停滞しないものを述べている後に入る。【　C　】の前の「猛き河のみなぎり流るる」が「少しの間も停滞しないもの」にあたる。

やや難 問三　後の注釈から，「生・住・異・滅」は「発生・存続・変化・滅亡」の意味であることを確認する。人間の一生に置き換えると，ウの「生老病死(しょうろうびょうし)」になる。アはすべてのものは変化しとどまることを知らない，イは滅びかけているものを立ち直らせる，エは命あるものは必ず死ぬ，という意味になる。

問四　自立語で活用がなく，「果し遂げむ」という用言を修飾しているので，ウの「副詞」。

重要 問五　「とかく」はあれこれという意味で，「もよひ」は準備という意味であることを確認する。「まじき」は，禁止の意味を表す助動詞なので，あれこれ準備しないで，足を踏みとどめてはならないという口語訳になる。「もよひなく」というのであるから，準備の必要性を述べているイやエは適当ではない。「足を踏みとどむまじきなり」に，「途中で休むことは必要」とあるウも適当ではない。

〔四〕（漢字の読み書き）

(1)　惜敗　ア　職責　イ　排斥　ウ　業績　エ　惜別
(2)　徐行　ア　除外　イ　徐々　ウ　助成　エ　叙述
(3)　名工　ア　技工　イ　要項　ウ　功績　エ　攻守
(4)　欺く　ア　質疑　イ　詐欺　ウ　犠牲　エ　議事
(5)　顧みる　ア　誇張　イ　鼓舞　ウ　顧客　エ　解雇

基本 〔五〕（熟語）

アは「いっちょういっせき」，イは「うおうさおう」，ウは「じがじさん」，エは「にっしんげっぽ」と読む四字熟語になる。

〔六〕（ことわざ・慣用句）

「石橋をたたいて渡る」は用心の上にも用心を重ねるという意味で，似たような意味を持つ慣用句はイ。アは我慢強く辛抱すれば成功する，ウは危ないことを承知であえてやる，エは幸運は焦らずに待て，という意味の慣用句。

★ワンポイントアドバイス★

漢字の読み書きの問題では，判断が難しいものが含まれている。該当する漢字が見当たらないときには，他の漢字を用いることができないかを考えよう。

MEMO

大切なことはメモしておこうネ！

解答用紙集

○月×日　△曜日　天気（合格日和）

◆ご利用のみなさまへ

＊解答用紙の公表を行っていない学校につきましては、弊社の責任において、解答用紙を制作いたしました。

＊編集上の理由により一部縮小掲載した解答用紙がございます。

＊編集上の理由により一部実物と異なる形式の解答用紙がございます。

人間の最も偉大な力とは、その一番の弱点を克服したところから生まれてくるものである。 ――カール・ヒルティ――

東京学参株式会社

※解答欄は実物大になります。

【注意事項】
①HBの黒鉛筆またはシャープペンシルで記入してください
②記入例に従い丁寧にマークしてください
③訂正する場合は消しゴムで完全に消してください
④用紙を汚したり折り曲げたりしないでください
⑤余白に書き込みしないでください

記入例

良 悪 悪

1	⊖ ⓪ ① ② ③ ④ ⑤ ⑥ ⑦ ⑧ ⑨	22	⊖ ⓪ ① ② ③ ④ ⑤ ⑥ ⑦ ⑧ ⑨	43	⊖ ⓪ ① ② ③ ④ ⑤ ⑥ ⑦ ⑧ ⑨
2	⊖ ⓪ ① ② ③ ④ ⑤ ⑥ ⑦ ⑧ ⑨	23	⊖ ⓪ ① ② ③ ④ ⑤ ⑥ ⑦ ⑧ ⑨	44	⊖ ⓪ ① ② ③ ④ ⑤ ⑥ ⑦ ⑧ ⑨
3	⊖ ⓪ ① ② ③ ④ ⑤ ⑥ ⑦ ⑧ ⑨	24	⊖ ⓪ ① ② ③ ④ ⑤ ⑥ ⑦ ⑧ ⑨	45	⊖ ⓪ ① ② ③ ④ ⑤ ⑥ ⑦ ⑧ ⑨
4	⊖ ⓪ ① ② ③ ④ ⑤ ⑥ ⑦ ⑧ ⑨	25	⊖ ⓪ ① ② ③ ④ ⑤ ⑥ ⑦ ⑧ ⑨	46	⊖ ⓪ ① ② ③ ④ ⑤ ⑥ ⑦ ⑧ ⑨
5	⊖ ⓪ ① ② ③ ④ ⑤ ⑥ ⑦ ⑧ ⑨	26	⊖ ⓪ ① ② ③ ④ ⑤ ⑥ ⑦ ⑧ ⑨	47	⊖ ⓪ ① ② ③ ④ ⑤ ⑥ ⑦ ⑧ ⑨
6	⊖ ⓪ ① ② ③ ④ ⑤ ⑥ ⑦ ⑧ ⑨	27	⊖ ⓪ ① ② ③ ④ ⑤ ⑥ ⑦ ⑧ ⑨	48	⊖ ⓪ ① ② ③ ④ ⑤ ⑥ ⑦ ⑧ ⑨
7	⊖ ⓪ ① ② ③ ④ ⑤ ⑥ ⑦ ⑧ ⑨	28	⊖ ⓪ ① ② ③ ④ ⑤ ⑥ ⑦ ⑧ ⑨	49	⊖ ⓪ ① ② ③ ④ ⑤ ⑥ ⑦ ⑧ ⑨
8	⊖ ⓪ ① ② ③ ④ ⑤ ⑥ ⑦ ⑧ ⑨	29	⊖ ⓪ ① ② ③ ④ ⑤ ⑥ ⑦ ⑧ ⑨	50	⊖ ⓪ ① ② ③ ④ ⑤ ⑥ ⑦ ⑧ ⑨
9	⊖ ⓪ ① ② ③ ④ ⑤ ⑥ ⑦ ⑧ ⑨	30	⊖ ⓪ ① ② ③ ④ ⑤ ⑥ ⑦ ⑧ ⑨	51	⊖ ⓪ ① ② ③ ④ ⑤ ⑥ ⑦ ⑧ ⑨
10	⊖ ⓪ ① ② ③ ④ ⑤ ⑥ ⑦ ⑧ ⑨	31	⊖ ⓪ ① ② ③ ④ ⑤ ⑥ ⑦ ⑧ ⑨	52	⊖ ⓪ ① ② ③ ④ ⑤ ⑥ ⑦ ⑧ ⑨
11	⊖ ⓪ ① ② ③ ④ ⑤ ⑥ ⑦ ⑧ ⑨	32	⊖ ⓪ ① ② ③ ④ ⑤ ⑥ ⑦ ⑧ ⑨	53	⊖ ⓪ ① ② ③ ④ ⑤ ⑥ ⑦ ⑧ ⑨
12	⊖ ⓪ ① ② ③ ④ ⑤ ⑥ ⑦ ⑧ ⑨	33	⊖ ⓪ ① ② ③ ④ ⑤ ⑥ ⑦ ⑧ ⑨	54	⊖ ⓪ ① ② ③ ④ ⑤ ⑥ ⑦ ⑧ ⑨
13	⊖ ⓪ ① ② ③ ④ ⑤ ⑥ ⑦ ⑧ ⑨	34	⊖ ⓪ ① ② ③ ④ ⑤ ⑥ ⑦ ⑧ ⑨	55	⊖ ⓪ ① ② ③ ④ ⑤ ⑥ ⑦ ⑧ ⑨
14	⊖ ⓪ ① ② ③ ④ ⑤ ⑥ ⑦ ⑧ ⑨	35	⊖ ⓪ ① ② ③ ④ ⑤ ⑥ ⑦ ⑧ ⑨	56	⊖ ⓪ ① ② ③ ④ ⑤ ⑥ ⑦ ⑧ ⑨
15	⊖ ⓪ ① ② ③ ④ ⑤ ⑥ ⑦ ⑧ ⑨	36	⊖ ⓪ ① ② ③ ④ ⑤ ⑥ ⑦ ⑧ ⑨	57	⊖ ⓪ ① ② ③ ④ ⑤ ⑥ ⑦ ⑧ ⑨
16	⊖ ⓪ ① ② ③ ④ ⑤ ⑥ ⑦ ⑧ ⑨	37	⊖ ⓪ ① ② ③ ④ ⑤ ⑥ ⑦ ⑧ ⑨	58	⊖ ⓪ ① ② ③ ④ ⑤ ⑥ ⑦ ⑧ ⑨
17	⊖ ⓪ ① ② ③ ④ ⑤ ⑥ ⑦ ⑧ ⑨	38	⊖ ⓪ ① ② ③ ④ ⑤ ⑥ ⑦ ⑧ ⑨	59	⊖ ⓪ ① ② ③ ④ ⑤ ⑥ ⑦ ⑧ ⑨
18	⊖ ⓪ ① ② ③ ④ ⑤ ⑥ ⑦ ⑧ ⑨	39	⊖ ⓪ ① ② ③ ④ ⑤ ⑥ ⑦ ⑧ ⑨	60	⊖ ⓪ ① ② ③ ④ ⑤ ⑥ ⑦ ⑧ ⑨
19	⊖ ⓪ ① ② ③ ④ ⑤ ⑥ ⑦ ⑧ ⑨	40	⊖ ⓪ ① ② ③ ④ ⑤ ⑥ ⑦ ⑧ ⑨	61	⊖ ⓪ ① ② ③ ④ ⑤ ⑥ ⑦ ⑧ ⑨
20	⊖ ⓪ ① ② ③ ④ ⑤ ⑥ ⑦ ⑧ ⑨	41	⊖ ⓪ ① ② ③ ④ ⑤ ⑥ ⑦ ⑧ ⑨	62	⊖ ⓪ ① ② ③ ④ ⑤ ⑥ ⑦ ⑧ ⑨
21	⊖ ⓪ ① ② ③ ④ ⑤ ⑥ ⑦ ⑧ ⑨	42	⊖ ⓪ ① ② ③ ④ ⑤ ⑥ ⑦ ⑧ ⑨	63	⊖ ⓪ ① ② ③ ④ ⑤ ⑥ ⑦ ⑧ ⑨

山村国際高等学校（第1回）　2024年度

◇英語◇

※解答欄は実物大になります。

【 注意事項 】
①HBの黒鉛筆またはシャープペンシルで記入してください
②記入例に従い丁寧にマークしてください
③訂正する場合は消しゴムで完全に消してください
④用紙を汚したり折り曲げたりしないでください
⑤余白に書き込みしないでください

記入例		
良	悪	悪

1 ㋐ ㋑ ㋒ ㋓
2 ㋐ ㋑ ㋒ ㋓
3 ㋐ ㋑ ㋒ ㋓
4 ㋐ ㋑ ㋒ ㋓
5 ㋐ ㋑ ㋒ ㋓
6 ㋐ ㋑ ㋒ ㋓
7 ㋐ ㋑ ㋒ ㋓
8 ㋐ ㋑ ㋒ ㋓
9 ㋐ ㋑ ㋒ ㋓
10 ㋐ ㋑ ㋒ ㋓
11 ㋐ ㋑ ㋒ ㋓
12 ㋐ ㋑ ㋒ ㋓
13 ㋐ ㋑ ㋒ ㋓
14 ㋐ ㋑ ㋒ ㋓
15 ㋐ ㋑ ㋒ ㋓
16 ㋐ ㋑ ㋒ ㋓
17 ㋐ ㋑ ㋒ ㋓
18 ㋐ ㋑ ㋒ ㋓
19 ㋐ ㋑ ㋒ ㋓
20 ㋐ ㋑ ㋒ ㋓
21 ㋐ ㋑ ㋒ ㋓
22 ㋐ ㋑ ㋒ ㋓
23 ㋐ ㋑ ㋒ ㋓
24 ㋐ ㋑ ㋒ ㋓
25 ㋐ ㋑ ㋒ ㋓
26 ㋐ ㋑ ㋒ ㋓
27 ㋐ ㋑ ㋒ ㋓
28 ㋐ ㋑ ㋒ ㋓
29 ㋐ ㋑ ㋒ ㋓
30 ㋐ ㋑ ㋒ ㋓
31 ㋐ ㋑ ㋒ ㋓
32 ㋐ ㋑ ㋒ ㋓
33 ㋐ ㋑ ㋒ ㋓
34 ㋐ ㋑ ㋒ ㋓
35 ㋐ ㋑ ㋒ ㋓
36 ㋐ ㋑ ㋒ ㋓
37 ㋐ ㋑ ㋒ ㋓
38 ㋐ ㋑ ㋒ ㋓
39 ㋐ ㋑ ㋒ ㋓
40 ㋐ ㋑ ㋒ ㋓
41 ㋐ ㋑ ㋒ ㋓ ㋔
42 ㋐ ㋑ ㋒ ㋓ ㋔
43 ㋐ ㋑ ㋒ ㋓ ㋔
44 ㋐ ㋑ ㋒ ㋓ ㋔
45 ㋐ ㋑ ㋒ ㋓ ㋔

山村国際高等学校(第1回)　2024年度　◇国語◇

※解答欄は実物大になります。

【注意事項】
①HBの黒鉛筆またはシャープペンシルで記入してください
②記入例に従い丁寧にマークしてください
③訂正する場合は消しゴムで完全に消してください
④用紙を汚したり折り曲げたりしないでください
⑤余白に書き込みしないでください

記入例		
良	悪	悪
●	✓	○

1 ㋐ ㋑ ㋒ ㋓	11 ㋐ ㋑ ㋒ ㋓	21 ㋐ ㋑ ㋒ ㋓	31 ㋐ ㋑ ㋒ ㋓
2 ㋐ ㋑ ㋒ ㋓	12 ㋐ ㋑ ㋒ ㋓	22 ㋐ ㋑ ㋒ ㋓	32 ㋐ ㋑ ㋒ ㋓
3 ㋐ ㋑ ㋒ ㋓	13 ㋐ ㋑ ㋒ ㋓	23 ㋐ ㋑ ㋒ ㋓	33 ㋐ ㋑ ㋒ ㋓
4 ㋐ ㋑ ㋒ ㋓	14 ㋐ ㋑ ㋒ ㋓	24 ㋐ ㋑ ㋒ ㋓	34 ㋐ ㋑ ㋒ ㋓
5 ㋐ ㋑ ㋒ ㋓	15 ㋐ ㋑ ㋒ ㋓	25 ㋐ ㋑ ㋒ ㋓	35 ㋐ ㋑ ㋒ ㋓
6 ㋐ ㋑ ㋒ ㋓	16 ㋐ ㋑ ㋒ ㋓	26 ㋐ ㋑ ㋒ ㋓	
7 ㋐ ㋑ ㋒ ㋓	17 ㋐ ㋑ ㋒ ㋓	27 ㋐ ㋑ ㋒ ㋓	
8 ㋐ ㋑ ㋒ ㋓	18 ㋐ ㋑ ㋒ ㋓	28 ㋐ ㋑ ㋒ ㋓	
9 ㋐ ㋑ ㋒ ㋓	19 ㋐ ㋑ ㋒ ㋓	29 ㋐ ㋑ ㋒ ㋓	
10 ㋐ ㋑ ㋒ ㋓	20 ㋐ ㋑ ㋒ ㋓	30 ㋐ ㋑ ㋒ ㋓	

山村国際高等学校（第2回）　2024年度

◇数学◇

※解答欄は実物大になります。

【 注意事項 】
①HBの黒鉛筆またはシャープペンシルで記入してください
②記入例に従い丁寧にマークしてください
③訂正する場合は消しゴムで完全に消してください
④用紙を汚したり折り曲げたりしないでください
⑤余白に書き込みしないでください

記入例		
良	悪	悪
●	✓	○

1 ⊖ ⓪ ① ② ③ ④ ⑤ ⑥ ⑦ ⑧ ⑨
2 ⊖ ⓪ ① ② ③ ④ ⑤ ⑥ ⑦ ⑧ ⑨
3 ⊖ ⓪ ① ② ③ ④ ⑤ ⑥ ⑦ ⑧ ⑨
4 ⊖ ⓪ ① ② ③ ④ ⑤ ⑥ ⑦ ⑧ ⑨
5 ⊖ ⓪ ① ② ③ ④ ⑤ ⑥ ⑦ ⑧ ⑨
6 ⊖ ⓪ ① ② ③ ④ ⑤ ⑥ ⑦ ⑧ ⑨
7 ⊖ ⓪ ① ② ③ ④ ⑤ ⑥ ⑦ ⑧ ⑨
8 ⊖ ⓪ ① ② ③ ④ ⑤ ⑥ ⑦ ⑧ ⑨
9 ⊖ ⓪ ① ② ③ ④ ⑤ ⑥ ⑦ ⑧ ⑨
10 ⊖ ⓪ ① ② ③ ④ ⑤ ⑥ ⑦ ⑧ ⑨
11 ⊖ ⓪ ① ② ③ ④ ⑤ ⑥ ⑦ ⑧ ⑨
12 ⊖ ⓪ ① ② ③ ④ ⑤ ⑥ ⑦ ⑧ ⑨
13 ⊖ ⓪ ① ② ③ ④ ⑤ ⑥ ⑦ ⑧ ⑨
14 ⊖ ⓪ ① ② ③ ④ ⑤ ⑥ ⑦ ⑧ ⑨
15 ⊖ ⓪ ① ② ③ ④ ⑤ ⑥ ⑦ ⑧ ⑨
16 ⊖ ⓪ ① ② ③ ④ ⑤ ⑥ ⑦ ⑧ ⑨
17 ⊖ ⓪ ① ② ③ ④ ⑤ ⑥ ⑦ ⑧ ⑨
18 ⊖ ⓪ ① ② ③ ④ ⑤ ⑥ ⑦ ⑧ ⑨
19 ⊖ ⓪ ① ② ③ ④ ⑤ ⑥ ⑦ ⑧ ⑨
20 ⊖ ⓪ ① ② ③ ④ ⑤ ⑥ ⑦ ⑧ ⑨
21 ⊖ ⓪ ① ② ③ ④ ⑤ ⑥ ⑦ ⑧ ⑨
22 ⊖ ⓪ ① ② ③ ④ ⑤ ⑥ ⑦ ⑧ ⑨
23 ⊖ ⓪ ① ② ③ ④ ⑤ ⑥ ⑦ ⑧ ⑨
24 ⊖ ⓪ ① ② ③ ④ ⑤ ⑥ ⑦ ⑧ ⑨
25 ⊖ ⓪ ① ② ③ ④ ⑤ ⑥ ⑦ ⑧ ⑨
26 ⊖ ⓪ ① ② ③ ④ ⑤ ⑥ ⑦ ⑧ ⑨
27 ⊖ ⓪ ① ② ③ ④ ⑤ ⑥ ⑦ ⑧ ⑨
28 ⊖ ⓪ ① ② ③ ④ ⑤ ⑥ ⑦ ⑧ ⑨
29 ⊖ ⓪ ① ② ③ ④ ⑤ ⑥ ⑦ ⑧ ⑨
30 ⊖ ⓪ ① ② ③ ④ ⑤ ⑥ ⑦ ⑧ ⑨
31 ⊖ ⓪ ① ② ③ ④ ⑤ ⑥ ⑦ ⑧ ⑨
32 ⊖ ⓪ ① ② ③ ④ ⑤ ⑥ ⑦ ⑧ ⑨
33 ⊖ ⓪ ① ② ③ ④ ⑤ ⑥ ⑦ ⑧ ⑨
34 ⊖ ⓪ ① ② ③ ④ ⑤ ⑥ ⑦ ⑧ ⑨
35 ⊖ ⓪ ① ② ③ ④ ⑤ ⑥ ⑦ ⑧ ⑨
36 ⊖ ⓪ ① ② ③ ④ ⑤ ⑥ ⑦ ⑧ ⑨
37 ⊖ ⓪ ① ② ③ ④ ⑤ ⑥ ⑦ ⑧ ⑨
38 ⊖ ⓪ ① ② ③ ④ ⑤ ⑥ ⑦ ⑧ ⑨
39 ⊖ ⓪ ① ② ③ ④ ⑤ ⑥ ⑦ ⑧ ⑨
40 ⊖ ⓪ ① ② ③ ④ ⑤ ⑥ ⑦ ⑧ ⑨
41 ⊖ ⓪ ① ② ③ ④ ⑤ ⑥ ⑦ ⑧ ⑨
42 ⊖ ⓪ ① ② ③ ④ ⑤ ⑥ ⑦ ⑧ ⑨
43 ⊖ ⓪ ① ② ③ ④ ⑤ ⑥ ⑦ ⑧ ⑨
44 ⊖ ⓪ ① ② ③ ④ ⑤ ⑥ ⑦ ⑧ ⑨
45 ⊖ ⓪ ① ② ③ ④ ⑤ ⑥ ⑦ ⑧ ⑨
46 ⊖ ⓪ ① ② ③ ④ ⑤ ⑥ ⑦ ⑧ ⑨
47 ⊖ ⓪ ① ② ③ ④ ⑤ ⑥ ⑦ ⑧ ⑨
48 ⊖ ⓪ ① ② ③ ④ ⑤ ⑥ ⑦ ⑧ ⑨
49 ⊖ ⓪ ① ② ③ ④ ⑤ ⑥ ⑦ ⑧ ⑨
50 ⊖ ⓪ ① ② ③ ④ ⑤ ⑥ ⑦ ⑧ ⑨
51 ⊖ ⓪ ① ② ③ ④ ⑤ ⑥ ⑦ ⑧ ⑨
52 ⊖ ⓪ ① ② ③ ④ ⑤ ⑥ ⑦ ⑧ ⑨
53 ⊖ ⓪ ① ② ③ ④ ⑤ ⑥ ⑦ ⑧ ⑨
54 ⊖ ⓪ ① ② ③ ④ ⑤ ⑥ ⑦ ⑧ ⑨
55 ⊖ ⓪ ① ② ③ ④ ⑤ ⑥ ⑦ ⑧ ⑨
56 ⊖ ⓪ ① ② ③ ④ ⑤ ⑥ ⑦ ⑧ ⑨
57 ⊖ ⓪ ① ② ③ ④ ⑤ ⑥ ⑦ ⑧ ⑨
58 ⊖ ⓪ ① ② ③ ④ ⑤ ⑥ ⑦ ⑧ ⑨
59 ⊖ ⓪ ① ② ③ ④ ⑤ ⑥ ⑦ ⑧ ⑨
60 ⊖ ⓪ ① ② ③ ④ ⑤ ⑥ ⑦ ⑧ ⑨
61 ⊖ ⓪ ① ② ③ ④ ⑤ ⑥ ⑦ ⑧ ⑨
62 ⊖ ⓪ ① ② ③ ④ ⑤ ⑥ ⑦ ⑧ ⑨
63 ⊖ ⓪ ① ② ③ ④ ⑤ ⑥ ⑦ ⑧ ⑨

山村国際高等学校（第2回）　2024年度　◇英語◇

※解答欄は実物大になります。

【 注意事項 】
①HBの黒鉛筆またはシャープペンシルで記入してください
②記入例に従い丁寧にマークしてください
③訂正する場合は消しゴムで完全に消してください
④用紙を汚したり折り曲げたりしないでください
⑤余白に書き込みしないでください

記入例		
良	悪	悪

1 ㋐ ㋑ ㋒ ㋓	21 ㋐ ㋑ ㋒ ㋓	41 ㋐ ㋑ ㋒ ㋓ ㋔
2 ㋐ ㋑ ㋒ ㋓	22 ㋐ ㋑ ㋒ ㋓	42 ㋐ ㋑ ㋒ ㋓ ㋔
3 ㋐ ㋑ ㋒ ㋓	23 ㋐ ㋑ ㋒ ㋓	43 ㋐ ㋑ ㋒ ㋓ ㋔
4 ㋐ ㋑ ㋒ ㋓	24 ㋐ ㋑ ㋒ ㋓	44 ㋐ ㋑ ㋒ ㋓ ㋔
5 ㋐ ㋑ ㋒ ㋓	25 ㋐ ㋑ ㋒ ㋓	45 ㋐ ㋑ ㋒ ㋓ ㋔
6 ㋐ ㋑ ㋒ ㋓	26 ㋐ ㋑ ㋒ ㋓	
7 ㋐ ㋑ ㋒ ㋓	27 ㋐ ㋑ ㋒ ㋓	
8 ㋐ ㋑ ㋒ ㋓	28 ㋐ ㋑ ㋒ ㋓	
9 ㋐ ㋑ ㋒ ㋓	29 ㋐ ㋑ ㋒ ㋓	
10 ㋐ ㋑ ㋒ ㋓	30 ㋐ ㋑ ㋒ ㋓	
11 ㋐ ㋑ ㋒ ㋓	31 ㋐ ㋑ ㋒ ㋓	
12 ㋐ ㋑ ㋒ ㋓	32 ㋐ ㋑ ㋒ ㋓	
13 ㋐ ㋑ ㋒ ㋓	33 ㋐ ㋑ ㋒ ㋓	
14 ㋐ ㋑ ㋒ ㋓	34 ㋐ ㋑ ㋒ ㋓	
15 ㋐ ㋑ ㋒ ㋓	35 ㋐ ㋑ ㋒ ㋓	
16 ㋐ ㋑ ㋒ ㋓	36 ㋐ ㋑ ㋒ ㋓	
17 ㋐ ㋑ ㋒ ㋓	37 ㋐ ㋑ ㋒ ㋓	
18 ㋐ ㋑ ㋒ ㋓	38 ㋐ ㋑ ㋒ ㋓	
19 ㋐ ㋑ ㋒ ㋓	39 ㋐ ㋑ ㋒ ㋓	
20 ㋐ ㋑ ㋒ ㋓	40 ㋐ ㋑ ㋒ ㋓	

山村国際高等学校(第2回)　2024年度

◇国語◇

※解答欄は実物大になります。

【 注意事項 】
①HBの黒鉛筆またはシャープペンシルで記入してください
②記入例に従い丁寧にマークしてください
③訂正する場合は消しゴムで完全に消してください
④用紙を汚したり折り曲げたりしないでください
⑤余白に書き込みしないでください

記入例
良 悪 悪

1 ㋐ ㋑ ㋒ ㋓	11 ㋐ ㋑ ㋒ ㋓	21 ㋐ ㋑ ㋒ ㋓	31 ㋐ ㋑ ㋒ ㋓
2 ㋐ ㋑ ㋒ ㋓	12 ㋐ ㋑ ㋒ ㋓	22 ㋐ ㋑ ㋒ ㋓	32 ㋐ ㋑ ㋒ ㋓
3 ㋐ ㋑ ㋒ ㋓	13 ㋐ ㋑ ㋒ ㋓	23 ㋐ ㋑ ㋒ ㋓	33 ㋐ ㋑ ㋒ ㋓
4 ㋐ ㋑ ㋒ ㋓	14 ㋐ ㋑ ㋒ ㋓	24 ㋐ ㋑ ㋒ ㋓	34 ㋐ ㋑ ㋒ ㋓
5 ㋐ ㋑ ㋒ ㋓	15 ㋐ ㋑ ㋒ ㋓	25 ㋐ ㋑ ㋒ ㋓	35 ㋐ ㋑ ㋒ ㋓
6 ㋐ ㋑ ㋒ ㋓	16 ㋐ ㋑ ㋒ ㋓	26 ㋐ ㋑ ㋒ ㋓	
7 ㋐ ㋑ ㋒ ㋓	17 ㋐ ㋑ ㋒ ㋓	27 ㋐ ㋑ ㋒ ㋓	
8 ㋐ ㋑ ㋒ ㋓	18 ㋐ ㋑ ㋒ ㋓	28 ㋐ ㋑ ㋒ ㋓	
9 ㋐ ㋑ ㋒ ㋓	19 ㋐ ㋑ ㋒ ㋓	29 ㋐ ㋑ ㋒ ㋓	
10 ㋐ ㋑ ㋒ ㋓	20 ㋐ ㋑ ㋒ ㋓	30 ㋐ ㋑ ㋒ ㋓	

山村国際高等学校（第1回）　2023年度

◇数学◇

※解答欄は実物大になります。

【 注意事項 】
①HBの黒鉛筆またはシャープペンシルで記入してください
②記入例に従い丁寧にマークしてください
③訂正する場合は消しゴムで完全に消してください
④用紙を汚したり折り曲げたりしないでください
⑤余白に書き込みしないでください

記入例		
良	悪	悪
●	✓	○

1 ⊖ ⓪ ① ② ③ ④ ⑤ ⑥ ⑦ ⑧ ⑨
2 ⊖ ⓪ ① ② ③ ④ ⑤ ⑥ ⑦ ⑧ ⑨
3 ⊖ ⓪ ① ② ③ ④ ⑤ ⑥ ⑦ ⑧ ⑨
4 ⊖ ⓪ ① ② ③ ④ ⑤ ⑥ ⑦ ⑧ ⑨
5 ⊖ ⓪ ① ② ③ ④ ⑤ ⑥ ⑦ ⑧ ⑨
6 ⊖ ⓪ ① ② ③ ④ ⑤ ⑥ ⑦ ⑧ ⑨
7 ⊖ ⓪ ① ② ③ ④ ⑤ ⑥ ⑦ ⑧ ⑨
8 ⊖ ⓪ ① ② ③ ④ ⑤ ⑥ ⑦ ⑧ ⑨
9 ⊖ ⓪ ① ② ③ ④ ⑤ ⑥ ⑦ ⑧ ⑨
10 ⊖ ⓪ ① ② ③ ④ ⑤ ⑥ ⑦ ⑧ ⑨
11 ⊖ ⓪ ① ② ③ ④ ⑤ ⑥ ⑦ ⑧ ⑨
12 ⊖ ⓪ ① ② ③ ④ ⑤ ⑥ ⑦ ⑧ ⑨
13 ⊖ ⓪ ① ② ③ ④ ⑤ ⑥ ⑦ ⑧ ⑨
14 ⊖ ⓪ ① ② ③ ④ ⑤ ⑥ ⑦ ⑧ ⑨
15 ⊖ ⓪ ① ② ③ ④ ⑤ ⑥ ⑦ ⑧ ⑨
16 ⊖ ⓪ ① ② ③ ④ ⑤ ⑥ ⑦ ⑧ ⑨
17 ⊖ ⓪ ① ② ③ ④ ⑤ ⑥ ⑦ ⑧ ⑨
18 ⊖ ⓪ ① ② ③ ④ ⑤ ⑥ ⑦ ⑧ ⑨
19 ⊖ ⓪ ① ② ③ ④ ⑤ ⑥ ⑦ ⑧ ⑨
20 ⊖ ⓪ ① ② ③ ④ ⑤ ⑥ ⑦ ⑧ ⑨
21 ⊖ ⓪ ① ② ③ ④ ⑤ ⑥ ⑦ ⑧ ⑨
22 ⊖ ⓪ ① ② ③ ④ ⑤ ⑥ ⑦ ⑧ ⑨
23 ⊖ ⓪ ① ② ③ ④ ⑤ ⑥ ⑦ ⑧ ⑨
24 ⊖ ⓪ ① ② ③ ④ ⑤ ⑥ ⑦ ⑧ ⑨
25 ⊖ ⓪ ① ② ③ ④ ⑤ ⑥ ⑦ ⑧ ⑨
26 ⊖ ⓪ ① ② ③ ④ ⑤ ⑥ ⑦ ⑧ ⑨
27 ⊖ ⓪ ① ② ③ ④ ⑤ ⑥ ⑦ ⑧ ⑨
28 ⊖ ⓪ ① ② ③ ④ ⑤ ⑥ ⑦ ⑧ ⑨
29 ⊖ ⓪ ① ② ③ ④ ⑤ ⑥ ⑦ ⑧ ⑨
30 ⊖ ⓪ ① ② ③ ④ ⑤ ⑥ ⑦ ⑧ ⑨
31 ⊖ ⓪ ① ② ③ ④ ⑤ ⑥ ⑦ ⑧ ⑨
32 ⊖ ⓪ ① ② ③ ④ ⑤ ⑥ ⑦ ⑧ ⑨
33 ⊖ ⓪ ① ② ③ ④ ⑤ ⑥ ⑦ ⑧ ⑨
34 ⊖ ⓪ ① ② ③ ④ ⑤ ⑥ ⑦ ⑧ ⑨
35 ⊖ ⓪ ① ② ③ ④ ⑤ ⑥ ⑦ ⑧ ⑨
36 ⊖ ⓪ ① ② ③ ④ ⑤ ⑥ ⑦ ⑧ ⑨
37 ⊖ ⓪ ① ② ③ ④ ⑤ ⑥ ⑦ ⑧ ⑨
38 ⊖ ⓪ ① ② ③ ④ ⑤ ⑥ ⑦ ⑧ ⑨
39 ⊖ ⓪ ① ② ③ ④ ⑤ ⑥ ⑦ ⑧ ⑨
40 ⊖ ⓪ ① ② ③ ④ ⑤ ⑥ ⑦ ⑧ ⑨
41 ⊖ ⓪ ① ② ③ ④ ⑤ ⑥ ⑦ ⑧ ⑨
42 ⊖ ⓪ ① ② ③ ④ ⑤ ⑥ ⑦ ⑧ ⑨
43 ⊖ ⓪ ① ② ③ ④ ⑤ ⑥ ⑦ ⑧ ⑨
44 ⊖ ⓪ ① ② ③ ④ ⑤ ⑥ ⑦ ⑧ ⑨
45 ⊖ ⓪ ① ② ③ ④ ⑤ ⑥ ⑦ ⑧ ⑨
46 ⊖ ⓪ ① ② ③ ④ ⑤ ⑥ ⑦ ⑧ ⑨
47 ⊖ ⓪ ① ② ③ ④ ⑤ ⑥ ⑦ ⑧ ⑨
48 ⊖ ⓪ ① ② ③ ④ ⑤ ⑥ ⑦ ⑧ ⑨
49 ⊖ ⓪ ① ② ③ ④ ⑤ ⑥ ⑦ ⑧ ⑨
50 ⊖ ⓪ ① ② ③ ④ ⑤ ⑥ ⑦ ⑧ ⑨
51 ⊖ ⓪ ① ② ③ ④ ⑤ ⑥ ⑦ ⑧ ⑨
52 ⊖ ⓪ ① ② ③ ④ ⑤ ⑥ ⑦ ⑧ ⑨
53 ⊖ ⓪ ① ② ③ ④ ⑤ ⑥ ⑦ ⑧ ⑨
54 ⊖ ⓪ ① ② ③ ④ ⑤ ⑥ ⑦ ⑧ ⑨
55 ⊖ ⓪ ① ② ③ ④ ⑤ ⑥ ⑦ ⑧ ⑨
56 ⊖ ⓪ ① ② ③ ④ ⑤ ⑥ ⑦ ⑧ ⑨
57 ⊖ ⓪ ① ② ③ ④ ⑤ ⑥ ⑦ ⑧ ⑨
58 ⊖ ⓪ ① ② ③ ④ ⑤ ⑥ ⑦ ⑧ ⑨
59 ⊖ ⓪ ① ② ③ ④ ⑤ ⑥ ⑦ ⑧ ⑨
60 ⊖ ⓪ ① ② ③ ④ ⑤ ⑥ ⑦ ⑧ ⑨
61 ⊖ ⓪ ① ② ③ ④ ⑤ ⑥ ⑦ ⑧ ⑨
62 ⊖ ⓪ ① ② ③ ④ ⑤ ⑥ ⑦ ⑧ ⑨
63 ⊖ ⓪ ① ② ③ ④ ⑤ ⑥ ⑦ ⑧ ⑨

山村国際高等学校（第1回）　2023年度

◇英語◇

※解答欄は実物大になります。

【 注意事項 】
①HBの黒鉛筆またはシャープペンシルで記入してください
②記入例に従い丁寧にマークしてください
③訂正する場合は消しゴムで完全に消してください
④用紙を汚したり折り曲げたりしないでください
⑤余白に書き込みしないでください

記入例		
良	悪	悪
●	✓	○

1 ㋐ ㋑ ㋒ ㋓
2 ㋐ ㋑ ㋒ ㋓
3 ㋐ ㋑ ㋒ ㋓
4 ㋐ ㋑ ㋒ ㋓
5 ㋐ ㋑ ㋒ ㋓
6 ㋐ ㋑ ㋒ ㋓
7 ㋐ ㋑ ㋒ ㋓
8 ㋐ ㋑ ㋒ ㋓
9 ㋐ ㋑ ㋒ ㋓
10 ㋐ ㋑ ㋒ ㋓
11 ㋐ ㋑ ㋒ ㋓
12 ㋐ ㋑ ㋒ ㋓
13 ㋐ ㋑ ㋒ ㋓
14 ㋐ ㋑ ㋒ ㋓
15 ㋐ ㋑ ㋒ ㋓
16 ㋐ ㋑ ㋒ ㋓
17 ㋐ ㋑ ㋒ ㋓
18 ㋐ ㋑ ㋒ ㋓
19 ㋐ ㋑ ㋒ ㋓
20 ㋐ ㋑ ㋒ ㋓
21 ㋐ ㋑ ㋒ ㋓
22 ㋐ ㋑ ㋒ ㋓
23 ㋐ ㋑ ㋒ ㋓
24 ㋐ ㋑ ㋒ ㋓
25 ㋐ ㋑ ㋒ ㋓
26 ㋐ ㋑ ㋒ ㋓
27 ㋐ ㋑ ㋒ ㋓
28 ㋐ ㋑ ㋒ ㋓
29 ㋐ ㋑ ㋒ ㋓
30 ㋐ ㋑ ㋒ ㋓
31 ㋐ ㋑ ㋒ ㋓
32 ㋐ ㋑ ㋒ ㋓
33 ㋐ ㋑ ㋒ ㋓
34 ㋐ ㋑ ㋒ ㋓
35 ㋐ ㋑ ㋒ ㋓
36 ㋐ ㋑ ㋒ ㋓
37 ㋐ ㋑ ㋒ ㋓
38 ㋐ ㋑ ㋒ ㋓
39 ㋐ ㋑ ㋒ ㋓
40 ㋐ ㋑ ㋒ ㋓
41 ㋐ ㋑ ㋒ ㋓ ㋔
42 ㋐ ㋑ ㋒ ㋓ ㋔
43 ㋐ ㋑ ㋒ ㋓ ㋔
44 ㋐ ㋑ ㋒ ㋓ ㋔
45 ㋐ ㋑ ㋒ ㋓ ㋔

山村国際高等学校(第1回)　2023年度　◇国語◇

※解答欄は実物大になります。

【 注意事項 】
①HBの黒鉛筆またはシャープペンシルで記入してください
②記入例に従い丁寧にマークしてください
③訂正する場合は消しゴムで完全に消してください
④用紙を汚したり折り曲げたりしないでください
⑤余白に書き込みしないでください

記入例		
良	悪	悪
●	✓	○

1 ㋐ ㋑ ㋒ ㋓	11 ㋐ ㋑ ㋒ ㋓	21 ㋐ ㋑ ㋒ ㋓	31 ㋐ ㋑ ㋒ ㋓
2 ㋐ ㋑ ㋒ ㋓	12 ㋐ ㋑ ㋒ ㋓	22 ㋐ ㋑ ㋒ ㋓	32 ㋐ ㋑ ㋒ ㋓
3 ㋐ ㋑ ㋒ ㋓	13 ㋐ ㋑ ㋒ ㋓	23 ㋐ ㋑ ㋒ ㋓	33 ㋐ ㋑ ㋒ ㋓
4 ㋐ ㋑ ㋒ ㋓	14 ㋐ ㋑ ㋒ ㋓	24 ㋐ ㋑ ㋒ ㋓	34 ㋐ ㋑ ㋒ ㋓
5 ㋐ ㋑ ㋒ ㋓	15 ㋐ ㋑ ㋒ ㋓	25 ㋐ ㋑ ㋒ ㋓	35 ㋐ ㋑ ㋒ ㋓
6 ㋐ ㋑ ㋒ ㋓	16 ㋐ ㋑ ㋒ ㋓	26 ㋐ ㋑ ㋒ ㋓	
7 ㋐ ㋑ ㋒ ㋓	17 ㋐ ㋑ ㋒ ㋓	27 ㋐ ㋑ ㋒ ㋓	
8 ㋐ ㋑ ㋒ ㋓	18 ㋐ ㋑ ㋒ ㋓	28 ㋐ ㋑ ㋒ ㋓	
9 ㋐ ㋑ ㋒ ㋓	19 ㋐ ㋑ ㋒ ㋓	29 ㋐ ㋑ ㋒ ㋓	
10 ㋐ ㋑ ㋒ ㋓	20 ㋐ ㋑ ㋒ ㋓	30 ㋐ ㋑ ㋒ ㋓	

山村国際高等学校(第2回)　2023年度

◇数学◇

※解答欄は実物大になります。

【 注意事項 】
①HBの黒鉛筆またはシャープペンシルで記入してください
②記入例に従い丁寧にマークしてください
③訂正する場合は消しゴムで完全に消してください
④用紙を汚したり折り曲げたりしないでください
⑤余白に書き込みしないでください

記入例		
良	悪	悪
●	✓	0

1 ⊖ ⓪ ① ② ③ ④ ⑤ ⑥ ⑦ ⑧ ⑨
2 ⊖ ⓪ ① ② ③ ④ ⑤ ⑥ ⑦ ⑧ ⑨
3 ⊖ ⓪ ① ② ③ ④ ⑤ ⑥ ⑦ ⑧ ⑨
4 ⊖ ⓪ ① ② ③ ④ ⑤ ⑥ ⑦ ⑧ ⑨
5 ⊖ ⓪ ① ② ③ ④ ⑤ ⑥ ⑦ ⑧ ⑨
6 ⊖ ⓪ ① ② ③ ④ ⑤ ⑥ ⑦ ⑧ ⑨
7 ⊖ ⓪ ① ② ③ ④ ⑤ ⑥ ⑦ ⑧ ⑨
8 ⊖ ⓪ ① ② ③ ④ ⑤ ⑥ ⑦ ⑧ ⑨
9 ⊖ ⓪ ① ② ③ ④ ⑤ ⑥ ⑦ ⑧ ⑨
10 ⊖ ⓪ ① ② ③ ④ ⑤ ⑥ ⑦ ⑧ ⑨
11 ⊖ ⓪ ① ② ③ ④ ⑤ ⑥ ⑦ ⑧ ⑨
12 ⊖ ⓪ ① ② ③ ④ ⑤ ⑥ ⑦ ⑧ ⑨
13 ⊖ ⓪ ① ② ③ ④ ⑤ ⑥ ⑦ ⑧ ⑨
14 ⊖ ⓪ ① ② ③ ④ ⑤ ⑥ ⑦ ⑧ ⑨
15 ⊖ ⓪ ① ② ③ ④ ⑤ ⑥ ⑦ ⑧ ⑨
16 ⊖ ⓪ ① ② ③ ④ ⑤ ⑥ ⑦ ⑧ ⑨
17 ⊖ ⓪ ① ② ③ ④ ⑤ ⑥ ⑦ ⑧ ⑨
18 ⊖ ⓪ ① ② ③ ④ ⑤ ⑥ ⑦ ⑧ ⑨
19 ⊖ ⓪ ① ② ③ ④ ⑤ ⑥ ⑦ ⑧ ⑨
20 ⊖ ⓪ ① ② ③ ④ ⑤ ⑥ ⑦ ⑧ ⑨
21 ⊖ ⓪ ① ② ③ ④ ⑤ ⑥ ⑦ ⑧ ⑨
22 ⊖ ⓪ ① ② ③ ④ ⑤ ⑥ ⑦ ⑧ ⑨
23 ⊖ ⓪ ① ② ③ ④ ⑤ ⑥ ⑦ ⑧ ⑨
24 ⊖ ⓪ ① ② ③ ④ ⑤ ⑥ ⑦ ⑧ ⑨
25 ⊖ ⓪ ① ② ③ ④ ⑤ ⑥ ⑦ ⑧ ⑨
26 ⊖ ⓪ ① ② ③ ④ ⑤ ⑥ ⑦ ⑧ ⑨
27 ⊖ ⓪ ① ② ③ ④ ⑤ ⑥ ⑦ ⑧ ⑨
28 ⊖ ⓪ ① ② ③ ④ ⑤ ⑥ ⑦ ⑧ ⑨
29 ⊖ ⓪ ① ② ③ ④ ⑤ ⑥ ⑦ ⑧ ⑨
30 ⊖ ⓪ ① ② ③ ④ ⑤ ⑥ ⑦ ⑧ ⑨
31 ⊖ ⓪ ① ② ③ ④ ⑤ ⑥ ⑦ ⑧ ⑨
32 ⊖ ⓪ ① ② ③ ④ ⑤ ⑥ ⑦ ⑧ ⑨
33 ⊖ ⓪ ① ② ③ ④ ⑤ ⑥ ⑦ ⑧ ⑨
34 ⊖ ⓪ ① ② ③ ④ ⑤ ⑥ ⑦ ⑧ ⑨
35 ⊖ ⓪ ① ② ③ ④ ⑤ ⑥ ⑦ ⑧ ⑨
36 ⊖ ⓪ ① ② ③ ④ ⑤ ⑥ ⑦ ⑧ ⑨
37 ⊖ ⓪ ① ② ③ ④ ⑤ ⑥ ⑦ ⑧ ⑨
38 ⊖ ⓪ ① ② ③ ④ ⑤ ⑥ ⑦ ⑧ ⑨
39 ⊖ ⓪ ① ② ③ ④ ⑤ ⑥ ⑦ ⑧ ⑨
40 ⊖ ⓪ ① ② ③ ④ ⑤ ⑥ ⑦ ⑧ ⑨
41 ⊖ ⓪ ① ② ③ ④ ⑤ ⑥ ⑦ ⑧ ⑨
42 ⊖ ⓪ ① ② ③ ④ ⑤ ⑥ ⑦ ⑧ ⑨
43 ⊖ ⓪ ① ② ③ ④ ⑤ ⑥ ⑦ ⑧ ⑨
44 ⊖ ⓪ ① ② ③ ④ ⑤ ⑥ ⑦ ⑧ ⑨
45 ⊖ ⓪ ① ② ③ ④ ⑤ ⑥ ⑦ ⑧ ⑨
46 ⊖ ⓪ ① ② ③ ④ ⑤ ⑥ ⑦ ⑧ ⑨
47 ⊖ ⓪ ① ② ③ ④ ⑤ ⑥ ⑦ ⑧ ⑨
48 ⊖ ⓪ ① ② ③ ④ ⑤ ⑥ ⑦ ⑧ ⑨
49 ⊖ ⓪ ① ② ③ ④ ⑤ ⑥ ⑦ ⑧ ⑨
50 ⊖ ⓪ ① ② ③ ④ ⑤ ⑥ ⑦ ⑧ ⑨
51 ⊖ ⓪ ① ② ③ ④ ⑤ ⑥ ⑦ ⑧ ⑨
52 ⊖ ⓪ ① ② ③ ④ ⑤ ⑥ ⑦ ⑧ ⑨
53 ⊖ ⓪ ① ② ③ ④ ⑤ ⑥ ⑦ ⑧ ⑨
54 ⊖ ⓪ ① ② ③ ④ ⑤ ⑥ ⑦ ⑧ ⑨
55 ⊖ ⓪ ① ② ③ ④ ⑤ ⑥ ⑦ ⑧ ⑨
56 ⊖ ⓪ ① ② ③ ④ ⑤ ⑥ ⑦ ⑧ ⑨
57 ⊖ ⓪ ① ② ③ ④ ⑤ ⑥ ⑦ ⑧ ⑨
58 ⊖ ⓪ ① ② ③ ④ ⑤ ⑥ ⑦ ⑧ ⑨
59 ⊖ ⓪ ① ② ③ ④ ⑤ ⑥ ⑦ ⑧ ⑨
60 ⊖ ⓪ ① ② ③ ④ ⑤ ⑥ ⑦ ⑧ ⑨
61 ⊖ ⓪ ① ② ③ ④ ⑤ ⑥ ⑦ ⑧ ⑨
62 ⊖ ⓪ ① ② ③ ④ ⑤ ⑥ ⑦ ⑧ ⑨
63 ⊖ ⓪ ① ② ③ ④ ⑤ ⑥ ⑦ ⑧ ⑨

山村国際高等学校（第2回）　2023年度　◇英語◇

※解答欄は実物大になります。

【 注意事項 】
①HBの黒鉛筆またはシャープペンシルで記入してください
②記入例に従い丁寧にマークしてください
③訂正する場合は消しゴムで完全に消してください
④用紙を汚したり折り曲げたりしないでください
⑤余白に書き込みしないでください

記入例		
良	悪	悪

1 ㋐ ㋑ ㋒ ㋓
2 ㋐ ㋑ ㋒ ㋓
3 ㋐ ㋑ ㋒ ㋓
4 ㋐ ㋑ ㋒ ㋓
5 ㋐ ㋑ ㋒ ㋓
6 ㋐ ㋑ ㋒ ㋓
7 ㋐ ㋑ ㋒ ㋓
8 ㋐ ㋑ ㋒ ㋓
9 ㋐ ㋑ ㋒ ㋓
10 ㋐ ㋑ ㋒ ㋓
11 ㋐ ㋑ ㋒ ㋓
12 ㋐ ㋑ ㋒ ㋓
13 ㋐ ㋑ ㋒ ㋓
14 ㋐ ㋑ ㋒ ㋓
15 ㋐ ㋑ ㋒ ㋓
16 ㋐ ㋑ ㋒ ㋓
17 ㋐ ㋑ ㋒ ㋓
18 ㋐ ㋑ ㋒ ㋓
19 ㋐ ㋑ ㋒ ㋓
20 ㋐ ㋑ ㋒ ㋓
21 ㋐ ㋑ ㋒ ㋓
22 ㋐ ㋑ ㋒ ㋓
23 ㋐ ㋑ ㋒ ㋓
24 ㋐ ㋑ ㋒ ㋓
25 ㋐ ㋑ ㋒ ㋓
26 ㋐ ㋑ ㋒ ㋓
27 ㋐ ㋑ ㋒ ㋓
28 ㋐ ㋑ ㋒ ㋓
29 ㋐ ㋑ ㋒ ㋓
30 ㋐ ㋑ ㋒ ㋓
31 ㋐ ㋑ ㋒ ㋓
32 ㋐ ㋑ ㋒ ㋓
33 ㋐ ㋑ ㋒ ㋓
34 ㋐ ㋑ ㋒ ㋓
35 ㋐ ㋑ ㋒ ㋓
36 ㋐ ㋑ ㋒ ㋓
37 ㋐ ㋑ ㋒ ㋓
38 ㋐ ㋑ ㋒ ㋓
39 ㋐ ㋑ ㋒ ㋓
40 ㋐ ㋑ ㋒ ㋓
41 ㋐ ㋑ ㋒ ㋓ ㋔
42 ㋐ ㋑ ㋒ ㋓ ㋔
43 ㋐ ㋑ ㋒ ㋓ ㋔
44 ㋐ ㋑ ㋒ ㋓ ㋔
45 ㋐ ㋑ ㋒ ㋓ ㋔

山村国際高等学校（第2回）　2023年度　　◇国語◇

※解答欄は実物大になります。

【 注意事項 】
①HBの黒鉛筆またはシャープペンシルで記入してください
②記入例に従い丁寧にマークしてください
③訂正する場合は消しゴムで完全に消してください
④用紙を汚したり折り曲げたりしないでください
⑤余白に書き込みしないでください

記入例		
良	悪	悪
●	✓	○

1 ㋐ ㋑ ㋒ ㋓	11 ㋐ ㋑ ㋒ ㋓	21 ㋐ ㋑ ㋒ ㋓	31 ㋐ ㋑ ㋒ ㋓
2 ㋐ ㋑ ㋒ ㋓	12 ㋐ ㋑ ㋒ ㋓	22 ㋐ ㋑ ㋒ ㋓	32 ㋐ ㋑ ㋒ ㋓
3 ㋐ ㋑ ㋒ ㋓	13 ㋐ ㋑ ㋒ ㋓	23 ㋐ ㋑ ㋒ ㋓	33 ㋐ ㋑ ㋒ ㋓
4 ㋐ ㋑ ㋒ ㋓	14 ㋐ ㋑ ㋒ ㋓	24 ㋐ ㋑ ㋒ ㋓	34 ㋐ ㋑ ㋒ ㋓
5 ㋐ ㋑ ㋒ ㋓	15 ㋐ ㋑ ㋒ ㋓	25 ㋐ ㋑ ㋒ ㋓	35 ㋐ ㋑ ㋒ ㋓
6 ㋐ ㋑ ㋒ ㋓	16 ㋐ ㋑ ㋒ ㋓	26 ㋐ ㋑ ㋒ ㋓	
7 ㋐ ㋑ ㋒ ㋓	17 ㋐ ㋑ ㋒ ㋓	27 ㋐ ㋑ ㋒ ㋓	
8 ㋐ ㋑ ㋒ ㋓	18 ㋐ ㋑ ㋒ ㋓	28 ㋐ ㋑ ㋒ ㋓	
9 ㋐ ㋑ ㋒ ㋓	19 ㋐ ㋑ ㋒ ㋓	29 ㋐ ㋑ ㋒ ㋓	
10 ㋐ ㋑ ㋒ ㋓	20 ㋐ ㋑ ㋒ ㋓	30 ㋐ ㋑ ㋒ ㋓	

山村国際高等学校(第1回)　2022年度　◇数学◇

※ 105%に拡大していただくと，解答欄は実物大になります。

【 注意事項 】
①HBの黒鉛筆またはシャープペンシルで記入してください
②記入例に従い丁寧にマークしてください
③訂正する場合は消しゴムで完全に消してください
④用紙を汚したり折り曲げたりしないでください
⑤余白に書き込みしないでください

記入例		
良	悪	悪
●	✓	◯

1 ⊖ ⓪ ① ② ③ ④ ⑤ ⑥ ⑦ ⑧ ⑨
2 ⊖ ⓪ ① ② ③ ④ ⑤ ⑥ ⑦ ⑧ ⑨
3 ⊖ ⓪ ① ② ③ ④ ⑤ ⑥ ⑦ ⑧ ⑨
4 ⊖ ⓪ ① ② ③ ④ ⑤ ⑥ ⑦ ⑧ ⑨
5 ⊖ ⓪ ① ② ③ ④ ⑤ ⑥ ⑦ ⑧ ⑨
6 ⊖ ⓪ ① ② ③ ④ ⑤ ⑥ ⑦ ⑧ ⑨
7 ⊖ ⓪ ① ② ③ ④ ⑤ ⑥ ⑦ ⑧ ⑨
8 ⊖ ⓪ ① ② ③ ④ ⑤ ⑥ ⑦ ⑧ ⑨
9 ⊖ ⓪ ① ② ③ ④ ⑤ ⑥ ⑦ ⑧ ⑨
10 ⊖ ⓪ ① ② ③ ④ ⑤ ⑥ ⑦ ⑧ ⑨
11 ⊖ ⓪ ① ② ③ ④ ⑤ ⑥ ⑦ ⑧ ⑨
12 ⊖ ⓪ ① ② ③ ④ ⑤ ⑥ ⑦ ⑧ ⑨
13 ⊖ ⓪ ① ② ③ ④ ⑤ ⑥ ⑦ ⑧ ⑨
14 ⊖ ⓪ ① ② ③ ④ ⑤ ⑥ ⑦ ⑧ ⑨
15 ⊖ ⓪ ① ② ③ ④ ⑤ ⑥ ⑦ ⑧ ⑨
16 ⊖ ⓪ ① ② ③ ④ ⑤ ⑥ ⑦ ⑧ ⑨
17 ⊖ ⓪ ① ② ③ ④ ⑤ ⑥ ⑦ ⑧ ⑨
18 ⊖ ⓪ ① ② ③ ④ ⑤ ⑥ ⑦ ⑧ ⑨
19 ⊖ ⓪ ① ② ③ ④ ⑤ ⑥ ⑦ ⑧ ⑨
20 ⊖ ⓪ ① ② ③ ④ ⑤ ⑥ ⑦ ⑧ ⑨
21 ⊖ ⓪ ① ② ③ ④ ⑤ ⑥ ⑦ ⑧ ⑨
22 ⊖ ⓪ ① ② ③ ④ ⑤ ⑥ ⑦ ⑧ ⑨
23 ⊖ ⓪ ① ② ③ ④ ⑤ ⑥ ⑦ ⑧ ⑨
24 ⊖ ⓪ ① ② ③ ④ ⑤ ⑥ ⑦ ⑧ ⑨
25 ⊖ ⓪ ① ② ③ ④ ⑤ ⑥ ⑦ ⑧ ⑨
26 ⊖ ⓪ ① ② ③ ④ ⑤ ⑥ ⑦ ⑧ ⑨
27 ⊖ ⓪ ① ② ③ ④ ⑤ ⑥ ⑦ ⑧ ⑨
28 ⊖ ⓪ ① ② ③ ④ ⑤ ⑥ ⑦ ⑧ ⑨
29 ⊖ ⓪ ① ② ③ ④ ⑤ ⑥ ⑦ ⑧ ⑨
30 ⊖ ⓪ ① ② ③ ④ ⑤ ⑥ ⑦ ⑧ ⑨
31 ⊖ ⓪ ① ② ③ ④ ⑤ ⑥ ⑦ ⑧ ⑨
32 ⊖ ⓪ ① ② ③ ④ ⑤ ⑥ ⑦ ⑧ ⑨
33 ⊖ ⓪ ① ② ③ ④ ⑤ ⑥ ⑦ ⑧ ⑨
34 ⊖ ⓪ ① ② ③ ④ ⑤ ⑥ ⑦ ⑧ ⑨
35 ⊖ ⓪ ① ② ③ ④ ⑤ ⑥ ⑦ ⑧ ⑨
36 ⊖ ⓪ ① ② ③ ④ ⑤ ⑥ ⑦ ⑧ ⑨
37 ⊖ ⓪ ① ② ③ ④ ⑤ ⑥ ⑦ ⑧ ⑨
38 ⊖ ⓪ ① ② ③ ④ ⑤ ⑥ ⑦ ⑧ ⑨
39 ⊖ ⓪ ① ② ③ ④ ⑤ ⑥ ⑦ ⑧ ⑨
40 ⊖ ⓪ ① ② ③ ④ ⑤ ⑥ ⑦ ⑧ ⑨
41 ⊖ ⓪ ① ② ③ ④ ⑤ ⑥ ⑦ ⑧ ⑨
42 ⊖ ⓪ ① ② ③ ④ ⑤ ⑥ ⑦ ⑧ ⑨
43 ⊖ ⓪ ① ② ③ ④ ⑤ ⑥ ⑦ ⑧ ⑨
44 ⊖ ⓪ ① ② ③ ④ ⑤ ⑥ ⑦ ⑧ ⑨
45 ⊖ ⓪ ① ② ③ ④ ⑤ ⑥ ⑦ ⑧ ⑨
46 ⊖ ⓪ ① ② ③ ④ ⑤ ⑥ ⑦ ⑧ ⑨
47 ⊖ ⓪ ① ② ③ ④ ⑤ ⑥ ⑦ ⑧ ⑨
48 ⊖ ⓪ ① ② ③ ④ ⑤ ⑥ ⑦ ⑧ ⑨
49 ⊖ ⓪ ① ② ③ ④ ⑤ ⑥ ⑦ ⑧ ⑨
50 ⊖ ⓪ ① ② ③ ④ ⑤ ⑥ ⑦ ⑧ ⑨
51 ⊖ ⓪ ① ② ③ ④ ⑤ ⑥ ⑦ ⑧ ⑨
52 ⊖ ⓪ ① ② ③ ④ ⑤ ⑥ ⑦ ⑧ ⑨
53 ⊖ ⓪ ① ② ③ ④ ⑤ ⑥ ⑦ ⑧ ⑨
54 ⊖ ⓪ ① ② ③ ④ ⑤ ⑥ ⑦ ⑧ ⑨
55 ⊖ ⓪ ① ② ③ ④ ⑤ ⑥ ⑦ ⑧ ⑨
56 ⊖ ⓪ ① ② ③ ④ ⑤ ⑥ ⑦ ⑧ ⑨
57 ⊖ ⓪ ① ② ③ ④ ⑤ ⑥ ⑦ ⑧ ⑨
58 ⊖ ⓪ ① ② ③ ④ ⑤ ⑥ ⑦ ⑧ ⑨
59 ⊖ ⓪ ① ② ③ ④ ⑤ ⑥ ⑦ ⑧ ⑨
60 ⊖ ⓪ ① ② ③ ④ ⑤ ⑥ ⑦ ⑧ ⑨
61 ⊖ ⓪ ① ② ③ ④ ⑤ ⑥ ⑦ ⑧ ⑨
62 ⊖ ⓪ ① ② ③ ④ ⑤ ⑥ ⑦ ⑧ ⑨
63 ⊖ ⓪ ① ② ③ ④ ⑤ ⑥ ⑦ ⑧ ⑨

山村国際高等学校(第1回)　2022年度

◇英語◇

※解答欄は実物大になります。

【 注意事項 】
①HBの黒鉛筆またはシャープペンシルで記入してください
②記入例に従い丁寧にマークしてください
③訂正する場合は消しゴムで完全に消してください
④用紙を汚したり折り曲げたりしないでください
⑤余白に書き込みしないでください

記入例		
良	悪	悪

1 ㋐ ㋑ ㋒ ㋓
2 ㋐ ㋑ ㋒ ㋓
3 ㋐ ㋑ ㋒ ㋓
4 ㋐ ㋑ ㋒ ㋓
5 ㋐ ㋑ ㋒ ㋓
6 ㋐ ㋑ ㋒ ㋓
7 ㋐ ㋑ ㋒ ㋓
8 ㋐ ㋑ ㋒ ㋓
9 ㋐ ㋑ ㋒ ㋓
10 ㋐ ㋑ ㋒ ㋓
11 ㋐ ㋑ ㋒ ㋓
12 ㋐ ㋑ ㋒ ㋓
13 ㋐ ㋑ ㋒ ㋓
14 ㋐ ㋑ ㋒ ㋓
15 ㋐ ㋑ ㋒ ㋓
16 ㋐ ㋑ ㋒ ㋓
17 ㋐ ㋑ ㋒ ㋓
18 ㋐ ㋑ ㋒ ㋓
19 ㋐ ㋑ ㋒ ㋓
20 ㋐ ㋑ ㋒ ㋓

21 ㋐ ㋑ ㋒ ㋓
22 ㋐ ㋑ ㋒ ㋓
23 ㋐ ㋑ ㋒ ㋓
24 ㋐ ㋑ ㋒ ㋓
25 ㋐ ㋑ ㋒ ㋓
26 ㋐ ㋑ ㋒ ㋓
27 ㋐ ㋑ ㋒ ㋓
28 ㋐ ㋑ ㋒ ㋓
29 ㋐ ㋑ ㋒ ㋓
30 ㋐ ㋑ ㋒ ㋓
31 ㋐ ㋑ ㋒ ㋓
32 ㋐ ㋑ ㋒ ㋓
33 ㋐ ㋑ ㋒ ㋓
34 ㋐ ㋑ ㋒ ㋓
35 ㋐ ㋑ ㋒ ㋓
36 ㋐ ㋑ ㋒ ㋓
37 ㋐ ㋑ ㋒ ㋓
38 ㋐ ㋑ ㋒ ㋓
39 ㋐ ㋑ ㋒ ㋓
40 ㋐ ㋑ ㋒ ㋓

41 ㋐ ㋑ ㋒ ㋓ ㋔
42 ㋐ ㋑ ㋒ ㋓ ㋔
43 ㋐ ㋑ ㋒ ㋓ ㋔
44 ㋐ ㋑ ㋒ ㋓ ㋔
45 ㋐ ㋑ ㋒ ㋓ ㋔

山村国際高等学校(第1回)　2022年度　◇国語◇

※解答欄は実物大になります。

【 注意事項 】
①HBの黒鉛筆またはシャープペンシルで記入してください
②記入例に従い丁寧にマークしてください
③訂正する場合は消しゴムで完全に消してください
④用紙を汚したり折り曲げたりしないでください
⑤余白に書き込みしないでください

記入例		
良	悪	悪
●	✓	○

1 ㋐ ㋑ ㋒ ㋓	11 ㋐ ㋑ ㋒ ㋓	21 ㋐ ㋑ ㋒ ㋓	31 ㋐ ㋑ ㋒ ㋓
2 ㋐ ㋑ ㋒ ㋓	12 ㋐ ㋑ ㋒ ㋓	22 ㋐ ㋑ ㋒ ㋓	32 ㋐ ㋑ ㋒ ㋓
3 ㋐ ㋑ ㋒ ㋓	13 ㋐ ㋑ ㋒ ㋓	23 ㋐ ㋑ ㋒ ㋓	33 ㋐ ㋑ ㋒ ㋓
4 ㋐ ㋑ ㋒ ㋓	14 ㋐ ㋑ ㋒ ㋓	24 ㋐ ㋑ ㋒ ㋓	34 ㋐ ㋑ ㋒ ㋓
5 ㋐ ㋑ ㋒ ㋓	15 ㋐ ㋑ ㋒ ㋓	25 ㋐ ㋑ ㋒ ㋓	35 ㋐ ㋑ ㋒ ㋓
6 ㋐ ㋑ ㋒ ㋓	16 ㋐ ㋑ ㋒ ㋓	26 ㋐ ㋑ ㋒ ㋓	
7 ㋐ ㋑ ㋒ ㋓	17 ㋐ ㋑ ㋒ ㋓	27 ㋐ ㋑ ㋒ ㋓	
8 ㋐ ㋑ ㋒ ㋓	18 ㋐ ㋑ ㋒ ㋓	28 ㋐ ㋑ ㋒ ㋓	
9 ㋐ ㋑ ㋒ ㋓	19 ㋐ ㋑ ㋒ ㋓	29 ㋐ ㋑ ㋒ ㋓	
10 ㋐ ㋑ ㋒ ㋓	20 ㋐ ㋑ ㋒ ㋓	30 ㋐ ㋑ ㋒ ㋓	

山村国際高等学校(第2回)　2022年度

◇数学◇

※ 105%に拡大していただくと，解答欄は実物大になります。

【 注意事項 】
①HBの黒鉛筆またはシャープペンシルで記入してください
②記入例に従い丁寧にマークしてください
③訂正する場合は消しゴムで完全に消してください
④用紙を汚したり折り曲げたりしないでください
⑤余白に書き込みしないでください

記入例		
良	悪	悪
●	✓	○

1 ⊖ ⓪ ① ② ③ ④ ⑤ ⑥ ⑦ ⑧ ⑨
2 ⊖ ⓪ ① ② ③ ④ ⑤ ⑥ ⑦ ⑧ ⑨
3 ⊖ ⓪ ① ② ③ ④ ⑤ ⑥ ⑦ ⑧ ⑨
4 ⊖ ⓪ ① ② ③ ④ ⑤ ⑥ ⑦ ⑧ ⑨
5 ⊖ ⓪ ① ② ③ ④ ⑤ ⑥ ⑦ ⑧ ⑨
6 ⊖ ⓪ ① ② ③ ④ ⑤ ⑥ ⑦ ⑧ ⑨
7 ⊖ ⓪ ① ② ③ ④ ⑤ ⑥ ⑦ ⑧ ⑨
8 ⊖ ⓪ ① ② ③ ④ ⑤ ⑥ ⑦ ⑧ ⑨
9 ⊖ ⓪ ① ② ③ ④ ⑤ ⑥ ⑦ ⑧ ⑨
10 ⊖ ⓪ ① ② ③ ④ ⑤ ⑥ ⑦ ⑧ ⑨
11 ⊖ ⓪ ① ② ③ ④ ⑤ ⑥ ⑦ ⑧ ⑨
12 ⊖ ⓪ ① ② ③ ④ ⑤ ⑥ ⑦ ⑧ ⑨
13 ⊖ ⓪ ① ② ③ ④ ⑤ ⑥ ⑦ ⑧ ⑨
14 ⊖ ⓪ ① ② ③ ④ ⑤ ⑥ ⑦ ⑧ ⑨
15 ⊖ ⓪ ① ② ③ ④ ⑤ ⑥ ⑦ ⑧ ⑨
16 ⊖ ⓪ ① ② ③ ④ ⑤ ⑥ ⑦ ⑧ ⑨
17 ⊖ ⓪ ① ② ③ ④ ⑤ ⑥ ⑦ ⑧ ⑨
18 ⊖ ⓪ ① ② ③ ④ ⑤ ⑥ ⑦ ⑧ ⑨
19 ⊖ ⓪ ① ② ③ ④ ⑤ ⑥ ⑦ ⑧ ⑨
20 ⊖ ⓪ ① ② ③ ④ ⑤ ⑥ ⑦ ⑧ ⑨
21 ⊖ ⓪ ① ② ③ ④ ⑤ ⑥ ⑦ ⑧ ⑨
22 ⊖ ⓪ ① ② ③ ④ ⑤ ⑥ ⑦ ⑧ ⑨
23 ⊖ ⓪ ① ② ③ ④ ⑤ ⑥ ⑦ ⑧ ⑨
24 ⊖ ⓪ ① ② ③ ④ ⑤ ⑥ ⑦ ⑧ ⑨
25 ⊖ ⓪ ① ② ③ ④ ⑤ ⑥ ⑦ ⑧ ⑨
26 ⊖ ⓪ ① ② ③ ④ ⑤ ⑥ ⑦ ⑧ ⑨
27 ⊖ ⓪ ① ② ③ ④ ⑤ ⑥ ⑦ ⑧ ⑨
28 ⊖ ⓪ ① ② ③ ④ ⑤ ⑥ ⑦ ⑧ ⑨
29 ⊖ ⓪ ① ② ③ ④ ⑤ ⑥ ⑦ ⑧ ⑨
30 ⊖ ⓪ ① ② ③ ④ ⑤ ⑥ ⑦ ⑧ ⑨
31 ⊖ ⓪ ① ② ③ ④ ⑤ ⑥ ⑦ ⑧ ⑨
32 ⊖ ⓪ ① ② ③ ④ ⑤ ⑥ ⑦ ⑧ ⑨
33 ⊖ ⓪ ① ② ③ ④ ⑤ ⑥ ⑦ ⑧ ⑨
34 ⊖ ⓪ ① ② ③ ④ ⑤ ⑥ ⑦ ⑧ ⑨
35 ⊖ ⓪ ① ② ③ ④ ⑤ ⑥ ⑦ ⑧ ⑨
36 ⊖ ⓪ ① ② ③ ④ ⑤ ⑥ ⑦ ⑧ ⑨
37 ⊖ ⓪ ① ② ③ ④ ⑤ ⑥ ⑦ ⑧ ⑨
38 ⊖ ⓪ ① ② ③ ④ ⑤ ⑥ ⑦ ⑧ ⑨
39 ⊖ ⓪ ① ② ③ ④ ⑤ ⑥ ⑦ ⑧ ⑨
40 ⊖ ⓪ ① ② ③ ④ ⑤ ⑥ ⑦ ⑧ ⑨
41 ⊖ ⓪ ① ② ③ ④ ⑤ ⑥ ⑦ ⑧ ⑨
42 ⊖ ⓪ ① ② ③ ④ ⑤ ⑥ ⑦ ⑧ ⑨
43 ⊖ ⓪ ① ② ③ ④ ⑤ ⑥ ⑦ ⑧ ⑨
44 ⊖ ⓪ ① ② ③ ④ ⑤ ⑥ ⑦ ⑧ ⑨
45 ⊖ ⓪ ① ② ③ ④ ⑤ ⑥ ⑦ ⑧ ⑨
46 ⊖ ⓪ ① ② ③ ④ ⑤ ⑥ ⑦ ⑧ ⑨
47 ⊖ ⓪ ① ② ③ ④ ⑤ ⑥ ⑦ ⑧ ⑨
48 ⊖ ⓪ ① ② ③ ④ ⑤ ⑥ ⑦ ⑧ ⑨
49 ⊖ ⓪ ① ② ③ ④ ⑤ ⑥ ⑦ ⑧ ⑨
50 ⊖ ⓪ ① ② ③ ④ ⑤ ⑥ ⑦ ⑧ ⑨
51 ⊖ ⓪ ① ② ③ ④ ⑤ ⑥ ⑦ ⑧ ⑨
52 ⊖ ⓪ ① ② ③ ④ ⑤ ⑥ ⑦ ⑧ ⑨
53 ⊖ ⓪ ① ② ③ ④ ⑤ ⑥ ⑦ ⑧ ⑨
54 ⊖ ⓪ ① ② ③ ④ ⑤ ⑥ ⑦ ⑧ ⑨
55 ⊖ ⓪ ① ② ③ ④ ⑤ ⑥ ⑦ ⑧ ⑨
56 ⊖ ⓪ ① ② ③ ④ ⑤ ⑥ ⑦ ⑧ ⑨
57 ⊖ ⓪ ① ② ③ ④ ⑤ ⑥ ⑦ ⑧ ⑨
58 ⊖ ⓪ ① ② ③ ④ ⑤ ⑥ ⑦ ⑧ ⑨
59 ⊖ ⓪ ① ② ③ ④ ⑤ ⑥ ⑦ ⑧ ⑨
60 ⊖ ⓪ ① ② ③ ④ ⑤ ⑥ ⑦ ⑧ ⑨
61 ⊖ ⓪ ① ② ③ ④ ⑤ ⑥ ⑦ ⑧ ⑨
62 ⊖ ⓪ ① ② ③ ④ ⑤ ⑥ ⑦ ⑧ ⑨
63 ⊖ ⓪ ① ② ③ ④ ⑤ ⑥ ⑦ ⑧ ⑨

※解答欄は実物大になります。

【注意事項】
①HBの黒鉛筆またはシャープペンシルで記入してください
②記入例に従い丁寧にマークしてください
③訂正する場合は消しゴムで完全に消してください
④用紙を汚したり折り曲げたりしないでください
⑤余白に書き込みしないでください

記入例		
良	悪	悪
●	✓	○

1 ㋐ ㋑ ㋒ ㋓
2 ㋐ ㋑ ㋒ ㋓
3 ㋐ ㋑ ㋒ ㋓
4 ㋐ ㋑ ㋒ ㋓
5 ㋐ ㋑ ㋒ ㋓
6 ㋐ ㋑ ㋒ ㋓
7 ㋐ ㋑ ㋒ ㋓
8 ㋐ ㋑ ㋒ ㋓
9 ㋐ ㋑ ㋒ ㋓
10 ㋐ ㋑ ㋒ ㋓
11 ㋐ ㋑ ㋒ ㋓
12 ㋐ ㋑ ㋒ ㋓
13 ㋐ ㋑ ㋒ ㋓
14 ㋐ ㋑ ㋒ ㋓
15 ㋐ ㋑ ㋒ ㋓
16 ㋐ ㋑ ㋒ ㋓
17 ㋐ ㋑ ㋒ ㋓
18 ㋐ ㋑ ㋒ ㋓
19 ㋐ ㋑ ㋒ ㋓
20 ㋐ ㋑ ㋒ ㋓
21 ㋐ ㋑ ㋒ ㋓
22 ㋐ ㋑ ㋒ ㋓
23 ㋐ ㋑ ㋒ ㋓
24 ㋐ ㋑ ㋒ ㋓
25 ㋐ ㋑ ㋒ ㋓
26 ㋐ ㋑ ㋒ ㋓
27 ㋐ ㋑ ㋒ ㋓
28 ㋐ ㋑ ㋒ ㋓
29 ㋐ ㋑ ㋒ ㋓
30 ㋐ ㋑ ㋒ ㋓
31 ㋐ ㋑ ㋒ ㋓
32 ㋐ ㋑ ㋒ ㋓
33 ㋐ ㋑ ㋒ ㋓
34 ㋐ ㋑ ㋒ ㋓
35 ㋐ ㋑ ㋒ ㋓
36 ㋐ ㋑ ㋒ ㋓
37 ㋐ ㋑ ㋒ ㋓
38 ㋐ ㋑ ㋒ ㋓
39 ㋐ ㋑ ㋒ ㋓
40 ㋐ ㋑ ㋒ ㋓
41 ㋐ ㋑ ㋒ ㋓ ㋔
42 ㋐ ㋑ ㋒ ㋓ ㋔
43 ㋐ ㋑ ㋒ ㋓ ㋔
44 ㋐ ㋑ ㋒ ㋓ ㋔
45 ㋐ ㋑ ㋒ ㋓ ㋔

山村国際高等学校（第2回）　2022年度

◇国語◇

※解答欄は実物大になります。

【 注意事項 】
①HBの黒鉛筆またはシャープペンシルで記入してください
②記入例に従い丁寧にマークしてください
③訂正する場合は消しゴムで完全に消してください
④用紙を汚したり折り曲げたりしないでください
⑤余白に書き込みしないでください

記入例		
良	悪	悪

1 ㋐ ㋑ ㋒ ㋓	11 ㋐ ㋑ ㋒ ㋓	21 ㋐ ㋑ ㋒ ㋓	31 ㋐ ㋑ ㋒ ㋓
2 ㋐ ㋑ ㋒ ㋓	12 ㋐ ㋑ ㋒ ㋓	22 ㋐ ㋑ ㋒ ㋓	32 ㋐ ㋑ ㋒ ㋓
3 ㋐ ㋑ ㋒ ㋓	13 ㋐ ㋑ ㋒ ㋓	23 ㋐ ㋑ ㋒ ㋓	33 ㋐ ㋑ ㋒ ㋓
4 ㋐ ㋑ ㋒ ㋓	14 ㋐ ㋑ ㋒ ㋓	24 ㋐ ㋑ ㋒ ㋓	34 ㋐ ㋑ ㋒ ㋓
5 ㋐ ㋑ ㋒ ㋓	15 ㋐ ㋑ ㋒ ㋓	25 ㋐ ㋑ ㋒ ㋓	35 ㋐ ㋑ ㋒ ㋓
6 ㋐ ㋑ ㋒ ㋓	16 ㋐ ㋑ ㋒ ㋓	26 ㋐ ㋑ ㋒ ㋓	
7 ㋐ ㋑ ㋒ ㋓	17 ㋐ ㋑ ㋒ ㋓	27 ㋐ ㋑ ㋒ ㋓	
8 ㋐ ㋑ ㋒ ㋓	18 ㋐ ㋑ ㋒ ㋓	28 ㋐ ㋑ ㋒ ㋓	
9 ㋐ ㋑ ㋒ ㋓	19 ㋐ ㋑ ㋒ ㋓	29 ㋐ ㋑ ㋒ ㋓	
10 ㋐ ㋑ ㋒ ㋓	20 ㋐ ㋑ ㋒ ㋓	30 ㋐ ㋑ ㋒ ㋓	

MEMO

大切なことはメモしておこうネ！

MEMO

大切なことはメモしておこうネ！

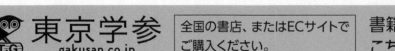

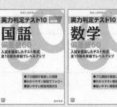

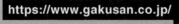

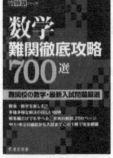

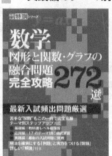

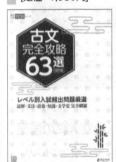

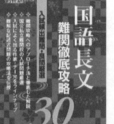

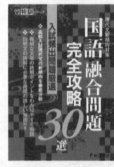

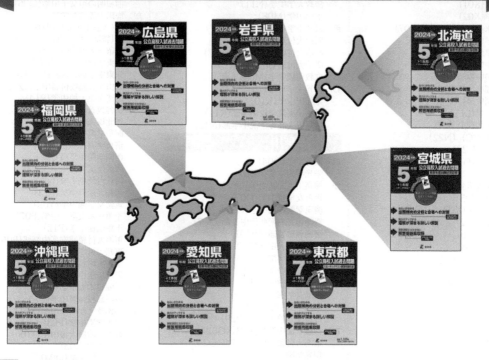

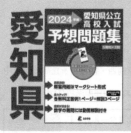

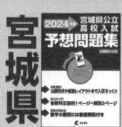

〈ダウンロードコンテンツについて〉

本問題集のダウンロードコンテンツ、弊社ホームページで配信しております。現在ご利用いただけるのは「2025年度受験用」に対応したもので、**2025年3月末日**までダウンロード可能です。弊社ホームページにアクセスの上、ご利用ください。

※配信期間が終了いたしますと、ご利用いただけませんのでご了承ください。

高校別入試過去問題シリーズ

山村国際高等学校　2025年度

ISBN978-4-8141-3017-7

[発行所] 東京学参株式会社
〒153-0043　東京都目黒区東山2-6-4

書籍の内容についてのお問い合わせは右のQRコードから　⇒

※書籍の内容についてのお電話でのお問い合わせ、本書の内容を超えたご質問には対応できませんのでご了承ください。

2024年6月14日　初版